王奋 ◎ 著

持续成功的四项修炼

连锁

机械工业出版社
CHINA MACHINE PRESS

图书在版编目（CIP）数据

连锁：持续成功的四项修炼 / 王奋著 . -- 北京：
机械工业出版社，2024. 9. -- ISBN 978-7-111-76283-6

Ⅰ. F717.6

中国国家版本馆 CIP 数据核字第 2024WH1366 号

机械工业出版社（北京市百万庄大街 22 号　邮政编码 100037）

策划编辑：朱　悦　　　　　　责任编辑：朱　悦　　王　芹

责任校对：龚思文　　梁　静　　责任印制：张　博

北京利丰雅高长城印刷有限公司印刷

2024 年 9 月第 1 版第 1 次印刷

147mm × 210mm · 12.25 印张 · 3 插页 · 236 千字

标准书号：ISBN 978-7-111-76283-6

定价：99.00 元

电话服务　　　　　　　　　　网络服务

客服电话：010-88361066　　　机 工 官 网：www.cmpbook.com

　　　　　010-88379833　　　机 工 官 博：weibo.com/cmp1952

　　　　　010-68326294　　　金 书 网：www.golden-book.com

　　　机工教育服务网：www.cmpedu.com

推荐序
认清本质方能少走弯路

　　今天，随着中国经济体量的快速增长，服务行业在国民经济中的地位日益提升，与此同时，国内连锁企业如雨后春笋般不断涌现。连锁企业如何避免昙花一现，实现持续成功，是每一位企业家必须思考的课题。王奋老师的新书《连锁：持续成功的四项修炼》为这一课题的解答提供了宝贵的经验和启示。

　　作为连锁企业组织与人力资源管理方面的专家，王奋老师从独特的视角出发，总结并描述了连锁企业持续成功的关键要素；同时，作为海底捞首任人力资源总监，王奋老师帮助海底捞搭建了内部培训体系，并亲历了海底捞销售规模从 5.6 亿元到 30 多亿元、员工从 3 000 人到 2 万人的高速成长阶段。因此，本书大量引用了海底捞高速成长过程中的鲜活案例。除此之外，本书还大量引用了其他知名国内外连锁企业的最佳实践案例，帮助读者理解连锁企业经营管理的本质。

随着当今商业环境的日益复杂化，管理理论和管理图书层出不穷。在这纷繁多样的管理理论和企业实践案例中，找到一本能够直击管理本质、为经营管理提供理论指导和实践借鉴的图书，无疑能帮助连锁企业从业者少走很多弯路。《连锁：持续成功的四项修炼》一书既专注于"道"，又关注具体的"术"，对于企业家、经理人等管理者都非常具有价值。

《连锁：持续成功的四项修炼》分为四个部分，涵盖复制、激活、增长和创新四个方面。王奋老师深入浅出地讲解了连锁企业的本质及其持续成功所必需的修炼，详细介绍了各种工具和方法，帮助读者从理论到实践，系统地掌握连锁企业经营管理的核心要素。特别重要的是，本书还用大量的篇幅，帮助企业家及其他管理者理解如何通过管理制度和组织文化来激活员工，回归管理的本质，推动企业实现可持续发展。

作为研究连锁企业持续成功秘诀的图书，本书在以下几个方面特点鲜明。

首先，本书建立了完善的理论体系，系统地阐述了连锁企业经营管理的核心思想，并且提供了许多实用的工具和方法，帮助经营管理者有效解决企业中常见的各种难题，比如：如何在组织中进行人才和文化复制，如何激发员工的动力和能力，如何应对企业增长的陷阱和瓶颈，等等。这些工具和方法都是经过实践验证有效的，读者通过学习和应用，可以更好地经营管理自己的企业。

其次，本书包含了许多国内外的鲜活案例，这些案例生动地展示了连锁企业经营管理的本质和实践效果。这些案例涉及不同行业、不同规模、不同发展阶段的公司，能够最大限度地帮助读者深入理解连锁企业不同阶段管理的关键点，以及如何进行业务复制、激活服务、实现增长、保持创新动力等。

最后，本书字里行间充满了善意。在阅读本书的过程中，我们能够时时感受到王奋老师的真诚，她不仅提供了实用的工具和方法，还分享了自己关于人性和企业社会责任的思考，引导读者深入理解企业为什么要为员工和社会创造价值。她还告诉读者，优秀的企业管理制度和组织文化既能激发员工的善意，又能正向激励员工发挥潜能，让员工从满意走向敬业，使企业实现高效管理。这种善意和真诚不仅能够激励企业家和经理人更好地经营管理企业，同时也能够推动整个社会向着更加美好的方向发展。

期待这本为从事连锁行业的管理者带来全新管理视角的图书，能够帮助更多同行快速掌握连锁的本质。

自　序
学以致用，用以致学

弹指一挥间，我在连锁行业已经深耕了十几年。这些年的一段段经历，让我领悟到了连锁的本质和魅力，收获了很多宝贵的经验和教训。现在，我将自己的所感、所悟、所获凝结成一本书，呈现在大家面前。

不惑之年，面对当时比较浮躁的环境，为了有颗平静的心，我给自己提了一个小小的要求：沉下心来，跟随一个企业、一个行业去进行深入的管理研究，让我的管理理论落地、生根、发芽、开花、结果……生长为一片森林。

也许上天真的会眷顾有准备的人，因缘际会，我结识了海底捞、结识了张勇张总。感谢张总的信任和授权，让我有机会从顾问到履职，一路走来，亲身经历、参与和见证了海底捞的成长与成功：销售规模从 5.6 亿元到 30 多亿元，员工从 3 000 人到 2 万人，从"把海底捞开遍全国"到"走向世界"。我也真的沉下心来，脚踏实地地对连锁行业进行探索。我想，所谓心想事成，大抵就是如此吧。

如果说与海底捞的结缘让我得以深入研究直营连锁和 To C 模式，那么与红缨教育和王红兵王总的相识则给了我深入研究加盟连锁和 To B 模式的机会。与红缨教育的合作，我同样是从顾问转为履职。在这个过程中，我不仅见证了红缨教育践行"让全国各地的孩子享受与北京孩子同步的幼儿教育"的使命，更有幸与红缨教育并肩作战，助力其在被威创股份并购后的一年半内达成了原本三年的对赌业绩目标。我想，所谓过瘾与尽兴，也应该是如此吧。

在此之后，我又走进美业，走进物业，走进新零售业，走进珠宝业，走进移动服务业……深入这些行业，让我有了更多的机会在实战中研究连锁企业和类连锁企业的成长规律。我推开一道道门，看到的都是璀璨的星辰和浩瀚的大海，真是让人着迷。

管理就是实践。连锁企业是劳动密集型企业，也是服务型企业，更是快速成长型企业。与制造企业、互联网企业相比，连锁企业有着独有的特征和规律，只有躬身入局，才能发现和解决其中的真实问题，也只有躬身入局，才能更深入而具体地领略到这个领域的精彩。

与这么多企业的深度合作，不仅让我参与和见证了这些企业的成长过程，更使我有幸近距离地向优秀企业家学习管理实践。这也让我更加深刻地领悟到：

学管理，必须向优秀企业家学习！

如果你对海底捞"赋予服务员送菜、送礼物、打折、免单、代替顾客外出买店内没有的物品的权力"的做法充满好奇，就需要去了解张勇"不拿少数人的错误惩罚多数人"的决策思维。如果你好奇一家小小的火锅店凭什么"靠服务"就能开遍全国，走向世界，就需要去深刻思考**"人与组织的匹配是服务型企业永远绕不开的课题"**背后的逻辑。餐饮业的服务是公开透明的，为什么海底捞一直被模仿却很难被超越？支撑它持续增长的全方位、全员的创新管理体系到底是怎样的？

王红兵创办的红缨教育于 2015 年被 A 股上市公司威创股份以 5.2 亿元收购，是中国学前教育领域第一宗巨额并购案，红缨教育只用一年半的时间便完成了原本三年的对赌目标。要研究红缨模式的成功，就需要去了解王红兵如何将渗入其骨髓和血液的创新基因转化为全公司每个员工的创新习惯——**发现相似的能力**。

杭州静博士集团的创始人祝愉勤，做了 13 年财经记者后只身创业，创立了静博士养生美容连锁机构，带着一群平凡的伙伴从一家小店开始，到驾驭同城百店，再到保持高盈利的集团化运作，始终坚守善意和信念，保持激情。只有充分理解她的**"创业就是**

一个谋生又谋爱的过程"，才能更深刻地理解和践行静博士的企业文化。

…………

透过现象看本质：人这一辈子，跟谁在一起真的很重要！

正是与这些企业和企业家同呼吸、共命运的实践经历，让我敢于尝试基于"道"的层面去探索连锁行业发展的本质问题，尝试由点及面、由生存至发展，条分缕析，努力攻克管理者思维的死穴。

正是与这些企业和企业家同呼吸、共命运的实践经历，让我有勇气把课堂模拟为"商场"，轻车熟路地运用"任务目标驱动教学法"，探索管理课程的实践教学，避免纸上谈兵。我也因此被学生们亲切地称为"接地气"的老师。

学以致用，用以致学，是我职业生涯的一场修行。

在学校，培养学生，我是一名老师！

深入企业，培养员工和干部，我依然是一名老师！

如果说之前的我是一名"接地气"的老师，那么本书将"一以贯之"，在这本书中，你依然可以看到这样的我。本书中没有高深莫测的长篇大论，没有枯燥烦冗的理论陈述，有的只是我多年管理实践与管理教学及研究的沉淀和总结。

在本书的写作过程中，我努力追求专业的**系统化**、方法的**实用化**、表达的**通俗化**，希望给企业内任何想提升业绩的管理者更大的启发，不论他们的角色和岗位如何。书中的四项修炼相对独立，彼此间并不存在"先来后到"，可根据需要选择阅读。

人生海海，山山而川。我们历经了时代的沉浮，但无论何时何地，我们都应该秉持躬身入局、脚踏实地的精神，并且坚守初心。

目　录

第二项修炼

服务的本质：激活　/ 103

第四项修炼

持续的本质：创新　/ 283

后　记

一切都是最好的安排

连锁的本质：复制

连锁必然离不开复制。成功的复制能给企业带来巨大的增长与增值，失败的复制往往会给企业带来危机，甚至是灭顶之灾。

要复制，就得有标准。要遵循产品的标准、服务的标准、品牌的标准、商业模式的标准、管理的标准、人才的标准、文化的标准，等等。

有标准，还必须能落地。执行、督导和授权，是标准化落地不走样的强有力的抓手。

事在人为。复制"对"的人，事半功倍；复制"错"的人，事倍功半。

文化是企业最强大的软实力。企业文化的复制，是连锁企业复制的基础。

我相信，连锁企业发展的必由之路是且只能是提升复制力。一家企业，只有不断提升复制力，才能"连"住品牌，"锁"住收益。

第一项修炼

1.1　连锁："连"住品牌，"锁"住收益

1.1.1　品牌是复制力的源泉

1. 连锁，首先要"连"住品牌

人们常常感叹连锁服务业巨头的规模、体量和收益。

麦当劳在全球拥有 4 万余家连锁门店，2023 年营收达 254.94 亿美元，全球雇员人数达 200 多万；7-11 连锁便利店在全球拥有 7 万余家连锁店，2022 财年（2022 年 2 月～2023 年 2 月）营收达 6 142亿元；洲际酒店集团旗下拥有 4 000 余家酒店，2023 年实现营收46.24 亿美元，全球员工人数 34.5 万之多。

这些巨头"家大业大""收益颇丰"的秘诀，正是强大的复制力。没有复制力，连锁就无从谈起。

复制力来自哪里？最重要的一个源泉，是品牌。

连锁行业的发展模式是规模化扩张，无论是直营模式还是加盟模式，连锁经营的核心和纽带都是品牌。我们身边的连锁企业比比皆是，但并不是每一家都能给消费者留下深刻的印象，能被人叫得上名号的只是极少数。比如，一提起连锁零售企业，我们就会想起沃尔玛、永辉；一提起连锁饮品店，我们就会想起喜茶、奈雪的茶；一提起连锁家居卖场，我们就会想起居然之家、宜家。而其他的众多连锁企业，则很少会被提及。为什么有些企业能进入人们的心智，有些企业却默默无闻？区别就在于品牌力有差异。

品牌是一种无形的力量，在连锁行业，企业的竞争从根本上来说就是品牌的竞争。特别是在加盟模式下，特许加盟商出售的核心商品本质上就是品牌以及品牌承载的经营模式和无形资产的使用权。一家连锁企业，其品牌的认知度越高、影响力越大，就越容易"遍地开花"。认知度高的品牌无论复制到哪里，都会得到消费者的认可和喜爱。

所以，所谓连锁，首先要"连"住品牌。

2. "神是"是"连"住品牌的底层逻辑

无论是直营模式还是加盟模式，连锁企业的规模化扩张都是以规模化地复制品牌曾经的成功模式为初心的。但是，我们会发现，有些品牌的复制很成功，企业快速做大做强；有些品牌的复制则生搬硬套，皮毛虽具备，灵魂却缺失，"形似而神不是"。

比如，有些品牌在复制的过程中特别强调门店装修风格和标识、员工服饰、口号话术动作的统一，却忽略了客户的真正需求，忽略了专业能力的提升，忽略了标准能否真正有效地落地执行。

以我对一些直营品牌和加盟品牌的深入了解，以下做法往往会造成"形似而神不是"的现象。

做法一：样板先天不足，却急于上马。

被复制的样板门店本身的商业模式并未成型或缺乏清晰化构成，其曾经的成功有一定的偶然性，尽管短期能够赢利，但不一定能被成功复制。

做法二：采用只管生不管养的"放养模式"。

这种情形在加盟模式中比较普遍。为了吸引更多的加盟商，品牌商往往将对拓展部门的激励与加盟商签单数量捆绑，而签约后的服务和运营又与拓展部门不相关，所以拓展部门在选择加盟商时往往会把标准放宽，适合不适合的都先签下来。

做法三：忽视本土化。

不同区域的门店在文化、习惯、消费者偏好等各个方面都存在差异，但是有些品牌在复制的时候却"一招走遍天下"，忽视了本土化，导致水土不服。

做法四：为复制而复制，形式大于实质。

在复制的过程中，只复制了标准的形式，忽视了标准内容的复制，丢掉了真正的精髓，最终使花了很多精力去做的标准化沦为走过场，完全无法发挥作用。

做法五：标准化水平与加盟商能力不匹配。

在拓展门店时，只追求将标准完全复制到新的门店，却不考虑加盟商能否做到。当标准化水平超越了加盟商的驾驭能力时，复制失败也就成了必然。

高质量的品牌复制一定是神形兼备的，既不是简单的"形似"，也不能仅止于"神似"，而必须是"神是"。"神是"是连住品牌、成功复制品牌的底层逻辑。

海底捞的门店复制，绝不只是简单地停留在复制服务的"术"的层面，而是更强调"道"的层面：复制能催生满意服务的创新机制、授权机制和激励机制等，复制张勇的"利他中实现利己"的经营思维和管理智慧。

对于星巴克，如果你不能深刻地领悟"关注每个细节"这个商界铁律——兼顾顾客体验中的"幕后因素"（顾客看不到的因素）和"台前因素"（直面顾客的因素），就算"形似"做得再好，你也创造不出同样的辉煌。

同样，对于麦当劳，如果你只理解了标准体系是使它获得巨大成功的因素，而忽略了标准体系背后的"麦当劳准则"——诚实与廉政、勇气、关系、赞赏、沟通、标准和榜样的力量，这些真正造就麦当劳成功经营模式的关键要素，你就无法真正触摸到麦当劳的灵魂，更无法通过正确应用它们实现成功。

"神是"最重要的是对品质进行规模化复制。

今天做一个小而美的企业没那么难，但是，做一个大而美的企业却非常难，难就难在品质的规模化复制。规模化复制是一个从具象到抽象的过程，这需要把每个角色、每个组织、每个流程以及匹配关系抽象出来，相对精准地定义人、事情、流程，然后通过文化、组织、IT系统、团队将它们落地。实现这个目标，一方面需要时间，因为文化和IT系统的建设都需要时间；另一方面需要人才，一个人懂没有用，必须让更多的人懂，让成千上万的人都懂，只有这样才能落地。

"神是"必须以"为客户创造价值"为出发点。毕竟，商业的本质就是通过为他人提供产品和服务而创造价值，从而获得自身的收益。直营模式也好，加盟模式也罢，只是企业在规模化扩张时选择的不同手段和方法，商业的本质并不会因此而发生任何改变，因此，我们在规模化扩张的过程中切不可本末倒置，而是要回归本质，即从客户的需求出发，发现痛点，提供解决方案，创造价值。

关注客户满意与否是企业经营永恒的核心，贝壳找房、链家的创始人左晖曾在参加完海底捞运营会后非常中肯地谈起自己的体会："我感受特别强的是，会议从头到尾都在说客户。看一家公司以什么为核心，看它写在书上的东西根本没用，要看它内部的会议到底是在说什么。"标杆企业的成功绝非偶然，所有决策、机制和行为都是以客户满意为基准的。

1.1.2 "锁"住收益的复制，才是成功的复制

1. 用核心资源"锁"住收益，构建真正的竞争优势

连锁，不光要"连"，还要"锁"。"连"的是品牌，"锁"的是什么呢？是收益。只有"锁"住收益的复制，才是成功的复制。

我们不妨回顾一下特许经营（加盟）的鼻祖——胜家缝纫机公司（Singer Sewing Machine Company，简称胜家）的故事。

近代意义上的特许经营首先出现并兴盛于美国，胜家被公认为现代意义上特许经营的鼻祖。

当年，胜家（ISaac Merritt Singer）发明了锁式线迹缝纫机之后，在市场上推广时遇到了巨大障碍：一是尽管这种缝纫机能让主妇们从手工缝纫中解放出来，但昂贵的价格却让人们望而却步；二是主妇们在购买之前必须学会如何使用该项新发明。

价格昂贵的问题，胜家在1855年通过首创"分期付款计划"解决了，销量因此大大增加；而让主妇们学会使用的问题，直到1927年才得以解决。这一年，胜家缝纫中心首开特许经营的先河，通过提供缝纫课程形成一体化产品"课程＋缝纫机"，并在纽约市推出，主妇们从此可以轻松地学会使用缝纫机。自此，胜家构建了由3万多家专卖店和经销点组成的遍布全球的强大销售网络，1966年销售额达10亿美元，1970年销售额更是一举突破20亿美元。

胜家用特有的"课程＋缝纫机"的产品模式，即"服务＋产品"包，打造了品牌连锁的那把"锁"，将收益牢牢地锁住。

这个案例为后来大量的特许加盟连锁经营创造了标准模式——用核心资源"锁"住收益。可口可乐的配方、海底捞的家族长制、红缨教育的"三好"课程体系等，无一不是企业用来"锁"住收益的核心资源。

选择直营模式还是加盟模式，对连锁企业来说一直是个难题。但实际上，选择的关键不在于所采用的模式，而在于对客户需求的把握以及所拥有的核心资源的独特性和掌控性。特别是采用加盟模式的企业，更要明确区分加盟者的需求与终端消费者的需求之间的差异，并利用核心资源去弥补这一差异。

牢牢把控核心资源，构建起让别人无法复制的壁垒，将收益紧紧"锁"住，是连锁企业真正的核心竞争优势。只有这样，才能"连"得住品牌，"锁"得住收益。

2. 以终为始，复制盈利能力

要想实现"锁"住收益的复制，有一个关键，就是以终为始，复制盈利能力。

"以终为始"是一种反向思维，即在事情开始的时候（或者计划阶段）就以"终局/目标"作为参照物，随时关注自己能不能实现终局或达成目标。也就是说，连锁经营从复制的初始阶段，就必须以

"终局／目标"为参照物。

提起"连锁"二字，有些人第一时间想到的就是"不停地开店"——自己复制开店（直营模式），或是教别人复制开店（加盟模式）。最好是复制不息，"店满天下"，似乎店多就代表规模大，店多就代表实力强。但我们扪心自问：开店是连锁经营真正的"终局／目标"吗？显然不是！

麦当劳从不接受不达标的经营商。在特许经营商的聚会上，经营不善的经营商很难有发言权，更不会赢得他人的尊敬和敬佩。麦当劳创始人雷·克拉克以喜欢询问经理们的业绩和经营情况而闻名，他的确对这些数字感兴趣，这让麦当劳的员工时刻不敢掉以轻心，因为你永远不会知道他或者其他总裁会如何向你询问，但有一点是肯定的，那就是他们对餐厅的各种经营数据了如指掌。这种考查让员工明白：业务经营成功的关键在于了解经营活动是怎样实施的。那么，连锁经营是怎样实施的呢？是利用协同效应使企业资金周转加快、议价能力加强、物流综合配套，从而产生规模效益，形成较强的市场竞争力和赢得客户的优势，进而获得利润。可见，盈利才是连锁企业真正的"终局／目标"。

看清终局／目标后，我们会豁然开朗：持续、可复制的盈利能力才是连锁企业的真功夫、硬功夫。

选择连锁经营模式是一个综合的决策过程，不能仅仅以利润收益作为衡量标准。如果把连锁企业可能获得的利益做一个归纳，大致可分为三大类：现实收益（直营店收益和产品收益），整合收益（供应商利润、管理利润、房地产运作收益），衍生收益（网络利润、资本利润、品牌利润）。我们要思考企业是只能赚取最直接的现实收益，还是也可以赚取间接的整合收益，抑或是还具有赚取衍生收益的能力。不同的答案，决定了不同的连锁经营模式。

打造持续、可复制的盈利能力需要进行系统设计。

连锁是一个系统，只有全面设计战略、模式、组织、标准化、运营、供应链、招商、股权等，企业才有可能真正拥有自己的核心盈利能力。

打造持续、可复制的盈利能力还需要树立共赢思维。

企业与相关利益者之间的关系与人际交往的六种模式有异曲同工之妙，这六种模式分别是利人利己（赢／赢）、两败俱伤（输／输）、损人利己（赢／输）、舍己为人（输／赢）、独善其身（赢）和好聚好散（无交易）。

哪一种是下策？俗话说得好，谁也不比谁傻，可能会一时吃亏，但不会一直吃亏。所以，"损人利己"和"舍己为人"都不可持续，当然更没有谁想"两败俱伤"。遗憾的是，在现实的商业环境中，这些情形我们却屡见不鲜。

哪一种是中策？不能双赢那就好聚好散——如果不能利益共享，那就干脆放弃交易，所谓"道不同，不相为谋"。"独善其身"在人际交往中体现为别人输不输无所谓，重要的是自己一定要得偿所愿，但在现实的商业交往中这种模式其实很难实现，或者走向"损人利己"，或者走向"舍己为人"，显然都是不可持续的。

哪一种才是上策？每一个商业组织都是生态环境的一部分，彼此依赖、互相支持、互相成就，"利人利己"的共赢模式才是最可持续的长期主义。从长远来看，只要不是共赢，就一定会两败俱伤。

对于直营模式，"利人利己"是让客户、员工、股东都赢，这才是真的赢。

海底捞当初通过"客户是一桌一桌抓的，员工是一个一个凝聚的"这一经营理念和人才培养理念，让"双手改变命运"的价值观在所有直营门店看得见、摸得着，真正实现了客户吃得满意（客户赢），员工有钱挣、有成长（员工赢），企业有利润、有增长（股东赢）。

对于加盟模式，"利人利己"是让品牌方、加盟方、客户、员工都赢，这才是真的赢。

红缨教育当年"在利他中实现利己""业绩为王、成长为大"的企业文化，在潜移默化中转化成所有加盟园所的团队文化，为后来探索"加盟直营化管理"奠定了坚实的基础。这些理念不仅使红缨教育实现了自身的业绩目标，使"让全国各地的孩子享受与北京孩子同步的幼儿教育"的使命达成，也使一大批加盟园所在专业能力、管理水平大幅度提升的同时挣到了钱，甚至成为当地家长的首选品牌。这种多方共赢的局面，使得加盟商没有理由不继续追随红缨教育品牌。

1.2 标准：复制的起点与保障

1.2.1 有标准，才能"傻都傻成一样"

1. 标准让复制有效果、有收益

如家酒店 CEO 孙坚曾经一语中的地指出了连锁企业的奥义：连锁的本质就是复制。前面所讲的"连"住品牌、"锁"住收益，从根本上来说，都是为了实现成功的复制。

那么，企业应该如何复制呢？

红缨教育总裁王红兵给加盟商提要求时曾形象而通俗地说：复制，就是要"听话照做不走样"；复制，就是"傻都傻成一样"。听谁的话？照什么做？当然是听标准的话，照标准的样去做！

标准是复制的起点与保障。组织的标准，解决了"谁来做"的问题；流程的标准，解决了"怎么做"的问题；操作的标准，解决了"具体如何做"的问题；制度的标准，解决了"做得好怎样""做得不好又怎样"的问题。有标准，复制才能有效果、有效益。

每一类标准都要遵循清晰的"问题导向"，因问题的存在而存在。同时，每一类标准又都要具有日常运营管理的工具属性。

产品的标准，是做好品控的基础；服务行为的标准，是实现客户体验一致性的基础；装修、服饰等方面的标准，是解决品牌识别问题的基础；时间管理的标准，是提高效率的基础；薪酬制度的标准，是实现公平分配的基础；晋升的标准，则是确保能力胜任兼顾升迁公平的基础。

所有标准汇聚在一起，由点成线，由线成面，构成了企业独一无二的标准体系和行为准则。标准多一项，企业的风险就会少一分。

2. 海底捞的例行工作标准化

在标准化管理方面，海底捞一直是连锁行业的标杆。在这里，我们以海底捞的例行工作标准化为例，看看海底捞是如何实现店经理时间管理"傻都傻成一样"的。

当门店数量拓展到十几家时，张勇清楚地意识到，是时候建立一套统一的标准了。否则，"天高皇帝远"的店经理很难了解自己每天该干什么、每周该干什么、每月又该干什么。统一的标准可以帮助店经理科学统一地梳理工作内容，合理安排时间节奏，避免因个人时间管理的差异或失误而导致整体工作有遗漏。但这需要以店经理岗位为核心进行全公司上下左右部门和岗位的工作嵌套与时间匹配，提升组织整体的运行效率。

基于这样的思考，海底捞开始了例行工作标准化之路。

我以例行工作最初版本的结构和事项内容（见表1-1，有删改）为例，来说明海底捞的标准化时间管理是如何实现的。

表1-1　店长标准化时间管理（1.0版）

店经理每日例行工作	
工作性质	工作项目
固定工作	抽查前一天的收尾工作（剩余的物品及其保管工作）、收货及员工生活
	查看内部网站，并处理各项事务
	检查餐前前堂、后堂卫生，人员安排及准备工作，就餐期间值班人员的到岗情况
	查看订餐情况并抽查各部门对订餐的了解及准备情况
	……

店经理每周例行工作	
工作性质	工作项目
固定工作	每周对顾客满意率、环境卫生、流程执行情况进行一次评比，并根据结果进行奖惩
	召开例会：①总结评比领班三级例会开展情况；②总结前一周的工作情况，并组织骨干利用"七个不放过"进行分析处理
	店经理每周给深夜班员工召开一次会议
	……

店经理每月例行工作		
工作性质	时间段	工作项目
固定工作	1～3日	1. 相关人员做安全培训及演习 2. 分析店内"爬山"图，整理离到站还有1/3的小组和方案，并上报小区经理
	X日	参加小区经理组织的经营发布会

（续）

店经理每月例行工作		
工作性质	时间段	工作项目
固定工作	Y～Z 日	发放工资、翻台奖、骨干奖，并与工资等级上升或下降的员工进行沟通，制定下月目标
	……	……
	月末三天	1. 自评工作流程执行情况，上交小区经理 2. 整理本店小组提交创新情况，并进行奖惩 3. 整理下月过生日的员工名单并做相应安排
弹性工作	根据具体情况不定期安排	1. 低峰期带领顾客参观后堂，每月至少 10 桌 2. 亲情化工作 3. 每月至少上一次深夜班，深入了解深夜班工作，以便及时发现问题并帮助解决问题 4. 检视与其他部门的工作配合，如人事、财务、物流、行政等部门 5. 每月至少组织两次员工就近玩耍（例如：去公园等） ……

　　从中我们不难发现，无论日例行工作、周例行工作还是月例行工作，固定工作部分都是必须执行的规定动作。比如"月末三天：整理下月过生日的员工名单并做相应安排"，这一事项的标准化最大限度地避免了经理们"想得起来就做，想不起来或忙不过来就不做"，从而保证亲情化工作落实到位；又如"X 日：参加小区经理组织的经营发布会"，这一事项不仅仅是店经理的月例行工作，同时也是小区经理的月例行工作，上下级工作时间和工作内容的有机嵌套最大限度地降低了彼此时间和工作安排的随意性，让经理们由原来的被动工作居多转化为主动安排。

　　弹性工作的内容相对固定，时间相对灵活，这可以让店经理在时间管理上拥有一定的自主性，便于灵活发挥。

关于例行工作，实践中还有几点经验值得借鉴。

第一，要保证例行工作畅通，需要兼顾上级、下级、同级和相关职能部门的需求；要根据部门、层级、时间来制定工作内容；内容应全面，包括工作项目、职责以及与其他部门的配合。

第二，店经理的工作内容不只是由店经理一个人来完成，而是需要大堂、后堂、值班、同级职能部门甚至上级来共同完成；店经理要组织下属讨论工作内容，使下属和骨干明白本周、本月的工作重点和难点，以达到上下一心，目标一致；要将各层级管理人员的工作内容贯穿起来，避免做重复工作。

第三，也是必须引起高度重视的：如果个体的例行工作完成不了，就会影响其他人和部门的工作开展，比如人事、财务、采购、物流等部门及其员工，牵一发而动全身。

第四，要避免陷入各种误区，比如形式化、为完成而完成，等等。

1.2.2　好标准 vs 差标准

制定标准的目的在于化繁为简，获得最佳秩序，从而实现最佳的共同收益。标准的本质特征是"统一"，统一既是连锁企业标准化的基础和原点，也是标准化活动的最终成果。

在今天的商业环境中，关于要不要标准、有没有标准，已无须讨论。现在，任何一家连锁或类连锁企业，无论经营状况好坏，都有各式各样的手册、规章和标准，或已在使用中发挥效用，或结集成册存放在书架上"严阵以待"，或正在修订、完善中。在各类标准"满天飞"时，判断标准本身的"好"与"差"，以及"适合"与"不适合"，就成了每位经营管理者的必修课。

那么，什么样的标准才是好标准呢？

1. 干货当家：简单、务实、可操作性强

本节一开始就提到制定标准的目的在于化繁为简，获得最佳秩序。但至于何为"最佳"，往往仁者见仁，智者见智。在实践中，人们普遍将系统和完善的标准视为最佳标准，但这样的标准常常充斥着大量冗余的"湿货"，有用的"干货"却寥寥无几，且被深埋在"湿货"之中。制定标准的过程也往往与初衷背道而驰，不是化繁为简，而是化简为繁，使用者经常是还没等找到"干货"就已经失去了继续学习的耐心，又何谈掌握和运用。

标准的制定是一个"知其然"和"知其所以然"的过程，但是当标准制定出来后，却只需呈现"知其然"部分，至于"知其所以然"部分，应该是标准制定者自身通晓的内容，并不需要使用者了解与掌握。若是眉毛胡子一把抓，把简单问题复杂化，往往会给标准减分，而不是加分。

举例来说，麦当劳将炸炉操作的动作标准细化为 9 个步骤：①打开一袋薯条；②把炸篮装到半满；③把篮子放到炸炉中……操

作标准简单明了，即使是新手也可以轻松掌握。其中，步骤②清晰地写明了"把炸篮装到半满"，操作者只需"知其然"然后照做就行，至于"为什么是半满而不是全满或 3/4 满"这个"所以然"，标准中无须交代。

所以，"好"的标准就是要易懂、易学、易上手，只有这样才更易于复制。

2. 匹配度高：最合适的才是最好的

在与红缨教育的合作中，有一段经历对我启发很大。

"悠久联盟"是红缨教育的一个品牌，专门服务县域及以下的乡镇幼儿园。针对这类幼儿园的整体管理水平和专业水平普遍较低这一现实情况，红缨教育在制定管理赋能标准时确定了 180 个质量管控点。大家当时想当然地认为，标准越多、越细，联盟园所的管理水平就会提高得越快。

但事与愿违，这些标准执行了一年，效果非常不好，复杂的没做到，简单的也没做好。公司经过深入调查研究后，对赋能标准进行了调整。

在加盟园投资人和园长年度大会上，公司宣布：为切实稳妥地帮助大家提高园所管理水平，今年的质量管控点由 180 个减少到 50 个。话音刚落，全场竟然响起了热烈的掌声和欢呼声，有人甚至带头高声回应："这样的话，我们肯定能做到！""王总，我们保证做到！"。

果然，新的一年，大部分联盟园全部达成 50 个管控点的标准要求，悠久联盟品牌在各地的家长认可度也大幅度提升。

这件事让我深深地领悟到：标准的"好"与"差"是相对的，适合的才是最好的。再好的标准，如果忽略了企业所处的发展阶段，忽略了使用者的能力，也会适得其反，欲速则不达。

"罗马城不是一天建成的"，标准的匹配和能力的提升需要循序渐进。

3.动态性强：与时俱进、及时迭代

7-11 创始人铃木敏文说过，"经营本应朝令夕改"。在我看来也是如此，好的标准一定不是静态的、一成不变的，而是动态的，因为顾客是动态的，需求是动态的，市场是动态的，经营也是动态的。如果不与时俱进、持续精进、及时迭代，再好的标准也会跟不上企业前进的步伐，甚至成为企业发展道路上的绊脚石。

最典型的例子就是互联网带来的连锁餐饮业服务流程的大幅改变。原来，下单、买单都需要服务员来协助完成，而现在，大部分餐厅都转变成了顾客扫码自助完成点餐，服务员只需提醒顾客即可。技术的进步带来了工作方式的改变，而工作方式改变了，标准自然也必须改变，否则标准就失去了意义。

标准的改进与迭代体现在标准的及时修订与完善、标准化的监督方式和检查准则的持续改进、标准化考核评价的不断完善等方面。从这个角度来说，企业标准的修订方式本身也需要标准，并且要定期迭代。

最后，我要提醒的是，好的标准能串联起企业的过去、现在、未来，即企业过去积累的经验教训，作用于当下的经营管理，清晰指向未来的发展目标。这也是为什么标杆企业的标准几乎全部是自己"长出来"的，而不是"搬过来"的。

正因为如此，我们学习优秀企业的标准并不只是学习标准本身，更要学习建设标准、践行标准、精进标准的方法论。只有在每一个对的出发点上，持续建设并精进企业的标准，才能让标准真正长自企业，长在企业，让自己的标准成为别人学不会的"公开的秘密"。

1.2.3　永远以消费者的体验为最高标准

1."看得见"与"看不见"的标准

多年的实践告诉我，标准可以分为两类：一类是看得见的标准，另一类是看不见的标准。

看得见的标准，是指狭义的、约定俗成的标准，如国家标准、行业标准、区域标准和企业标准等。

比如，产品类标准，涉及产品的存储、制作、使用等；运营类标准，涉及运营流程、采购流程、仓储规范、损耗控制等；场景类标准，涉及选址、门店设计、动线设计、陈列设计等；岗位管理类标准，涉及各类岗位的分类、职责、操作、绩效考评等；服务类标准，涉及形象、话术、行为等。这一系列的标准，全都是看得见、摸得着的标准。为了让标准"看得见"，最直观的做法是将其整理成册，或者拍摄成影像。

那看不见的标准又是什么？其实就是消费者的最终体验。以终为始，企业要始终将消费者的需求和体验视为出发点和落脚点。

标准是品牌的内涵之一，对消费者而言，他们并不会关心你企业的产品的详尽操作标准，而是更关心产品是否好用、是否安全、是否耐用、是否方便等；他们也不会关心你企业的服务规范有什么具体要求，而是更在意自己的体验是愉悦的还是糟心的、方便的还是别扭的，需求是被满足了还是被忽视了，等等。企业内所有看得见的标准最终指向的都应该是消费者对产品和服务的认可。

2. 术道结合，为顾客着想

有一天，我独自一人去吃某品牌小火锅，点好菜开始吃后，我不断地被站在面前的服务员一声声高喊的"欢迎光临"吓到。

我客气地跟服务员商量："姑娘，你能不能别喊了，我这吃一口你那喊一声，着实吓了我好几跳，太难受了。"小姑娘毫不犹豫地回复我："那可不行，这是公司的要求，不喊是会被扣钱的。"

原来，这家企业迎客的标准是：只要有新顾客进店，门迎就要喊"欢迎光临"，然后店内其他员工也要跟着一起喊"欢迎光临"，无论他们当时正在干什么。

无奈，我只好在这一惊一乍的吆喝声中草草吃完饭，然后赶紧逃离。

显然，这家餐厅看得见的标准是服务员统一的迎客话术，看不见的标准则是使用效果——是希望让顾客满意呢？还是不满意呢？

同样是火锅企业，到海底捞吃饭的顾客常常会遇到以下情形："张哥，您点的菜有点多了，别点了，不够的话一会儿再加""李姐，你们几个人点这么多肯定吃不完，我给您先去掉几个菜吧，不够咱们再加"。

可能有人会问我，这是海底捞哪条看得见的标准规定的？恰恰相反，看得见的标准永远无法穷尽这些具体的服务细节。而看不见的标准——"利他中实现利己"，却使为顾客节省每一分钱、帮助顾客理智地消费成为每一个海底捞人的服务理念。

企业固然是以获得利润为根本目标的，但一味地从企业利益出发考虑问题，就会和顾客越走越远。只有站在顾客的立场上，真心为他们着想，企业才能真正赢得顾客的尊敬和喜爱，也才能走得更远。

如果说看得见的标准属于"术"的层面，那么看不见的标准则属于"道"的层面。正所谓"有道无术，术尚可求；有术无道，止于术"。唯有术道结合，企业才能行稳致远。

1.2.4 标准≠标准化

1. 从标准体系到标准化体系

企业将一系列相关标准，按其内在联系构建成一个科学的有机整体，便形成了标准体系。

标准体系不仅能系统、动态地描绘企业的发展蓝图，全面指导标准的落地实施，还能帮助企业深入了解行业的国内外发展现状与趋势，提升工作的系统性与计划性。连锁企业的标准体系是企业品质化、品牌化、规模化的基础，标准体系的定位决定了企业的基本定位。

麦当劳是世界公认的餐饮行业领军品牌，也是连锁行业的标杆品牌。不管是在纽约、东京、香港还是在北京，人们都可以在麦当劳吃到同样新鲜美味的食品，享受到同样快捷友善的服务，感受到同样的物有所值。

麦当劳是如何做到的呢？答案就是——QSCV原则（Quality，品质；Service，服务；Cleanliness，清洁；Value，价值），即麦当劳的最高经营理念和方针，背后是一整套严格的标准和管理制度，覆盖质量、服务、品牌、运营、管理、人才培养、危机管理。

标准体系的建立，说不难也不难，说难也难。

为什么说不难呢？不难在于，企业只要站在巨人的肩膀上借鉴、模仿、照猫画虎甚至照搬照抄，就能快速拥有构建标准体系的各种手册表单。先借鉴、模仿别人的标准体系，再将其迭代升级为自己的，这无可厚非，也是成长最快的学习方法和捷径。但是，如果只是简单地照搬照抄，不结合自己企业的实际情况做内化，所谓的标准体系最终将会变成一纸空文。

为什么说难呢？企业建立自己的标准体系难！确定标准范畴、提炼标准、找准定标准的尺度、确定标准的校验方式、明确谁有能力驾驭等一系列工作本身就是一项复杂工程。标准体系既不能只从先进理论体系中摘抄，也不能只采取照搬其他企业标准的"拿来主义"，还不能只取材于企业自身的成功经验。标准体系一定源于"先进的理念体系＋其他企业的成功经验＋自我实践经验"，只有这样，才能保持标准的先进性、适配性和盈利性。

有了标准体系，就是标准化了吗？显然不是！

如果说标准体系是厚厚的一摞手册表单，标准化则是一项系统的工程，是为了在一定范围内获得最佳秩序，对现实问题和潜在问题制定共同使用和重复使用的条款的活动。建立标准体系只是标准化的第一步，如果不能有效地输出标准、执行标准，标准就会成为束之高阁的手册表单，连锁门店就只能"连"而不"锁"。所以，企业不光要有标准体系，还要建立完善的标准化体系。

马瑞光老师在他主讲的《连锁经营标准化打造》中提出了一个连锁标准化体系模型，用三个环节构建标准化实施的闭环（见图1-1）：通过建立标准解决运营系统的统一问题，通过训练系统解决输出标准的问题，通过督导系统解决执行标准的问题。

图 1-1　连锁标准化体系模型

　　在这三个环节中，建立标准要遵循"三化"原则，即简单化、专业化和个性化。简单化，就是要化繁为简，做到易懂、易学、易操作；专业化，就是不仅要知其然，还要知其所以然，做到标准有理有据；个性化，则是指企业标准要有一定的独特性，人有我亦有，是行规，而人无我亦有，是差异化。

　　训练系统输出标准，解决员工"会不会做"和"如何做"的问题。

　　一般来说，大部分员工不会做管理者想要他们做的事，只会做管理者要检查的事，所以，输出标准之后，企业需要督导系统来保证标准的执行。谁能督导？督导什么？如何督导？任何一个问题回答不到位，都会直接影响标准化的效果。

　　刚与红缨教育合作时我就发现了一个现象，有些园所加盟红缨教育后，品质大幅度提升，客户满意度也非常高，因此继续追随的忠诚度也极高；而有些园所则投诉不断、抱怨不断，甚至合同期没满就想提前退出。同样的标准，为什么执行起来会有这么大的差异？经过深入调查，我了解到一部分真相。基础较好的园所如果配置的督导水平较低，园所经验不丰富、对管控标准不熟悉、对如何督导没有方法，就会导致投资人把"对督导的不满意"转化为"对品牌的不满意"，而有些基础不太好的园所却因为幸运地遇到了责任心强、专业能力强的督导而芝麻开花节节高，实现了园所和品牌的双赢。所以，督导系统绝不能简单地用"有没有"或"做没做"来判断，而是要用匹配不匹配来衡量。

执行标准更多的是技能训练，技能训练与知识学习最大的区别就是要刻意训练、重复训练，让标准成为习惯，让员工下意识的反应和决策与标准保持一致。这意味着企业不能以员工"读懂标准""知道标准"为上岗的标准，而要以"掌握标准"甚至"熟练掌握标准"为上岗的标准，并以"形成习惯"作为训练的目标。

通过这三个环节，标准体系就转化成了标准化体系，企业的标准化管理才算启航。

2. 红缨教育的标准化体系

红缨教育建立了非常完善的标准化体系，值得企业经营者借鉴。

2015 年，红缨教育被威创股份并购，为了进一步强化加盟园所的质量管理水平，公司在原有标准体系基础之上全面修订各类标准，最终形成 16 本标准手册。其中，质量管控标准体系涉及五大类标准：硬件设施、清洁卫生、服务质量、基础管理、教育教学。以基础管理为例，二类标准又涉及行政管理、档案管理、生源管理、门卫管理、班级管理、食堂管理、卫生保健管理、安全管理、工程管理、财务管理、运营质量、人力资源管理、队伍建设等十三个细类，整个标准体系覆盖 500 个管控点，且每一个管控点责任到岗，分布于全国各地的加盟园同下一盘棋。

为了"让全国各地的孩子享受与北京孩子同步的幼儿教育"真正落到实处，红缨教育总部构建的标准化体系又由以下五大体系构成。

标准体系：对目标负责；实现标准化的基础，包含 16 本标准手册及对应的课程。

培训／培养体系：对人才合格负责；师资、课程及教学方式、实习方式要匹配。

督导体系：对运营质量负责；关键点——督导老师的"选用育留"机制建设。

服务体系：对客户满意度负责；优化客户分类；精准把握客户。

信息化体系：建设沟通平台、财务平台、质量管控平台等，提高效率。

1.3 三大抓手，确保复制落地不走样

标准是复制的起点与保障，但只有标准，并不能保证复制一定

成功。一家连锁企业要想复制出上百家、上千家甚至上万家门店，并且使每一家门店都延续样板门店的优秀基因，做到落地不走样，必须把握好三大抓手：抓执行、善督导、会授权。

1.3.1　抓执行：从"知"到"行"

1.目标达成是衡量执行力的唯一标准

没有规矩不成方圆，但如果有了规矩——标准、制度、流程，却不去执行，或执行不到位，方圆还能成吗？答案不言而喻。

连锁行业"天高皇帝远"的行业特质，让经营管理者们深刻体会到"事在人为"的意义，抓执行力也就成为管理的重中之重，既是起点，也是终点。

俗话讲，从"知道"到"做到"，中间隔着一个太平洋。的确，"知道"标准≠"执行"标准，"知道"制度≠"执行"制度，"知道"流程≠"执行"流程。

成文的标准、制度、流程一般是"死"的，而执行恰恰是"活"的。同样的标准、制度、流程，不同的人执行，结果往往千差万别；同样的标准、制度、流程，即使由相同的人执行，在不同的环境、不同的时间、不同的状态下，结果也可能千差万别。

要想让所有门店各层级、各类型的员工365天如一日、千人一面地按标准操作执行，组织内部对执行力衡量标准的看法至关重要。

在企业实践中，我们常常会遇到这类现象：

环球卫星公司员工小李非常勤奋，年初主动请缨负责宣传册的印制工作。在接下来的一段时间里，他忙里忙外，不断地在印刷厂、设计公司和公司之间协调各项事务，每天工作超过 12 小时。在他的努力下，宣传册终于完工了。但交付后，他的上司却发现公司介绍中存在关键数据错误。不得已之下，他们只好将宣传册修改后重新印刷、装订，为此，公司损失了一万五千多元。而且，业务部门与关键客户沟通项目时，由于新的宣传册未到位，沟通起来很不顺畅。

该如何评价小李的执行力呢？

观点一：尽管结果不好，但小李态度积极，应该予以肯定。

问题：态度好，就是执行力吗？

观点二：尽管结果不好，但小李还是按职责要求做了，应该予以肯定。

问题：职责可以衡量执行力吗？

观点三：尽管结果不好，但小李还是努力去完成任务了，应该予以肯定。

问题：任务可以衡量执行力吗？

观点四：小李尽管没有功劳，但还有苦劳，应该予以肯定。

问题：苦劳是执行力吗？

通过以上讨论，我们不难发现对企业而言，目标没有达成，所有的付出就是徒劳，没有任何价值和意义。更何况，小李不仅未达成目标，还给企业带来了直接和间接的损失，何谈执行力？

然而，企业在日常运营中最容易犯的错误恰恰在于：误把态度当执行力！误把职责当执行力！甚至误把苦劳当执行力！如果这种风气已经成为组织内的一种导向，那么企业的执行力一定会打折扣，标准、制度、流程走样、不落地也一定会是大概率事件。

所以，管理者必须清醒地认识到，目标达成是衡量执行力的唯一标准。

任何行为都会产生结果，只是结果各异，有的结果与当初的目标一致或十分接近，有的结果则可能偏离目标甚至与目标背道而驰。只有有助于组织目标实现的行为才是有效的行为。所以，执行力的衡量不能只关注执行的过程本身，不是看执行时"使了多大的劲儿"，而是应该关注执行的结果，即目标达成与否——能达成目标的执行力才是有效执行力，不能达成目标的执行力则是无效执行力。

提高执行力，必须清晰地知道何为目标，且始终不忘初心。各类标准、制度、流程，都有其目标导向，无论是推行者、执行者还是监督者，只有就目标达成共识，才能始终高度一致地执行，执行也才会有效果。

提高执行力，必须讲究方式方法，努力追求事半功倍的效果。整合资源、学会借力是实现事半功倍的有效途径。打破条条框框的限制，采取创新性思维带来的创新性方法和行动，也是实现事半功倍的有效途径。

提高执行力，必须有时间意识。任何任务目标、项目目标，无论大小，都是有窗口期的。有限时间内的目标达成才有价值、有意义。

总而言之，目标达成就是要"以终为始，行必所至"。当目标达成时，执行力的有效性也就得到了验证。

2. 连住利益，连住责任，连住支持

明确了执行力的衡量标准后，我们还需要思考一个问题：在复制过程中，员工为什么缺乏执行力？或者，员工的执行为什么不给力？通过研究分析发现，员工执行力差的原因大体可归纳为以下几方面（见图1-2）。

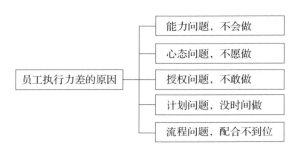

图1-2 员工执行力差的原因分析

解决员工执行力差的问题，不能简单地头疼医头、脚疼医脚，而是要对症下药，针对性地、系统地进行机制设计，既要连住利益，也要连住责任，更要连住支持，这样才能锁住意愿、锁住行为、锁住效率。

（1）连住利益，锁住意愿

在连锁服务业中，从业者的年龄与素质参差不齐，无论是"00后""90后"，还是"80后""70后"，都有可能成为同事，个体差异很大。要想让这些人做得一样，首先要让他们想得一样。怎么才能想得一样？最重要的是要连住利益。

首先，要连住员工和企业的利益。只有采取与执行目标相匹配的激励手段，将员工的利益与企业的利益联系在一起，做得对有奖励，做得好有未来，员工才会统一执行意愿，提供同样的服务、营造同样的体验。个体差异就此被"抹平"，个体"用本能做事"的情况也就得以避免。

其次，要连住基层管理者和企业的利益。在连锁服务业中，基层管理者大多指的是店长。在各个连锁门店中，店长是非常重要的角色，他们是经营目标的主要承担者，也是一线的直接管理者。日常繁忙琐碎的劳作，很容易让其落入任务思维、结果思维的陷阱。只有通过利益绑定，让每一个基层关键人物成为真正的经营者，他们才能真正承载起企业的盈利意愿与盈利目标。

最后，还要连住品牌方和加盟方的利益。要通过与优秀加盟商充分分享利益的方式，连住共同经营品牌的意愿：品牌好，大家才能一起多挣钱；品牌受损，大家都只是"一锤子买卖"。

（2）连住责任，锁住行为

世界上任何一种关系中的行为都需要一定的制约，无论是道德的制约，还是制度的制约。对后果的忌惮是最简单有效的制约，当一个人想明白了什么可以做、什么不能做，做了会有什么后果时，其行为就会更加慎重，因为他非常清楚自己要承担什么样的责任。

责任，既是职责，也是任务。只有责任共担，才能让相关责任人保持行为一致，"一荣俱荣、一损俱损"。下属犯错，领导也需承担相应的责任，就是"连住责任，锁住行为"的一种体现。

当然，连住责任的目的不仅仅在于严肃追责，以求"事事有人担责"，更在于通过树立边界意识，培养并建立相关人员对组织的责任感。责任感不仅能让人不犯错，也能让人有动力做到位、做更好。

连住责任，也是在积极地为组织营造一种重视责任的良性氛围。组织氛围本身就能在潜移默化中改变个体意愿与行为，因为人都是环境的产物。什么样的组织氛围造就什么样的员工群体，造就什么样的行为表现。同时，组织氛围也是去伪存真的"筛子"，适应组织氛围的人在组织中如鱼得水，不适应组织氛围、不愿意承担责任的人则会被淘汰。

（3）连住支持，锁住效率

杰克·韦尔奇（Jack Welch）曾说过：执行力就是消灭妨碍执行的官僚体系问题。"能否及时做到"与"能否做到"一样重要，精确有效的支持对组织高效达成经营目标起着决定性作用。

无论是销售任务还是业绩目标，其完成与否都不是单由一线员工与管理者的意愿和能力决定的。巧妇难为无米之炊，在连锁服务业中，门店的每一次促销活动、每一次服务项目升级，都需要市场、人力资源、研发、供应链等一系列职能部门的支持与赋能，缺一不可。总部与职能部门对门店是管控还是服务，品牌方对加盟商是充分支持还是"吃拿卡要"，都将会在效率层面给出清晰的反馈。

个体的高效执行也并非拥有意愿与制度就可以实现。只有得到充分支持——前辈愿意传授、店长赋予机会、组织持续赋能，个体才能持续做到人岗匹配、人尽其才。

3."七个不放过"，落地不走样

没有问题的企业是不存在的。在执行标准、制度、流程的过程中，问题一定会出现，"落地走样"几乎成了常态。然而，企业与企业、团队与团队、人与人的区别，就在于面对问题的态度和解决问题的方式方法不同。

问题本身不是问题，如何应对才是问题。

在复制的过程中，以下几个问题在很多连锁企业中频繁出现。

问题一：员工参加培训了，但是到岗后还是不知道怎么开展工作。

是培训内容有问题，还是培训方式有问题，或是受训者的选拔有问题？任何一个环节有问题，都会导致培训没有效果。如何解决才不会使同样的培训问题在另一拨员工身上重复出现？

问题二：类似的客户投诉频繁出现，第三方平台上也出现了恶意差评。

问题的根源究竟是什么？真正的责任部门和责任人是谁？有解

决方法吗？实施了解决方法后，类似的投诉是没有了，还是量少了，或是一切照旧？为什么？

问题三：产品上新，许多门店却没有收到足量配货。

这次的问题是偶然发生的，还是经常出现？解决方法是采取一次性救急措施，还是能彻底解决问题？部门如果换一批员工，会不会再出现相同的问题？

问题四：某部门通过邮件下发了一个新的规定，但发现大家并未按规定执行。

这究竟是因为大家没有养成收邮件的习惯，还是不习惯通过收邮件来改变行为，抑或是新的规定本身存在问题大家不愿执行？

这些问题的频繁出现，让很多管理者几乎天天处在救火的前线。其实，出现问题并不可怕，真正可怕的是同样的问题反复出现！为什么会这样？要么是暂时把问题解决了，没有彻底根除，下次遇到相同情形时，问题会再次出现；要么是出现过问题的个人或团队知道该如何处理，但其他个人或团队遇到该问题时却束手无策。怎么办？

其实，解决任何问题都是有逻辑的，将这些彻底解决问题的逻辑方法模式化之后，就形成了企业里的通用管理工具。

从以下七个角度着眼并做到坚决不放过，可以有效解决上述问题。

第一，找不到问题的根源不放过。

第二，找不到问题的责任人不放过。

第三，找不到问题的解决方案不放过。

第四，改进方法落实不到位不放过。

第五，问题责任人和员工没有受到教育不放过。

第六，没有长期改进措施不放过。

第七，没有建立档案不放过。

问题出现后，解决问题的态度、方式和效率决定了执行力。当执行遇到阻碍或问题已经发生时，通过"连住责任"适度追责与计较损失也是必要的。

如果一味地计较问题本身，那么问题永远是一件"坏事"。能够快速解决问题，并通过解决问题实现少犯错或不犯错，问题才能体现出最大的价值，甚至从瞬时的"坏事"变成有利于企业持续成功的"好事"。

管理者最重要的角色就是问题解决者，用什么样的态度、方式和效率去解决问题体现了管理者的能力水平，"七个不放过"就是解决问题的利器，能在最大程度上减少问题的出现频次，降低问题的严重程度，确保复制的过程执行不走样。

1.3.2　善督导：既"督"又"导"，让复制少走弯路

1.督导就是既要"督"，又要"导"

无论是直营模式还是加盟模式，连锁企业在复制的过程中实现标准化落地不走样的最基本做法都是建立督导体系。

督导的字面含义是监督、指导。传统连锁企业的督导内容主要是形象、商品、服务、人员、销售目标五大类，企业会围绕这几类内容设计详细的 QSC（Quality，品质；Service，服务；Cleanliness，清洁）检查表单或对应的手册，对员工的执行情况进行监督。而督导者被赋予的权限更多的是检查权、督促权和处罚权。这种设计必然导致督导重"督"轻"导"。

严格执行 QSC 检查进行"督"无可厚非，严格按照流程使用标准化手册进行"导"也是必不可少的，有"督"有"导"，督导才能发挥效果。

不过，即便如此，也很难实现企业需要的以解决问题为导向的有效督导。

QSC 检查中的要点，与门店经营管理标准化手册中的经营要求基本上是完全重合的。QSC 的相关标准，也都是门店看得到、看得懂的内容。而真正需要督导协助解决的问题，往往更多的是在 QSC 的相关标准存在并达成共识的前提下门店仍旧会出的问题，比如，为什么标准执行不到位？为什么承诺的常常做不到？为什么同样的错误会反复出现？等等。

发现问题，绝不等于解决问题。如果督导者只被赋予指出问题的"权"，而没有绑定赋能门店解决问题的"责"，门店与督导者"斗智斗勇"就不足为奇了。在一些门店管理者口中，有些督导者甚至变成了对下挑刺、对上告状的让门店头疼的角色。这与企业设置该岗位的初衷大相径庭。这就如同病患去医院看病，希望得到的一定是准确的诊断和有效的治疗，使迫在眉睫的病症得到根治，而不是听医生复述一遍症状、查出一些与主要疾病无关的非紧要的异常指标，这些对解决问题毫无意义。

发现问题不是目的，解决问题才是目的。督导者所承担的职责本身就包括反哺企业标准化建设的持续优化，所以，其权责设计必须指向企业的经营结果："督"的是切实影响门店经营、盈利、组织建设、客户服务、顾客体验的问题；"导"的是让门店不再犯相同错误的能力，以及"举一反三"解决更多类似问题的能力。只有这样，连锁企业的复制才会少走弯路。

2. 如何督导才有效

俗话讲"打蛇要打七寸"，如果说"督"的过程是发现问题，"导"的过程是帮助解决问题，那么督导最重要的就是找到关键切入点，从而发现真问题，解决真问题。也只有这样，督导者才能成为"智慧督导"，而非只会走流程打分的"机械督导"。

（1）行万里路，先做到"心中有数"

很多公司督导者的工作状态，可以用"马不停蹄"来形容。他们带着眼睛、嘴巴、纸笔和一堆表单来了，打了一堆分数后又走了，来来去去，忙忙碌碌，日复一日。可是，如此这般，就算督导者跑断了腿，其工作成效也不一定高。只有门店问题抓得准，导致问题产生的原因才能找得准，对症下药的方案才能可行、有效。

所以，作为督导者，一定要做到"心中有数"。

- 督导前：知己知彼，做足功课。
- 督导中：反馈、沟通和辅导。
- 督导后：及时复盘并建立档案。

（2）授人以鱼，更要授人以渔

"授人以鱼，足解一日之饥；授人以渔，足食终身之鱼。"一事一议、就事论事地解决问题是授人以鱼，让基层门店的管理者掌握解决问题的思路和方法，知其然，更知其所以然，则是授人以渔。

真实案例＋"七个不放过"工具就是行之有效的授人以渔的方法。具体使用方式是：督导者在使用"七个不放过"工具分析真实案例问题的根源、责任人、解决方案的同时，详细记录完整的流程，并以文字、音频或视频的形式将其呈现出来。过程中应清晰记录问题发生的时间、背景、起因、经过，以及处理时的经验与教训。这种方法不仅可以解答所有门店的类似问题，还能将"经验"或"教训"可视化，使流程、制度及标准变得生动具体，为基层管理者提供场景化的案例学习内容，进而显著提升督导工作的效率与准确性。

3. 海底捞的"天鹅行动"：不求"督"，但求"导"

督导者与被督导者常常是一对"天敌"，如果督导者重"督"轻

"导"、视检查为核心工作，再加之有些个体角色错位、居高临下，两者的关系就会变味，结果一定是以牺牲公司利益为代价。如何解决这个问题呢？海底捞的做法值得借鉴。

海底捞门店早期推行绩效评比时，门店对督导小组的看法大多是负面的："工作是干好的，不是检查好的""我们忙的时候，他们不是搭把手，而是在一旁用审视的眼光盯着，怪怪的""他们好像就是来挑刺的"。为此，门店与督导小组之间常常上演"猫和老鼠"斗智斗勇的戏码，有些门店甚至把大部分精力都花在打探督导者的行踪上，甚至为了获得一个好结果，不惜"收买"相关人员，在检查时弄虚作假。

对公司而言，督导门店的目的是发现问题、解决问题从而使客户满意，但当检查演变为"猫和老鼠"式的斗智斗勇时，这一目的就注定无法实现了。督导者来时，门店只会一味地"糊弄"督导者，督导者走后，门店影响客户满意度的问题依然存在，并没有得到解决，客户依然不满意……

怎么办？"问题本身不是问题，如何应对才是问题。"

公司果断调整了做法——既然解决问题是目的，那我们就得先知道问题是什么。最好的做法就是：让店长主动暴露问题！谁主动暴露问题就奖励谁。问题暴露出来后，公司会派优秀的、有经验的经理去帮助这些门店解决问题。

这些被选出来的能帮助其他门店的优秀经理被称为"天鹅"，而重"导"不重"督"的帮扶行动，就是"天鹅行动"。

4. 胜任力决定匹配度

前文在谈标准化体系建设时，已经提及督导者与被督导者的匹配程度会直接影响督导的效果，正所谓"人对了，事才能成"。在此基础上，我进行了迭代思考："人对了，督导才能有力度。"

怎么才能选对人？企业必须根据自身的实际情况务实、有针对性地思考和构建各类督导岗位的胜任力模型。对于不同目标、不同层级的督导，都要明确：什么样的人才能胜任？怎样才能胜任？

所谓督导者的胜任力，成果、经验、资历是最有说服力的。成果，就是有能服人的成绩，没打过胜仗的人，很难令人相信他能指导别人打胜仗。经验，是指成功经营的经验、成功解决问题的经验。在麦当劳，督导者胜任的第一条件就是要有单店工作经验。我的实践也充分证明，只有具备丰富的单店经验，才能在督导岗位上游刃有余。资历，既包括成果，也包括经验，还有一定的品行和专业要求，要能以德服人、以才服人。

人选对了，公司再对其进行必要的上岗训练、赋予其对等的权责，并匹配"能上能下"的机制，一个令总部放心、门店服气的督导团队才能建立起来并持续胜任。

选拔督导者的问题，本质上是组织内职业生涯规划与管理的问题：先有合格的、优秀的经营者、管理者、操作者，才可能有合格的、优秀的督导者。从这个角度来说，连锁企业要充分重视员工职业生涯规划，帮助员工不断打造胜任力，这不仅有利于督导工作的开展，也有利于企业的长远发展。

1.3.3　会授权：敢于，善于，乐于

1."集权"易，"放权"难

授权，从古至今一直存在，即将权力分派给其他人以完成特定活动，是决策权的下移。同时，通过授权，管理者也将信任传递给了部下。

狄仁杰和包青天的故事在民间广为流传，他们曲折的破案故事背后，有一个必要的前提——"便宜行事"，即遇到任何难题，他们都可以直接在现场做决断，也就是说"先斩后奏"。这带给我们的管理启示是：问题解决的最佳地点就是现场。而身处现场的当事人能否运用授权解决问题，是组织运作高效与否的关键。

几乎每个企业都会经历创始人说一不二、事必躬亲的"集权时代"。是否启动授权、是否擅长授权，在几家店、几十家店的时候也许并没有太大的影响，依托创始人的个人掌控力就能维系企业的正常经营与管理。但是，当门店接连扩张、业务逐渐"立体"后，有效授权的能力就越发必要和迫切，毫不夸张地说，是否具有这种能力，是企业能否跨越个体户经营模式的分水岭，也是基层管理质量与效率能否持续保持与提升的分水岭。

要不要授权、为什么要授权、授权有什么好处，已无须更多讨论，绝大多数企业家和管理团队都非常清楚授权之于企业管理的意义。然而，要做到有效授权却不是一件容易的事，难就难在需要突破来自企业内部方方面面的障碍。

（1）来自管理者自身的障碍

来自管理者自身的障碍，是企业有效授权的最大障碍。

那些不敢授权的企业家和管理者心中的最大担忧是：滥用授权怎么办？尤其是曾经掉过这个坑的人，真的是"一朝被蛇咬，十年怕井绳"。其实，细究后我们会发现，他们之所以会有这样的担忧，往往是把选人的问题归为了授权的问题，把制度流程不健全的问题归为了授权的问题，把专业力不合格的问题归为了授权的问题，等等。

还有一些管理者对自身的角色认知存在一定的偏差：认为下属能力不强、效率低，怕他们误事，对他们不放心；认为自己比下属强，离了自己"地球就转不了"，不愿放手；自己就是工作狂，不管是不是该自己做的工作，一律自己干；更极端的是，某些管理者偏爱权力、享受权力带来的快感，事无巨细地都以"我说了算"作为做事情的出发点；等等。这样做的结果是导致下属赋闲、无成长、有抱怨，更谈不上有丝毫成就感。

当然，也有些管理者主观上想授权，但客观上却不会授权、不善于授权。

（2）来自下属的障碍

一方面，有些下属不愿承担责任，他们要么是在长期工作中养成了依赖上级的习惯，要么是怕出错，"天塌下来，有高个儿顶着"最好；另一方面，有些下属总是抱着"多一事不如少一事"的态度，导致授权不畅。

从理性管理的角度来看，下属的问题本质上是管理者的问题。团队文化的塑造、员工选拔标准的确定以及责任的传递等，本身都是管理者的重要职责。

（3）来自组织本身的障碍

来自组织本身的障碍也会影响授权。例如，有些企业在机构设置和岗位设置上存在问题，导致部门间、岗位间的职责不清晰，流程不顺畅，扯皮现象时有发生；有些企业不按制度行事，导致制度流于形式，争权夺利成为主流；等等。

综上分析，我们会发现，授权不仅仅是做不做、谁去做、做什么的问题，更是对人、财、物等资源配置权力的再分配。要做到有效授权，必须结合公司业务发展的实际，从组织层面、文化层面、资源层面、利益层面进行系统的考量和设计。

管理者越是身居高位，越应该深刻领悟彼得·德鲁克（Peter F. Drucker）所说的"抓大事，不问琐事"。如果说执行力是战略目标的拆解与达成，授权就是管理中权力金字塔的逐级分解与利用。

如同收益与风险总是相匹配一般，在企业经营中管理动作的收效与难度也是相互匹配的。授权是一件复杂而有难度的事情。授权从无到有、从生疏到熟练、从试错到产出价值，必然要走过亚朵集团创始人王海军先生所说的三个阶段：敢于授权，善于授权，乐于授权。授权的方法论是逐渐积累的，授权的制度是逐渐建立的，授权的幅度也是逐渐扩展的，授权开始在"敢于"，成熟在"善于"，收获在"乐于"。

2. 有效授权三原则

"罗马城不是一天建成的"，企业有效授权体系的构建也不可能一蹴而就。需要自上而下确定需要授权的工作，选择能够胜任工作的人，确定授权工作的时间、条件和方法。在这个过程中，必须遵循以下三个原则。

（1）适度：认真权衡，把握分寸

什么工作能授权、什么工作不能授权，可能是经营者在授权时遇到的第一个难题。

有个说法是"没有不能授权的工作，只有不会授权的人"，其实，这句话有一些偏颇，授权不是"开闸泄洪"，不是所有工作都能授权。

基于企业的业务结构与发展阶段，企业中不同工作的授权可以分为以下几类。

- 必须授权的工作：如一线操作、服务等。没有天天给顾客叠被子的连锁酒店老板。

- 应当授权的工作：如门店人力资源招聘中的面试工作等。连锁企业一年动辄数以千计的人员流动，若是不授权，都由总部来面试，就会造成极大的人力浪费。

- 可以授权的工作：如业务谈判、产品研发等。术业有专攻，职能岗位与职能个体本就应该发挥自身的专业价值。

- 不应授权的工作：如企业战略、投融资决策等。虽说兼听则明，但也不应人人妄议，或轻易交由他人负责。

分清楚哪些工作可以授权、哪些工作不能授权后，接下来我们需要考虑的问题是授多少权才合适。如果授权不足，则指派给被授权者的工作难以完成，授权因而失去意义；如果授权过度，超出了执行工作任务的需要，滥用权力等负面作用同样会导向授权失败。因此，授权一定要适度。对于不同的员工、不同的部门、不同的任务，授权的程度不尽相同，需要授权者认真权衡，把握分寸。

（2）务实：目标导向，因能而授

授权一定要务实，所谓"务实"，首先体现在目标导向。每一份权力都应该有其本身的目的与意义，但是，授权本身不是目标，体现权力更不是目标。连锁服务业的授权永远以顾客优先与顾客满意为目标，并以此目标为导向解决经营管理中的实际问题。分派职责和委任权力都应以此目标为导向。

其次，务实体现在因能而授。授权是一个"事在人为"的管理动作。如果说岗位与级别是授权的绝对边界，那么个人能力就是授权的相对边界。毕竟，授权不单是授给积极的人，也不单是授给愿意担责的人，而是应授给能够真正发挥权力价值的人。只有被授权者能够"接得住"授权，授权才有意义，才可能对经营结果产生正面影响。

在授权这个管理动作中，可以根据个体"接权"的能力不同（以能力与意愿为坐标分为四类，见图1-3），有针对性地进行授权。

图 1-3　个体"接权"能力坐标系

第一类，个体能力强但意愿低：只有将其意愿激发出来，授权才能"接得住"，因此需要激励后再授权。

第二类，个体能力强且意愿高：只要把握好方向，就可以大胆授权。

第三类，个体能力弱且意愿低：不需要浪费时间和精力，应该果断放弃授权。

第四类，个体能力弱但意愿高：不足以"接得住"授权，需要培养后根据具体情况来决定授权的程度。

（3）循序渐进：从无到有，积少成多

在连锁服务业，授权不只是要在企业内部管理中体现价值，更应该为服务顾客、提供良好顾客体验创造价值。所以，授权能力不只是少数高级管理者应该具备的，而是大多数管理者甚至全体员工都应该具备的。例如，在亚朵酒店的日常经营中，顾客感受不到，也不在意亚朵酒店总部通过授权为门店管理带来的降本增效，但是顾客能够直接体验到一线前台服务员对消费诉求的迅速回应，并以此体验决定未来是否继续选择亚朵。

授权能力需要持续不断地培养与积累。企业不能寄希望于招来的人都是图1-3中"能力强，且意愿高"的第二类个体，而是应该努力将招来的人都培养为第二类个体。其实，授权本身就是培训、训练的延伸。大大小小的授权，对于授权者和被授权者都是宝贵的培训。通过这样的培养，企业中个体的授权从无到有，组织的授权也积少成多，如此，企业才能真正将授权为己所用并产出价值。

3. 权有边，力有界

授权可以传递信任，但传递信任并不等于完全信任，更不等于放任。权力应该有清晰的边界，授权与控制永远是相辅相成的。

为了使权有边、力有界，在授权的过程中，有三点需要注意。

（1）放权≠放手

授出去的权，本质上是授权者自身权力的一部分，是授权者权力的延伸。要想避免授权失控，同时又充分调动起被授权者的积极性和创造性，就要在起点沟通期望，在过程中协助达成并限制行为，在终点验收结果，这是授权者的管控职责所在。

（2）权责对等

管理者在授权的同时也要授责，在自己与被授权者之间建立起一种"一损俱损"的连带责任关系。被授权者若无法圆满地执行任务，授权者要承担最终责任，被授权者也要承担明确、对等的责任。说得更直白一点，只有授权者与被授权者是"一根绳上的蚂蚱"，二者才能相互支持，相互制约。

（3）权不越级，权不交叉

管理者应授权给自己的直接下级，而不应越级授权。越级授权很可能导致下级被授予的权力交叉、重复，甚至相互冲突，进而造成责任纠纷，引起团队内部的人际矛盾，使执行与管控出现内耗和损失。

4. 海底捞：授权，其实没那么简单

黄铁鹰教授曾经写过一本书——《海底捞你学不会》，高调地置海底捞于舆论旋涡之中。真的"学不会"吗？为什么"学不会"？以我对海底捞的了解和研究，海底捞的所作所为真没有什么"剑走偏锋"之处，所有做法都能用西方经典管理理论解释清楚，或者说是

"殊途同归"，确实没有什么是学不会的，关键在于你要不要这样做。

倘若非要说有什么是难学会的，以我的理解就是"不拿少数人的错误惩罚多数人"的决策思维，这也是张勇一直以来敢大胆授权的底气。

在张勇看来，管理者首先要判断的是组织内滥用授权的人是多数还是少数。在绝大多数企业中，滥用授权的人一定是少数（如果是多数，那就不是授权问题，而是企业其他层面的问题了），如果因为少数人的错误而采用极度不信任的策略、制度和流程，就是拿少数人的错误惩罚多数人，结果必然是大部分员工的工作积极性被严重挫伤、组织运行效率低下，于企业而言实在是得不偿失。

海底捞是怎么做的？

一边大胆授权，一边强化监督审核机制，两手抓，两手都不能软！

海底捞的大胆授权会不会有走样的时候？当然会！针对授权中出现的各种问题，《文化月刊》经常会开展公开的讨论、批评和纠偏，我摘抄其中一期文章的部分内容分享如下。

员工对授权形式的疑惑："授权是在我们服务有缺陷的时候使用的。当顾客没有查到订餐信息、对订餐的位子不满或订错餐的时候，可适当给客人打折、送菜等。""有些东西本意是为了创造感动服务和维护顾客满意度，但现在更多地变成顾客直接索要，要不到就不满意，这说明我们的授权之路走歪了。""海底捞用授权创造价值，员工用授权讨好客户。"……

出现了问题并不可怕，关键是怎么引导、怎么培训。

授权需要传帮带：教员工使用授权不是"带"，授权后的引导和分析才是"带"！新员工一开始走入误区不要紧，我们可以监督，在监督中发现问题并及时提醒，这样才能"带"员工真正学会授权。然而，实际工作中"带"做得怎样呢？

事后监督未发挥：公司关于《员工授权事后分析表》的阐述如下，①对于上述情况，员工必须在事后填写《员工授权事后分析表》阐明原因并让领班签字确认，大堂经理和经理定期对此表格做检查；②各级管理人员对于各员工在工作中出现的处理突发事件打折、免单等情况，除怀疑该员工有贪污或以权谋私的情况外一律签字同意，对于方法上的不足事后做培训，但对于方法不恰当的不得处罚；③各级管理人必须根据对记录的定期检查判断员工对授权的使用情况。

灵活处理授权，与其说公司赋予员工的是一项权利，不如说是赋予了员工一种责任，一种对顾客、对企业负责的责任。

物质留客不可取：授权是察言观色的结果，是把握顾客消费心理的手段，是维护顾客满意度的武器，但也是一把双刃剑。当我们的主动给予变成顾客的直接索要，我们的特色就将逐渐失去，如果每个顾客都直接索要，我们该如何使用授权？北京某店何××讲述了一件发生在他自己身上的小事，顾客让他送三个菜，说是以前都送的。在同意送半份但顾客还不满的情况下，何××背诵了一遍海底捞的宣誓词给顾客听，顾客随即被感动到不再坚持。

授权，言简意赅——授予权力，看似简单，其实远没那么简单。

1.4　人才复制：事在人为

连锁企业究竟应该复制什么？我相信，这一定是很多连锁企业在复制时苦苦思考的问题。不同的连锁企业给出了不同的答案：通过复制"天天平价"的商业模式，沃尔玛成为全球最大的连锁零售商；通过复制"汉堡文化"，麦当劳成为全球最大的快餐连锁企业；通过复制管理，微软在全世界很多国家建立了分公司；通过复制团队，如家走上了快速发展的道路。

由此可见，对连锁企业而言，复制的内容可谓五花八门、形形色色。但是，其中有两点是任何一家连锁企业都不可忽视的：一是人才，二是文化。人才和文化的复制，既是连锁企业复制的重点，也是难点，因此，在本节和接下来的一节，我将专门讲述人才和文化应如何复制。

1.4.1　复制"对"的人

人才是企业的立足之本、源头活水，对持续扩张的连锁企业而言，人才的重要性更是不言而喻。然而，人才青黄不接、人才匮乏，成了很多连锁企业的痛点。之所以会出现这样的现象，根本原因在于这些企业没有做好人才复制。而纵观那些全国乃至全球知名的连锁企业，虽然业态不同、拥有的产品优势不同，却都有一个共同的成功因素，那就是人才复制做得非常好。

对连锁企业来说，只有具备强大的人才复制能力，组织才能进化，组织能力才能得到提升，企业战略目标的落地才不至于变成"镜中月、水中花"。

那么，人才复制应该怎么做呢？我们常说，人对了，事才能成，人才复制也是如此，复制"对"的人，企业才能拥有源源不断的得力干将。

连锁企业在构建人才培养体系的过程中，最需要清晰地"想明白"和"做明白"的是：究竟何为"对"的人？

1. 复制关键岗位人才

连锁行业有这样的说法，"兵熊熊一个，将熊熊一窝""门店强不强，一半看店长"，这些强调的都是要抓关键岗位和决定性因素——店长。店长对于连锁企业至关重要，无论是日常经营还是扩张发展，都离不开店长的努力。

优衣库创始人柳井正就非常重视店长的作用，还曾经提出了"店长论"：连锁经营不应该以总部为主导，而应该以门店为中心，店长才是公司的主角，其重要性堪比 CEO。

2020 年，柳井正为优衣库设立了年销售额 5 万亿日元的目标，为了实现这一目标，他要求优衣库在未来 7 年内至少培养出 4 000 名新店长，每位现任店长培养出 3～4 位与自己水平相当的新人。在他看来，只有关键岗位上的人才培养到位，企业的业绩目标才有实现的可能。

英雄所见略同。在我筹办海底捞内部培训机构时，张勇曾告诉我，其定位是实现"培训体系与行政体系高度结合"。起初，我对这句话不甚明了，随着对业务的逐渐熟悉、办学的逐步深入，以及人力资源管理体系建设的日益完善，我不仅想明白了，也越发做明白了：多、快、好、准地复制店长，就是实现"培训体系与行政体系高度结合"的最有效的路径。

所以，当人们错误地把服务当成海底捞的核心竞争力时，张勇却始终非常清醒："服务并不是我们的核心竞争力，我们的核心竞争力是独到的人力资源管理体系。"事实的确如此，在海底捞，所有直营门店的店长都是自己培养出来的，至于"服务好"其实是结果，是人力资源管理的成果之一。

连锁企业在解决人才培养问题时一定要学会抓主要矛盾——聚焦于关键岗位的人才培养，切忌"眉毛胡子一把抓"。

我曾经合作过的一家连锁餐饮企业，存续已近 20 年，生意时好时坏。老板创建新品牌的能力非常强，也一心想扩张，但每个品牌开到十几家店时就开始扩张乏力，老板思来想去，把原因归结为顾客口味变了，于是关店，重开新品牌店，再关店，再重开新品牌店，如此循环往复。

当我第一次给这家公司主品牌的近20个店长开培训会时，竟然发现，每个店长对自己岗位的理解都不同，因为店长们的"来处"不一，管理方式自然也是五花八门。而这家公司的人力资源培训部门对他们的培训方式是有什么人才就"上什么菜"，课程质量不高，对店长们的成长没有太大的助力。

面对此情此景，我快速地将店长的标准化复制作为这家公司人力资源体系建设的"牛鼻子"。这个主要矛盾被抓住并解决了之后，这家公司的其他次要矛盾也自然而然地迎刃而解了。

需要注意的是，关键岗位是由公司的战略定位和客户价值主张来定义的，切忌把职位高低、学历高低、经验多少甚至薪酬高低当作确定关键岗位的依据。

复制关键岗位人才，非常重要的一点是个人能力与岗位要匹配。

组织行为学中的个人–岗位匹配模型包含两个部分："知岗"和"识人"。"知岗"指的是，每个工作岗位都有其要求，每个工作岗位都有相应的报酬；"识人"指的是，个人要想胜任某一工作岗位，必须具备一定的知识、技能、才干，同时还要有工作动力。岗位与个人的匹配度，会产生相应的人力资源管理效果（见图1-4）。

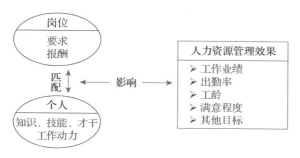

图 1-4 个人 – 岗位匹配模型

所以，在培养关键岗位人才时，企业一方面需要建立一套综合分析模型来对人才进行知识结构、年龄、经验、技术水平、性格特质等全方位的画像，另一方面需要建立一套模型来解构和分析岗位特征及能力要求，用以评估人才和岗位的匹配度。

具体到连锁企业的店长岗位，无论是内部培养还是外部选拔，对关键能力的界定都必须务实地基于其对客户、对行业和对企业自身的充分理解。尤其要把选拔人才的基本素质要求和胜任岗位的能力要求区分开来，不要混淆。

我曾合作过的某食品企业在选择店长时，从六个维度确定了店长应具备的基本素质（见表 1-2）。

表 1-2 店长应具备的基本素质

维度	是否具备
有活力与激情，热爱零售工作	
有激励他人的能力	

（续）

维度	是否具备
解决问题的能力强	
目标感强，有经营意识	
有决策力，敢承担责任	
执行力强	

这些基本素质是通过对行业的深度解读、对企业内标杆店长和快速成长的店长的特质充分而认真的分析后形成的基本标准，是对所有同职位的人都适用的评估维度。无论是评估有经验的职业人士，还是评估没有经验的"职场小白"——应届毕业生，只要职位相同，就都同样适用。

基本素质确定后就可以开展结构化面试了。因为有了明确的基本素质，管理者在面试时有了统一的评估工具，面试组织工作由此实现了标准化，从而最大限度地避免了因不同的人对岗位的理解有差异而导致的人才选拔的差异化。

当拥有相似潜质的人被选拔出来后，企业还需要对他们进行统一的胜任能力训练，这主要体现为基本技能训练，包括懂客户、懂产品、强执行、常创新等多个方面（见图1-5）。

完成胜任能力训练后，这些店长就会拥有同样的待客之道、同样的思维方式，以及同样的问题解决能力。尽管门店分散于城市的不同角落，但各店长的处事行为、管理方式却如出一辙，这就是人才复制的力量。

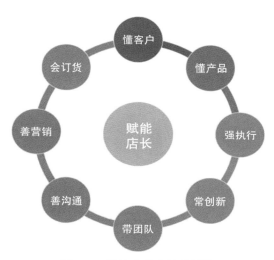

图 1-5　店长的基本技能训练

2. 复制价值观一致的人

基本素质模型和胜任能力训练是人才培养的"术"，我们通常将其称为关键岗位的小门槛。与之相对应的，店长的选拔与培养还有一个大门槛，那就是用人的"道"，即与公司的价值观保持一致。只有那些与公司的价值观一致的人，才是值得复制的人。

美国西南航空公司（简称西南航空）在招聘与面试人才时，重点考察的就是他们是否与公司的价值观一致。

早年航空业蓬勃发展时，来自世界各地的应聘信像雪片一样寄往各家航空公司。作为全球知名的航空公司，西南航空也收到了无数应聘信。

西南航空是怎样处理这些应聘信的呢？它首先筛掉了基本技能不符合要求的人，剩下的凡是跟职位有点相关的人，它都会进行初次面试。面试的过程是这样的：参加面试的应聘者每 20 人为一组，坐在会议室里，每人有 3 分钟的演讲时间，讲述自己叫什么名字、应聘什么职位、为什么应聘这个职位等，时间一到就换人。就这样，20 个人的面试，一个小时就结束了。

这个面试主要考察应聘者的什么呢？很多人认为，这是在考察应聘者的口头表达能力、逻辑思维能力以及时间管理能力等。

然而，事实并非如此，西南航空的"醉翁之意"并不全在"酒"。它的主考官看的不是上台演讲的人，而是当别人演讲的时候其他应聘者在干什么。这是因为，西南航空非常重视客户服务意识，那些来回溜达、接电话、看报纸、写自己的东西、跟别人交头接耳、轻蔑之色溢于言表的人，会被它当作不具有客户服务意识的人，在初次面试时就被淘汰了。

什么样的人才能成功进入下一轮面试呢？那些注重倾听别人讲话、懂得尊重他人的人。

西南航空有一段很有名的话："我们的成本优势可以被超过，我们的飞机和航线也可以被模仿，但是我们为客户服务而感到骄傲的价值观，是没有人能够模仿出来的。通过有效的人才选拔，我们为公司节省了费用，并且达到生产率和顾客服务的更高水平。"

正是因为有这种客户服务意识，后来当民航业陷入市场低迷时，西南航空仍然保持着快速发展的势头。1994 年，西南航空还因飞行准时、行李处理及时和最少的客户投诉而获得了美国运输部颁发的奖章。

西南航空取得如此业绩，很大程度上是因为它找"对"了人，把选拔人才的大门槛设对了：无论在公司内哪种类型的岗位上，员工都需要懂得尊重他人。懂得尊重他人的人，更具有客户服务意识。

价值观不仅反映人们的认知和需求状况，而且对个人的动机和行为有导向作用。个人价值观和公司价值观趋同甚至一致的人，往往更有意愿为公司创造价值、做出贡献。

《纸牌屋》等著名美剧的出品公司奈飞（Netflix），是世界上最大的在线影片订阅公司。这家公司招人的大门槛令很多人惊讶不已：我们只招成年人。

什么是成年人？这里的成年人不仅指年纪上成熟，更是指职业素养上成熟。奈飞公司非常清楚，自己需要的是那种清楚自己要什么并愿意为之付出努力、有能力并热爱解决问题、渴望和优秀的人一起做有挑战的事、清楚自己和公司之间是平等的契约关系的"成年人"。

正是在这些"成年人"的共同努力下，奈飞公司飞速成长，成为流媒体概念的代名词。

1.4.2 强者育强者

1.用最优秀的人培养更优秀的人

在多年的发展过程中，企业沉淀了丰厚的业务发展与项目实践的关键知识与经验。对企业而言，最宝贵的就是这些内部知识与经验的积累和传承。知识与经验如果没有得到传承，就会造成组织资源的巨大浪费。而有效的知识与经验的萃取与传承，能帮助企业少走弯路，提高人才培养和经营的效率。

在企业中，谁是这些知识与经验的最大拥有者？既不是业绩平庸的管理者，也不是没有"打过仗"的专职培训师，而是且只能是企业内那些优秀的经营管理者！如果能让这些优秀的经营管理者成长为优秀的讲师和导师，人才复制的关键问题——"谁来教、谁来带"就迎刃而解了。

一些企业的管理者认为，优秀的人才都是各个业务系统中的中流砥柱，应该把时间、精力投入到能够直接产生业务价值的地方。但任正非不这么想，他认为，"要用最优秀的人培养更优秀的人""要找会开航母的人来教开航母，不然就会触礁"。事实的确如此，如果不舍得用最优秀的人才来做最重要的人才培养工作，而让那些没打过胜仗甚至从没打过仗的人来做此工作，能教出什么样的徒弟，带出什么样的兵？可想而知，"纸上谈兵""坐而论道""外行指挥内行"会成为企业的常态。

我做企业顾问这么多年一直比较顺利，一个重要的原因是无论我进入哪家企业，都要求自己快速地找到那些优秀的经营管理者。一方面，我把他们当成优秀实践的标杆和成果主要输出者来进行研究；另一方面，我认为他们是内部讲师和导师的潜在候选人。

这些优秀的经营管理者起初大都不太擅长总结和传承，但经过启发和引导，那些已经物化为他们的知识结构重要组成部分的经验就会自然而然地流淌和涌现出来，所形成的规范、课程、案例都既生动又易懂、易学、易操作，而且还独一无二。每每这个时候，我都会深深地感叹：高手在民间呀！

看到所取得的成果，这些优秀的经营管理者也会油然生出一股成就感。让他们在带队伍打仗的同时承担传帮带的责任，本身就是对他们过往成绩的认可，也是另一种形式的激励。

在这个过程中，这些优秀的经营管理者也完成了一次自我成长和升华。如果说过去他们只专注于"做"，只"知其然"，那么在经过认真总结和传承后，他们不仅"知其然"，更"知其所以然"。

海底捞的店长培训几乎没有走什么弯路，就是因为习惯于用优秀的经营管理者来做人才培养。

海底捞明确规定：只有优秀的店长及以上干部才有资格给店经理和大堂经理讲课（同理，只有优秀的大堂经理才有资格给领班讲课）。海底捞 1.0 版的内部培训课程体系完全是依托大区经理和优秀小区经理的参与而打造的，张勇本人是海底捞内部培训开讲的第一人，职能部门和运营部门的所有高管也都亲自授课。因此，优秀实践在公司内得到了有效的传播和传承。

以如何提升店长领导力为例，一位优秀的小区经理开发了一门非常"接地气"、学了就能用的课程，名为《如何保证员工的工作激情——火焰和暴风雨的神奇作用》。

她形象而生动地把点燃员工激情的做法归纳为"五把火"。

第一把火：树立自身威信，获得认可。如何做到？必须心胸宽广，勇于承担压力，有积极向上的风貌，业务能力得到认可，通过不断充电丰富自己的内涵。

第二把火：培养自身感染力。如何做到？必须充满活力，有魄力，果断，热爱工作且乐在其中。

第三把火：让员工感觉和你共事是荣幸的。如何做到？必须以榜样的角色、领路人的角色和避风港湾的角色来带领大家做事。

第四把火：让员工有自信。如何做到？必须会巧妙地批评，能抓住机会表扬优点，以鼓励的方式安排工作。

第五把火：让员工责任感和危机感并存。如何做到？必须会定目标，会授权，能传递信任，当然还要掌握"胡萝卜＋大棒"的奖惩方法。

她还形象而生动地把浇灭员工激情的行为比喻为"八场大雨"：泛滥成灾的物质奖励，以罚款作为推动工作的工具，不合理的休假安排，独断专行、称霸武林（不听意见，心态不好），交代工作太细致，有错就大批特批而且念念不忘，动不动就暴跳如雷情绪失控，布置工作时不给员工留出时间空间去完成。

培训中结合现实中的真实案例，学员听得懂又有方法，效果出奇地好。

2. 绝不能"教会徒弟，饿死师傅"

解决了"谁来教"的问题，还必须直面"凭什么教"的问题。

如果大家心照不宣地认为教会徒弟就会饿死师傅，那么，即使我们找到了最优秀的师傅（泛指带人或教人的优秀管理者），他们在教的过程中出于自我保护往往也会"留一手"，这是人性使然，再正常不过。

我在东北某工业企业调研时，给中层以上干部分享了海底捞"连住利益，锁住管理"的店长培养机制，会后大家一起探讨企业的人才培养问题，技术专家出身的厂长直言不讳地说："要是我们也能像海底捞一样考虑和认可人才培养的贡献，大家带人的积极性一定会非常高涨，我本人也就没什么顾虑了。"

如何才能让师傅能教（有机会）、会教（有方法）且愿意教（有动力）？这需要企业系统地构建人才培养机制，人才培养机制决定了人才的产出质量和效率。

事实上，"师徒制"的建设本身就是一项复杂的系统工程。

第一，必须回答"谁能当师傅"，即要有明确的师傅选拔标准。

第二，必须明确师傅"教什么"和"如何教"，即教授的内容和方法要标准化。

第三，对师傅要进行专项培训，即要做好师傅胜任力的匹配。

第四，要明确如何评判徒弟合格与否，即要确立合格人才的评价标准。

第五，要明确把徒弟培养合格了师傅有什么好处，即要建立激励机制。

第六，要明确没培养出合格徒弟怎么办、师傅怎么办，即要建立考评与淘汰机制。

第七，要做好师徒磨合，即双向选择。

在这项系统工程中，企业在任何一个环节考虑不周或执行不到位，都会对人才培养的结果带来直接或间接的负面影响。现实中，很多企业往往把这项本应复杂化设计的问题简单化处理，最终导致"师徒制"名存实亡。这些企业的经营管理者由此认为"师徒制不适合自己的企业"，殊不知，再好的工具，用错了方式也无法发挥作用。

3. 用机制唤醒强者

每个品牌的缔造者都是强者，但是，跟随强者打拼的人却往往各色各样。如何拨开迷雾，让那些"强中手"浮出水面？建立有效的机制，无疑是最好的方式。每个成长中的连锁企业都需要建立一套让人才辈出的机制，使真正的强者脱颖而出。

喜家德是我出差时最常去的饺子馆，这家连锁企业靠 3 000 元起家，只卖 5 种馅儿的水饺，却在全国疯狂裂变 700 家直营门店，年赚 30 多亿元，拥有 8 000 名员工。

喜家德之所以能卖饺子卖成"全国第一"，靠的就是一套有效的合伙人机制。这套机制使喜家德形成了强者带强者的人才自培养、自裂变模式，完美地契合了门店的扩张速度。随着市场内外部环境的变化，这套机制还在不断地升级、迭代。

可见，用有效的机制唤醒强者，用不断迭代的机制激励强者，才能孕育出"强中自有强中手"。

1.4.3　培训≠培养

培训与培养虽然只有一字之差，但内涵与实质却差之千里。

人才培养是一项系统工程，培训则只是其中一环。培训的目的是让员工更快地解决问题，而培养则是希望员工有更加长远的发展。

1. 培训是手段，而非目的

在企业的成长发展过程中，没有哪个管理者会认为培训不重要，但在现实中，培训往往成为鸡肋——没有培训显得企业不规范，有了培训效果却不尽如人意，真可谓"培训，想说爱你不容易"。

基于多年来与企业打交道的经验，我发现，想要真正提高培训的有效性，首先要重塑管理者和培训者的认识。

（1）切勿为培训而培训

无论哪类培训，都只是一种手段、一种管理工具，是过程，而不是最终的目的。所以，在设计培训方案和组织培训时，我们一定要想清楚：通过培训，究竟要解决什么问题？通过培训，究竟要改变受训者的哪些行为？最关键的是，要想清楚需要解决的问题和受训者行为的改变是否与组织目标保持一致？

如果没有把这些问题想清楚，更没有做明白，培训本身往往就会在不知不觉中被异化为目的。正因为如此，很多企业的培训部门在年底总结时通常不会谈受训者的收获及其对培训内容的理解与掌握，也不会谈这些培训对于企业发展到底有哪些作用和价值，更多地把"开了×××班次、培训人次×××、人均培训时长×××、人均培训经费×××"当作成绩。

培训，只有支持企业目标的实现，才能真正产生价值。当然，实现组织目标的手段、方法有很多，培训只是其中之一，不是唯一。

（2）培训内容与培训对象要匹配

影响培训效果的一个重要因素是培训内容与培训对象的匹配程度。这关乎员工激励，更关乎组织效率。

如果培训内容与培训对象不匹配，就会导致受训者在培训过程中不能获得应有的收获，或者回到工作岗位后无法应用所学内容，这不但会使他们产生强烈的挫折感，而且会导致组织资源被极大地浪费。更糟糕的是，受训者所属部门的管理者可能会因此产生"培训无用"的想法，不会在培训上进行投入。

培训内容与培训对象的匹配，如同医生给病人看病，须对症下药。每个受训者的精力、体力、智力和对学习材料的熟悉程度都不同，而这些构成了受训者不同的学习基础，培训项目的设计要努力做到知己知彼，确保培训要求与受训者的学习能力相匹配，不会使受训者感到培训内容过于简单或过于复杂，从而确保培训达到预期的效果。

我们不妨来重温一下联想公司早年间（2000 年以前）构建的企业培训体系。

面向干部：以定战略、搭班子、带队伍的管理三要素为核心统一语言、统一标准，以国际领先企业为标杆认识差距、学习经验。

面向员工：以公司价值观和个人追求的融合为导向激发员工创造性，培养员工职业素质，提高其社会价值。

为此，联想构建了以企业文化为基础、培训对象分层次、培训内容与培训对象相匹配、管理三要素（定战略、搭班子、带队伍）贯穿全员的培训体系（见图 1-6）。

（3）勿用知识传播的方法进行技能训练

知识与技能的获得是有明显区别的，知识可以从书本上得来，也可以靠灌输获得，尤其在通信和互联网技术如此发达的今天，想获得任何知识只需动动手指"百度"一下即可。而技能则需要通过实践和反复练习才能获得，因为充分的实践才能使技能成为一种自然反应。

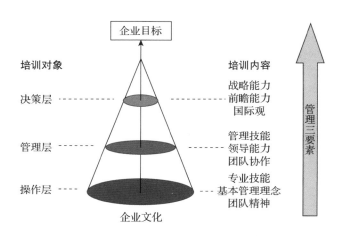

图 1-6　联想基于企业目标的培训体系

　　大部分企业都很容易掌握知识传播的方法，但是，如果把适用于知识传播的方法简单运用于技能培训，效果一定会"事倍功半"。

　　我合作过的某食品企业新零售事业部，由于培训负责人的认识问题，起初将门店新员工的培训集中安排在培训部的教室里进行，并且无论什么内容都由专职培训师采用"讲授法"传授，结果开新店时受训过的新员工面对各类设备时依然是手忙脚乱。

　　针对这种乱象，公司及时做出调整，要求所有专业技能培训全部可视化，且把微课二维码直接贴在相应的设备上，方便大家随时扫码学习。这一做法获得了各门店的一致好评，新老员工对于各类设备的操作很快就驾轻就熟了。

培训方法一经改变，就收到了事半功倍的效果。同理，如果管理技能靠传播知识的讲授法来培训和提升，注定会事倍功半。管理是实践，仅有"知"并不能解决"行"的问题。

（4）培训效果的评估应以员工能力的改善为导向

培训结束后，公司一般都会进行评估。在评估培训效果时，公司所侧重的评价角度很重要。若是为培训而培训，则评估一定会导向关注培训现场的效果。而实际上，培训效果的评估应该以员工能力的改善为导向。

本着以终为始的原则，如果培训效果的评估着重于员工能力的改善，那么我们需要清晰地回答以下问题：①受训者的工作行为是否发生了变化？②这些变化是不是培训引起的？③这些变化是否有助于组织目标的实现？④下一批受训者完成相同的培训后是否会发生相似的变化？

此外，评估的时间和所使用的评估方法也会影响对培训效果的判断。

2.培养须遵循常识和规律

人才成长不是一蹴而就的，有其自身的发展规律，只有遵循规律才能真正发挥出人才的价值。

很多企业构建了自己的人才模型、培训体系、核心人才培养框架，并通过人才梯队建设保证企业的长足发展。借日本管理专家畠山芳雄的观点，这种做法可以称为"工业思维"的人才培养模式。但我认为，"农业思维"的人才培养模式不能被摒弃，需要兼容并蓄。

何为"农业思维"？就是要播撒有成长潜力的种子，待其发芽后再适时洒水，帮助它成长；当幼苗长成小树时，需采取防风措施，以防它被风刮倒；同时，还要剪枝，避免它长歪。

树人如同树木。运用"农业思维"来培养人才，有三点需要注意。

（1）身教胜于言教：培养者要以身作则

中国传统文化一直强调身教远胜于言教，"德"不是说出来的，而是做出来的。培养人才也是如此。

从广义上看，企业内的培养者就是我们通常讲的传道授业解惑的"师者"。师者育人，自己必须以身作则，要求别人做到的，自己首先要能做到。

如果说示范、教育、批评、帮扶等是培养下属的直接方法，那么以身作则就是潜移默化改变下属的间接方法。这需要培养者的思想和言行保持一致。古人早就说过："其身正，不令而行；其身不正，虽令不从。"一个优秀领导者，其自身的行为就是企业规章制度最好的体现，如果领导者做到了身体力行，不需要多说教，下属就会受到感化、默默跟随。

（2）工作即培养：干中学

有些人常常把培养下属当成一项独立的任务，又常常以工作太忙为由而疏忽了对下属的培养。其实，培养下属不需要太多时间，工作本身就是对下属的最好培养。

实践出真知，实践长真才。只有"干中学、学中干"，才能用以促学、学用相长。有研究表明：工作越忙的公司，员工的能力提升越快。工作多人手少，员工为了做好工作就会想方设法改进工作方式，在这个过程中，员工能力自然会得到极大的提升。

"把工作本身当教材"也是培养下属的好方式。优秀的管理者常常善于巧妙地利用下属工作中的小错误来教育下属。而不善于做管理工作的人，则缺乏把工作当作教材的意识，只想早一点处理好工作。从"处理型"向"教材型"转变，是管理者自身领导力提升的必由之路。

（3）撞南墙也是一种成长：允许员工犯错误

我们每个人，从牙牙学语到长大成人，一直在不断试错，"学习—试做—改错—再学习"，如此循环。如果不允许犯错，将扼杀我们尝试的勇气和迎难而上的信心。企业里员工的学习、工作与成长也是如此，人无完人，谁都会有犯错的时候，即使再想做好，也难免会不小心出错。管理者要允许员工犯错。

管理者对待犯错的态度，即容错的格局，将会直接影响下属的态度和行为。如果一家公司的员工从来不犯错，那只能说明两个问题：一是这家公司的发展已经完全停滞，二是员工们犯了错瞒而不报。德鲁克说："从来没有犯过错误，也从来没有过失……这种人绝不可以信任，他或者是一个弄虚作假者，或者只做稳妥可靠的琐事。"这样的员工一定不是管理者想要的，这样的公司也是没有前途的。

管理者最大的智慧，就是让员工在试错中成长。

1.4.4　海底捞：店长能力复制与进化的 1.0～N.0 版

我在前面提到过，海底捞的所有直营店店长都是自己培养的，这是人才复制的一个经典案例。接下来，我们来看看这种人才复制是如何实现的，我相信，海底捞的做法一定会给企业经营者带来许多启发。

1. 从 0 到 1，做加法

要想培养店长、为店长赋能，首先要明确店长必须掌握哪些业务技能。通过对门店运营现状的详细分析，以及前瞻性地规划公司未来发展对专业能力的诉求，海底捞 1.0 版"店经理的业务与技能表"（见表 1-3）出炉了，涉及面很广，内容很杂且非常具体。

表 1-3　海底捞 1.0 版"店经理的业务与技能表"

店经理应具备的业务能力	具体技能
运营的基本能力	怎样做好餐前、餐中、餐后的工作，如何由顾客满意到顾客感动，如何把握标准化服务和个性化服务，怎样做好内部的天鹅行动，如何发现经营中的问题，如何做月末的盘点，食品安全工作如何严防死守，如何做到与采购、物流部门无缝对接，如何处理顾客投诉，如何进行财务报表分析等

（续）

店经理应具备的业务能力	具体技能
带队伍的基本能力	如何培训新员工，如何培养身边的骨干，如何定工资、发分红和发工资，如何合理安排员工休假，如何评选先进个人及先进小组，如何处理员工的投诉等
沟通能力	如何与物业打交道，如何与执法部门打交道，如何与邻居打交道等
制度执行能力	对文件制度的理解与掌握，包括人事制度、财务制度、行政制度
创新能力	如何创新及应用创新
信息化能力	如何运用信息化手段提高工作效率

2. 从 1 到 N，做减法

随着后台专业能力和信息化程度的提升，以及开店面积的减小和门店基数的增加，店长的培养难度逐渐降低，赋能也应该与时俱进，从过去做加法进化为适时地做整合和做减法。于是，海底捞的店长能力复制在掌握基本技能的基础上聚焦于三个角色的培养（见表 1-4）。

表 1-4　三个角色的培养

店长的三个角色	培养要点
餐厅生意运营者	**有理念**：生意人要懂得"舍与得"和"买与卖" **懂菜品**：对菜品高度熟悉 **懂顾客**：洞察顾客的需求 **善营销**：人人都是经营者 **强执行**：24 小时复命制、首问责任制 **能创新**：常规化＋个性化服务
门店团队建设者	**塑文化**：打造"简单、阳光、务实"的团队文化 **定目标**：制定共同目标并使整个团队高效协作 **立规则**：制定公平公正的团队规则 **牵头做**：身先士卒，以身作则 **能教导**：通过传帮带，帮助团队成员成长

（续）

店长的三个角色	培养要点
企业文化传承者	**做榜样：** 认同并践行海底捞的企业文化 **讲故事：** 主动分享海底捞的企业文化和故事 **会帮扶：** 关心关怀员工，并帮助员工达成目标 **能传播：** 维护好与顾客、邻里及政府部门的关系，传播海底捞价值观

3. 服务员也可以培养成为 CEO

在海底捞，不仅店长是企业自己培养的，运营体系中的高级干部也几乎都是从基层成长起来的。

2022 年 3 月 1 日，海底捞发布管理层人事任命公告，宣布杨利娟调任 CEO。杨利娟原本只是一个普通的服务员，张勇到底用了什么灵丹妙药，竟然能把一个服务员培养成上市公司的 CEO？

诚然，杨利娟的成功与她的天赋、努力和付出是分不开的，但我认为，张勇在培养这批干部时的很多做法也功不可没。

（1）提要求

服务员出身的干部受教育程度普遍不高，为了让他们掌握并驾驭现代企业运作的相关技能，张勇给大家提出了一些颇有难度的要求，比如要求他们掌握财务知识、计算机技能，以及走向海外须具备的外语口语能力等。起初，大家或多或少地感觉不理解，不愿配合，但在张勇的要求下，他们还是投入到了学习中。

（2）教方法

与提要求相匹配的是教方法，以提升沟通能力为例，海底捞会具体地教他们对外有哪些沟通（与物业的沟通、与执法部门的沟通、与邻居的沟通等），对内有哪些沟通（与上级的沟通、与下级的沟通、与职能部门的沟通、与主动离职员工的沟通、与被动离职员工的沟通等），以及每类沟通的详细要点是什么。海底捞教的方法务实、接地气，且易于接受。除了教方法，还要求他们反复练。

（3）敢容错

在张勇看来，很多老板很累，是因为他们把员工的活儿干完了，结果自己累得要命，员工还照拿工资，这是何苦！"既然你花那么多钱雇了员工，分给他们相应的职务，你为什么要干他们该干的事情？犯错也该他们犯。"在这种容错文化的倡导下，海底捞干部"重过轻功"的意识比较强，不仅允许员工犯错，而且愿意在员工犯错时主动承担责任。

（4）借外力

好风凭借力，送我上青云。在海底捞成长与发展的过程中，无论是人才、资源还是技术，张勇都本着"不为所有，但为所用"的原则。尤其在人才发展方面，凭海底捞当时的规模、品牌和行业特质，其吸引力远不及今日，怎么办？员工能全职最好，若不能全职，兼职也无妨，兼职也可当全职用，一视同仁。

（5）给资源

巧妇难为无米之炊，在某种意义上，只提要求，不给资源，很难成事。张勇深谙其道，早期他让经理们主动交朋友请客，内心把这笔费用归为"培训费"；为了让杨利娟等一干人学管理、广交友、见世面，张勇为他们付全价学费让他们旁听北大、人大等名校的MBA、EMBA课程；"谁的地盘谁做主"的大胆授权原则，让做事者拥有可供支配的充足资源。

（6）搭班子

服务员出身且受教育程度低的干部尽管实践经验非常丰富，但客观上存在先天的不足，把短板全弥补上显然不现实也没有必要。扬长避短，配以能互补的秘书即可事半功倍。比如：给杨利娟及其他服务员出身的高级干部配置"高配"秘书，我带的两个硕士研究生就充当过这样的角色。这样的二合一组合，便是"搭班子"的一种形式。

1.5　文化复制：企业的"空气"

美国一家报社记者曾经采访海尔集团董事局主席张瑞敏："您在企业中扮演的是什么角色？"他回答道：第一是设计师，在企业的发展过程中使组织结构适应企业的发展；第二是牧师，不断地布道，使员工接受海尔的企业文化。在他看来，企业文化就是企业的"空气"。

企业文化就像空气一样，看不见、摸不着，但每一个员工时刻都能感受到。对连锁企业来说，文化复制是重中之重。要传递企业的核心理念与价值观，企业就必须对一些现象态度明确，并且有旗帜鲜明的立场，让员工知道企业赞成什么、反对什么；要凝心聚力，企业就必须通过文化的纽带把员工的目标和企业的目标联系起来。

1.5.1　企业文化的真相

说到企业文化，可能没有哪个企业家会认为不重要。但何为企业文化？ 10个老板可能会有10种答案：有人认为搞团建活动就是企业文化，有人认为在公司门口和办公室墙上贴上各种振奋人心的标语就是企业文化，还有人认为新员工入职时培训师告诉他们一些口号话术就是企业文化，等等。

我认识的一个老板，他要求学华为时，公司口号就是"以奋斗者为本"；他要求学海底捞时，公司口号就变为"双手改变命运"；他要求学稻盛和夫时，公司口号又变成了"敬天爱人"。

企业文化究竟是什么呢？

1. 企业文化不是什么

在谈"企业文化是什么"之前，我们先要想明白一个问题："企业文化不是什么？"

（1）口号和标语不是企业文化

教科书中关于企业文化的部分通常会提到，愿景、使命、价值观是企业文化的重要组成部分，标杆企业在分享成功经验时也常会提及公司的愿景、使命和价值观，于是，很多管理者就以为企业文化不过如此！他们用华丽的语句或直接照抄照搬其他公司的语录，拼凑出代表自己公司的所谓的愿景、使命和价值观的口号和标语，上墙、入册、进课件，并要求员工朗诵和背诵。

这样一套操作下来，上至总经理，下至基层员工，都认为自己公司是有企业文化的，就是领导会上讲的口号，就是墙上贴的标语，就是培训师课件里的语录和套话。至于这些内容与公司实际倡导的或现实被认可的价值观、行为模式是否相关联，他们漠不关心。

我曾经遇到过一个最极端的案例：某企业办公大楼内每个办公室里都贴着"以客户为中心、以奋斗者为本、长期艰苦奋斗、坚持自我批判"的标语，不了解情况的人恍惚间以为自己误入华为了。这究竟是怎么回事？原来是该企业老板要向华为学习，企业文化部门就直接把华为的核心价值观一字不差地复制、粘贴过来了，真是匪夷所思。

（2）形式主义的锦上添花不是企业文化

有一些公司理解的企业文化建设是组织员工到户外开展团建活动、为员工办生日派对、办年会活动，等等。相较于空洞的口号和标语，能组织这样的活动已经算是一种进步，但这仅仅触及文化建设的表层。比起华丽的锦上添花，务实的雪中送炭其实更难能可贵，更能让员工对企业产生认同感、归属感，进而强化责任感。

一家 IT 公司员工离职率居高不下，为了降低离职率，人力资源负责人找到我，希望我帮助他们提升员工满意度，为此，公司还增加了一部分预算用来购买员工生日和节假日的礼物。

但经过调研，我发现，员工离职的真正原因是公司常常不按时发放工资和年度奖金，这导致年轻人还房贷等正常的生活需求得不到满足。而人力资源部门对此不做任何沟通和解释。按时发放工资这类最基本的事情都做不好，再多的锦上添花与小恩小惠也无济于事，员工是不会买账的。

（3）能带宠物上班或在上班时间做瑜伽，也不是企业文化

《创业维艰》的作者本·霍洛维茨（Ben Horowitz）在书中写道："如今，许多新入行的公司为了在企业文化上独树一帜，往往是八仙过海，各显神通。有些公司的做法很出色，有些公司的做法很新奇，还有一些公司的做法相当怪诞，但是，它们大部分都没能成功地界定其企业文化。

"对瑜伽爱好者来说，能在公司做瑜伽当然好，而且也有助于通过这一运动提高团队的凝聚力。然而，这并不属于企业文化，因为它没有建立一种核心价值观来推动公司的发展，使公司在业界的地位坚如磐石。就你的企业发展目标而言，瑜伽毫无裨益，它只是一份加餐。

"允许员工带比特犬来上班的做法也足够吸引人的眼球。热爱动物的人士历来受欢迎，而且也能体现出公司对员工的宽厚和包容，所以说，这种做法具有一定的社会价值。但是，它无益于公司的发展。聪明的老板都爱惜员工，给点儿额外优待没什么关系，但这些优待与企业文化无关。"

2. 企业文化是什么

企业文化的内涵涉及的领域庞杂，各类教科书中的定义就不下几十种，但我想就以下三点来跟大家探讨。

（1）企业家哲学是企业文化的底层逻辑

企业哲学是企业文化的核心，是企业家哲学通过企业人格化转化过程所形成的具有人性化的文化标准。由此可见，企业家哲学是企业文化的底层逻辑，企业文化通常是企业家本人的世界观、人生观、价值观的折射。

海底捞的企业文化就基于张勇的第一性原理——利他中实现利己。基于对海底捞躬身入局的研究和长期关注，结合行业特点，我将海底捞的商业模式与管理模式的底层逻辑用一张图梳理如下（见图1-7）。

从中我们不难理解，无论是海底捞的服务理念还是人才培养理念，都是以张勇提出的"利他中实现利己"为底座的。

利顾客——顾客是一桌一桌抓的：顾客的关注点就是商家的卖

点，要从产品思维转变为顾客思维，想顾客之所想，急顾客之所急。

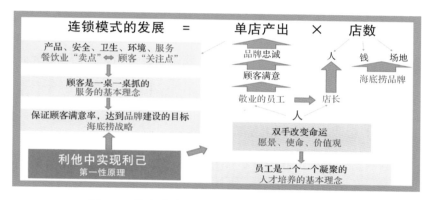

图 1-7　海底捞商业模式与管理模式的底层逻辑

利员工——员工是一个一个凝聚的：员工的关注点就是管理者解决问题的突破点。员工要挣到钱，公司愿景、使命、价值观就必须谈钱，要短期激励与长期激励相结合，连住利益、锁住管理；员工希望有成长，公司愿景、使命、价值观就不能止于谈钱，要释放潜能，打造家族长制内部人才成长机制；员工希望工作是愉悦的，公司就要营造轻松愉快、累并快乐着的工作氛围。只有这样，"双手改变命运"的价值观才能成为现实。

利股东——修渠引水，以员工满意换来顾客满意，只要"保证顾客满意率，达到品牌建设的目标"得以实现，股东利益就有了保障。用张勇的大白话讲就是："他们的命运都改变了，我的命运还能不改变吗？"

同样，华住集团创始人兼董事长季琦将自己的生命哲学应用到华住的价值观上，在《创始人手记》中他是这样描述的：我自己的生命哲学，从真、善、美开始。这是我生命哲学的汇总，也是我做这个企业最根本的出发点。我将自己的生命哲学同样应用到华住的价值观上，华住的价值观就是对真、善、美的追求。

（2）企业文化本质上是管理工具

荷兰组织人类学教授吉尔特·霍夫斯泰德（Geert Hofstede）提出的洋葱模型（见图1-8），是最具代表性的企业文化结构模型，它包括精神文化、制度文化、行为文化和物质文化。位于洋葱最核心部分的是精神文化，即企业文化的理念与原则，包含三个重要的内容：使命、愿景和价值观。

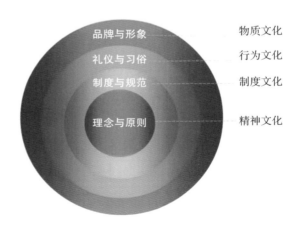

图 1-8　企业文化的洋葱模型

　　理念与原则是企业文化的"统帅"，是制度文化、行为文化和物质文化的思想基础，决定了组织成员思考问题的方式，也决定和影响了企业的所有行为。前文谈到的企业家哲学直接作用于企业的精神文化，即理念与原则部分。

　　很早之前，杰夫·贝佐斯在创办亚马逊时曾设想，这家公司不再从顾客身上获利，而是把利益带给顾客。为了实现这个梦想，他打算在远期成为行业内的价格领导者和客户服务领导者。要想实现这个目标，大手大脚可不行，但杰夫没有花大量精力来审核每一笔开支，对超出预算的人大加斥责，而是倡导大家节俭，推行节俭的企业文化。他的做法相当简单——公司里的所有桌子都自己做，用从"家得宝"购进的廉价门板，再用钉子钉上桌腿，一张桌子就做成了。这些用门板改装的桌子，既不符合人体工程学，又配不上亚马逊公司上千亿美元市值的身价。当时，一个新人觉得这种做法不可思议，问老板为什么非得在这样一个用零部件凑成的桌子上干活，杰夫的回答斩钉截铁："我们尽一切可能节约开支，就是为了以最低的价格为客户提供最好的产品，如果你不喜欢在门板上工作，那在亚马逊肯定待不长。"

　　组织倡导的理念，必须通过有意识的文化建设活动将其贯彻落实到制度规范、企业标识、典礼仪式甚至企业的产品与服务之中，只有这样，才能形成与这种理念相匹配的组织氛围。而这一组织氛围，将对员工思维和行为产生重大而深刻的影响，这正是企业文化能够对企业发展发挥重大作用的重要原因。

由此，我们不难理解，从本质上来说，企业文化是用价值观来创造价值的管理工具，因此可以影响人、改变人和教化人。企业文化能使企业内部形成企业伦理和心理契约，在企业和员工之间建立起一种纽带，将两者紧密联系在一起。

我们需要尤为注意的是，现实中有着一流企业文化但最终以失败告终的公司不在少数，这从另一个角度提醒我们，尽管企业文化很重要，但它并不是企业管理的全部。文化只有落地，才能枝繁叶茂。

（3）企业文化是用来践行的

企业文化最终要体现在组织和员工的行为方式，即做事情的方式上，也就是说，企业文化不是用来"秀"的，而是用来践行的。

何为践行？就是既要理解，又要行动。员工如果不能正确认识和深刻理解企业文化的精神实质和内涵，只是粗略地理解其浅层意思，就无法融会贯通，更不可能将企业文化真正融入自己的生产生活方式。

3. 没有企业文化，也是一种文化

在有些企业里，我们常常会听到管理者和员工说"我们企业就没有企业文化"。其实，没有企业文化本身就是这个企业的文化形态。企业文化不以我们的意志为转移，客观存在于每个企业之中。

企业倡导的文化，有也好，无也罢，其实都会透过企业做事的方式呈现出来。因此，观察企业内员工普遍的行为习惯，就能判断出其企业文化是什么样的：是风清气正，还是趋炎附势；是务实，还是务虚；是"屁股对着上级，笑脸对着客户"，还是"屁股对着客户，笑脸对着上级"。

如果说企业文化是企业中一整套共享的理念、信念、价值和行为规则，并促成了共同的行为模式，那么，有意识的还是无意识的、主动的还是被动的、有定力的还是无定力的、有系统的还是无系统的，是区分积极的企业文化与消极的企业文化的关键。

有意识的、主动的、有定力的、有系统的文化是积极的文化，能弘扬企业的核心价值观，让企业更有前景，使企业长盛不衰；而无意识的、被动的、无定力的、无系统的文化是消极的文化，阻碍企业的良性发展。

1.5.2　文化建设三部曲

如果把企业比作一座房子（见图1-9），屋顶是目标系统，包含企业的愿景、使命、战略目标、阶段性目标等；地基则是企业文化系统，即企业的经营哲学或核心价值观；墙体是基于地基，即经营哲学而构建的组织与人力资源管理模式，包括决定人岗匹配度的配置模式、决定响应力匹配度的执行模式、决定人效匹配度的评价模式以及决定价值匹配度的分配模式。

图 1-9　如果企业是一座房子

万丈高楼始于地基，地基扎实才能起高楼。文化地基决定着企业这座房子能盖多高、是否牢固，决定了企业能走多远、能否基业长青。

文化地基又是怎样形成的？

1. 历史的积淀

企业文化不是横空出世的，而是在企业长期的发展过程中沉淀下来的。对企业而言，文化依赖于历史、依附于历史，任何一个企业的文化都需要历史的沉淀，没有历史就无所谓文化。

在这里，我节选了张勇早年发布的新年致辞，让我们来感悟海底捞"双手改变命运"价值观的历史积淀。

2004 年新年致辞（节选）

我们已在东五路店搞了试点，让部分员工享受到了一些红利……

1 个月以内，董事会将详细制订出"员工与企业共同发展计划"。这个计划的主要思路是：让那些勤奋、踏实的优秀员工和干部都能得到更多回报。各位同事，我敬佩那些用双手改变自己命运的人，我喜欢那些不需要监督就能很好地完成自己工作的人……请相信自己，请相信你的努力，请相信付出终有回报，也只有付出才有回报。认真地对待每一位顾客，是他们为我们支付了房租、水电费，是他们给我们发了工资、奖金，是他们给了我们共同发展的机会。

2006 年新年致辞（节选）

在即将到来的 2006 年，我们将面临每个企业都将面临的千奇百怪、各式各样的危机。我们将使用优先法则来对待它们。简单地说：当我在与你们谈话时，你的手机响了，你的员工找你，我们就终止谈话，你优先处理你和你员工的事宜。当你和员工谈话时，顾客需要帮助，你们首先要做的是立即去帮助顾客。一句话，顾客的满意率就是我讲的优先法则；用心关注顾客，明白他们到底需要什么就是我们最重要的工作。随着年龄的增加，我逐渐明白"顾客"的定义应该被更为广义地解释——包括员工在内。

2009 年新年致辞（节选）

在即将到来的 2009 年，我们将不会放慢开店的速度，而且我们将进一步加强公司在人事、财务、技术、物流等领域的建设……所有这一切都值得庆贺。但我不想庆贺，为什么呢？……在海底捞内部，我们的梦想正在破灭；一些人品不太好的人混在企业的一些关键岗位上；员工财物被盗，制度在执行过程中弄虚作假的现象正在肆意蔓延……在这些不良现象把我们海底捞搞垮之前，我们必须携起手来战胜它们。我们希望通过升迁考来解决我们干部的选拔问题，我们还希望通过务实、有效的绩效考核来解决我们企业文化的传递问题。我们提出将顾客满意率、后备干部的成长作为我们的 A 类考核指标……

回顾张勇早期新年致辞所强调的内容，我们会发现，"双手改变命运"的价值观就这样一年年地清晰起来："双手改变命运"就是要让勤奋、踏实、不偷奸耍滑的员工挣到钱；"双手改变命运"就是"顾客是一桌一桌抓的，员工是一个一个凝聚的"；"双手改变命运"就是要创造一个平台，让每一个员工、每一个阶层的人都有能力改变或者创造出属于自己的繁荣和未来。

2. 管理过程的引导与强化

企业文化最终体现为员工的行为习惯，而思维方式决定行为习惯，所以，要形成良好的企业文化，就要从引导员工转变思维方式入手。企业强调"以顾客为中心"，就要引导员工转变为"利他中实现利己"的思维方式；企业倡导协同，就要引导员工转变为"换位思考"的思维方式；企业鼓励创新，就要引导员工转变为不循规蹈矩、敢于创造的思维方式。由此可见，管理过程的引导与强化，对文化建设是多么重要。

联想曾经推行"无总称谓"的亲情文化，以此来引导和强化人们的行为。

1997年，时任联想电脑公司执行副总经理的杜建华提出了《关于公司内部人员称谓的倡议》，希望大家改变"××总"的叫法。在他看来，"××总"的叫法，只体现了下级对上级的尊重，没有体现上级对下级的尊重，充满权力等级的味道，会造成僵化的企业氛围，因此，"××总"的叫法很有取缔的必要。不过，尽管杜建华提出了倡议，员工层仍然习惯于称上司为"××总"。随着集团干部人数增多，"总"风不减反增，干部享受特权的快感日益滋生，与员工的距离也越拉越大。看到这种情形，杨元庆下定决心要打破这种层级森严的体系。

1999年，联想将原来的《倡议》改为《规定》，要求全公司范围内的同事称谓不带"总"，否则将被处以50～100元的罚款。刚开始推行"无总称谓"时，困难层出不穷，尤其是员工非常不适应，很多人怎么都改不了口。

杜建华思考之后，认为问题出在推行的方式上："我们规定姓名三个字的叫后两个字，两个字的直呼其名，如果不这样叫的话就罚款，这实际上是用严格的要求在推行亲情文化。"于是，他采用了新的推行方式——总经理室的成员（如杨元庆）站在门口戴着个牌子和人握手，牌子上写着"请称呼我元庆"。这个活动一直延续到员工能很自然、习惯地使用"无总称谓"为止。

此举终于奏效，亲情文化在联想开始形成，这种文化体现在同事间的称呼上，更体现在部门间横向沟通的顺畅以及人际关系的和谐上。

企业文化的形成是一个缓慢的累积过程，人们的合理行为只有经过强化、加以肯定才能再现，进而形成习惯稳定下来，最终使指导这种行为的价值观念转化为行为主体的价值观念。

及时的强化能让员工明白什么样的行为是企业认可的，什么样的行为是企业不认可的，久而久之，人们就会接受指导这种行为的价值观念。最理想的做法是从细枝末节入手，这些细节既要足够小、足够具体，能够身体力行，又要足够重要，能够影响人们今后的行为模式。

强化的过程，是与员工达成共识的过程，是积极主动传播的过程，也是不断进化的过程。

在这里，我必须强调的是："强化"≠"强加于人"。"强加于人"是把一个人或一方的意见、看法勉强加之于别人。"强化"则是指通过某一事物来加强某种行为，从而达到提高反应频率的效果。

心理学研究发现，人类或动物为了达到某种目的，会在所处的环境中采取特定行为。当这种行为对其不利时，它就会自然减弱或消失；相反，当这种行为带来的某种反应或结果对其有利时，它就会重复出现，这就是强化。而我所指的强化，是指在价值观认同的基础上的行为强化。

3. 制度的保障与匹配

先分享两个经典的小故事。

⊙ 故事一

第二次世界大战期间，美国空军降落伞的合格率为99.9%，这意味着从概率上来说，每1 000个跳伞的士兵中会有1个因为降落伞不合格而丧命。军方要求厂家必须使合格率达到100%，厂家负责人说他们竭尽全力了，99.9%已是极限，除非出现奇迹。于是，军方（也有人说是巴顿将军）改变了检查制度，每次交货前从降落伞中随机挑出几个，让厂家负责人亲自跳伞检测。此后，奇迹出现了，降落伞的合格率真的达到了100%。

⊙ 故事二

德国人有一个习惯——走在前面的人要帮后面的人扶门，有人说德国民众天生素质高，其实也不尽然。真正的原因是联邦德国成立后，政府制定了一套规则，比如关门时不小心撞了人要无条件赔偿，还得承担医疗费。这些规定很具体，操作性很强，人们遵守起来很容易。随着时间的推移，良好的行为习惯就养成了，整个社会也变得更文明了。

这两个故事所体现的就是我们常说的：制度好，坏人变好人；制度不好，好人变坏人。在企业里，制度也发挥着巨大的作用，甚至会促使员工在打工者、无能者/懒惰者、奉献者这三种人之间转换：当制度让奉献者不吃亏时，持打工心态的员工就会努力向奉献者看齐并转化，偷懒者则要么向打工者、奉献者看齐，要么离开企业；反之，则会产生相反的转化效果。

企业倡导的文化理念本质上是美好的愿望，比如企业倡导奉献精神。如何才能使员工真正产生奉献精神呢？起初，员工一定是将信将疑，不愿意奉献的，毕竟，有惰性和私心是人之常情，这就要求企业建立一个"不让雷锋吃亏"的保障制度。当学雷锋者不吃亏甚至有收益时，其他人自然会受到影响，继而纷纷效仿，久而久之，奉献精神就会在企业中蔚然成风。

反之，如果企业只有奉献的口号和标语，却没有制度的保障，员工在学了雷锋之后发现，奖金并没有比别人多，升迁也没自己的份，而偷奸耍滑的反而成了领导面前的红人，他们就会消极怠工，或者向偷奸耍滑者靠拢。久而久之，愿意奉献的员工会越来越少，奉献精神也就成了口号文化。

由此，我们可以得出一个结论：文化理念是一种假设与期许，只有通过切实的制度才能落地成真。有什么样的制度就会导向什么样的企业文化，制度必须与企业文化相匹配，否则文化手册制作得再全面、再精美，也不过是水中花、镜中月。

制度不是一成不变的，技术的不断进步、市场环境的不断变化、组织自身的发展与调整以及员工队伍的吐故纳新，都会带来制度与文化的动态不匹配，即使原来匹配度很高的制度也会因新情况和新现象的出现而变得不再匹配。当文化理念与制度不相匹配，不能与日常生产经营有机结合时，就很难作用于员工的行为，文化便会"由实变虚"。所以，制度需要实时更新、适时调整。华为"先僵化，后优化，再固化"的制度调整经验非常值得大家学习借鉴。

1.5.3 传承与进化

1. 干部是企业文化最重要的传承者

"村看村、户看户、群众看干部"，这句再通俗不过的民谚，阐明了企业文化建设与传承的核心要点：干部是企业文化最重要的传承者，要发挥示范作用。

在下属眼中，干部就是企业的象征和代言人，干部的言行在很大程度上代表了企业的意志，他们的一言一行是一种无声的号召，对下属起着重要的示范作用，下属会通过上级的所说、所做来判断企业重视什么、鼓励什么、反对什么，因此，干部的言行与企业文化越一致，下属就越容易认同企业文化。而如果干部的言行与企业文化相背离，员工不但不会认同企业文化，反倒会形成公司"说一套、做一套"的负面感知。

因此，在塑造企业文化的过程中，要想使企业所倡导的文化理念深深根植于每个员工的内心并产生认同感，干部应该成为企业核心价值观的化身。人们通常认为塑造企业文化就是改变员工的行为方式，事实上，塑造企业文化应该首先从干部开始，想把企业变成什么样，干部要率先做出相应的行为改变。

在麦当劳创始人雷·克拉克看来：领导力意味着对下属的开发，你首先必须证明自己的坦率和真诚，愿意身先士卒地做出表率；做不到这些就表明你不具备领导力。他倡导的以身作则的企业文化，至今还影响着麦当劳公司的每一个员工。公司的长期供应商彼得·格里姆这样描述 2006 年他在奥兰多参加经营商大会时看到的一幕，"那天晚上环球影城的活动结束后，大家正陆续离开，雷却开着高尔夫球车四处捡垃圾。地上到处扔的是纸杯，雷不辞辛苦地一一把它们拾起，然后放进垃圾箱里"。麦当劳文化在此刻体现得淋漓尽致。

既然干部是企业文化最重要的传承者，企业就应当有针对干部的行为规范，如果干部违反了行为规范，应当受到比普通员工更严厉的惩罚。

华为的干部标准明确提出干部要践行并传承华为的价值观。践行就是要以身作则，而传承则是要在团队和组织内部进行传播。为此，华为各级干部的培训，第一课学的都是文化价值观的课程。在华为例行的"民主生活会"上，干部也往往是第一个进行自我批判的人。保持干部队伍高度认同企业文化，是华为企业文化始终保持高浓度的核心原因。

同样，红缨教育也专门针对干部提出了高于员工标准的五点要求。

- 责任我扛，处罚我抢：在面对困难和挑战时，干部应该勇于承担责任，不推诿、不逃避，同时也要主动承担相应的处罚，以身作则，树立榜样。
- 论功我闪，论奖我挡：在团队取得成绩时，干部要懂得退居幕后，不抢功、不占便宜；在分配奖励时，要懂得让贤，不争名夺利，把更多的机会和荣誉留给下属。
- 多反思不足，多未雨绸缪：干部要时刻反思自己的不足，从自身找原因，不断提高自己的能力；同时要有前瞻性思维，提前预判可能会出现的问题，并做好应对措施。
- 人人背业绩，后勤不例外：干部不仅要自身承担起业绩指标，确保部门目标的实现，同时还要确保后勤团队同样承担起支持前线、保障运营的责任，推动整个团队共同进步，不因岗位性质而有所松懈。
- 部门深度，公司广度：干部要深入挖掘本部门的潜力，提高工作效率和质量；同时要关注公司的整体发展，拓宽视野，站在公司的高度思考问题。

在企业的发展过程中，随着环境的改变，干部的心态也会发生一些变化，这时，文化就会遇到挑战，怎么办？

海底捞一个小区经理的生日宴曾经引起了一场不小的风波，海底捞用"七个不放过"及时进行了处理（见表1-5），将危机消弭于无形。

表 1-5　生日究竟应该怎么过

问题		2011 年 11 月 18 日，教练组为谢英和杨华两位同事庆祝生日，工作人员将聚餐地点选在了北京黄寺的静雅大酒店，在此过程中，杨利娟、袁华强知晓此事。晚上的聚餐被安排在了静雅大酒店的豪华包间，董事长张总出席，合计 28 人，共消费 10 000 多元
"七个不放过"处理方式	1. 根源	随着公司的发展壮大，部分领导干部养成了铺张浪费的习惯，没有做到"全力以赴去持续挑战更大的销售额和更少的浪费"
	2. 责任人	张勇、杨利娟、袁华强
	3. 解决方案	公司领导一致认为此次聚餐费用超标，并对相关负责人进行了处罚：张勇承担 40% 的费用，共计 4 000 元；杨小丽承担 15%，共计 1 500 元；袁华强承担 5%，共计 500 元；剩余部分由公司承担
	4. 落实	按照上述解决方案落实
	5. 受到教育	相关部门组织学习
	6. 长期改进措施	财务管理部门制定了《关于公司各部门费用支出规定》并在 OA 公布
	7. 档案	收入裁决案例库

从这个案例中我们不难发现，随着公司的发展壮大，海底捞的部分领导干部不知不觉地养成了铺张浪费的习惯，这严重违背了海底捞的文化宣言：我要为了伙伴们的物质和精神两方面的可持续幸福和社会的发展，全力以赴去持续挑战更大的销售额和更少的浪费。

张勇意识到问题的严重性，带头处罚自己及公司高管，让大家明白怎么做才是对的，并以此警示大家：干部要带头保持艰苦奋斗的工作作风。同时从财务制度上加以完善，并建立监督机制，减少铺张浪费，从根本上解决类似的问题。

2. 故事是企业文化最好的载体

企业文化不能停留在干巴巴的概念和空洞的说教上，需要通过某些载体来进行传播。而故事是企业文化最好的载体，拥有直击人心的力量。

海底捞就以故事为载体，在潜移默化中引导员工形成对企业文化的认同。

海底捞内部培训机构创办之初，除了课程、师资之外，与企业文化相匹配的教材也是一项很重要的教学资源。

为了从一线员工优质服务案例中挖掘智慧火花，为了萃取日常工作中优秀管理者的管理智慧，让没有亲历亲见这些案例的人能够从中汲取经验，学到做人做事的好方法或者避免犯同样的错误，海底捞从不同角度收集了100个服务案例和100个管理案例，最终形成了两本案例集：《赢得顾客的心》(匹配"顾客是一个一个抓的"服务理念)和《赢得员工的心》(匹配"员工是一个一个凝聚的"人才培养理念)。

美国哲学博士、民俗学家凯伦·迪茨（Karen Dietz）说：在部落时代，讲故事的人对于记录与传承历史起着关键作用。这些讲述人的历史使命是，使部落的每个成员都能够理解继承本部落赖以生存的传统的重要性。与之类似的是，在企业中，传颂那些与发展过程中关键的人与事相关的故事，能使企业上下自然而然地融入相同的文化氛围中，从而形成一种强大的凝聚力。正如哈佛大学教授霍华德·加德纳（Howard Gardner）所说："讲故事是最简单的、最有凝聚力的工具。"

通过讲故事来让广大员工接受并传颂企业文化，是管理者的领导艺术。

（1）讲什么样的故事

讲自己公司的、源于真实的工作场景或事件的故事，更有利于企业文化的传播。在传播这些故事时，要注意"三个关键"，即关键事件、关键人物、关键节点；既要讲正面的经验，也要讲负面的教训，并且必须与企业文化所倡导的理念与原则保持高度一致；既要讲企业内"名人"的故事，也要讲普通员工的故事，看得见、摸得着的榜样所释放的影响力远远大于高高在上的看不见、摸不着的榜样。

（2）故事该怎么讲

无论在哪种场合或采取哪种方式，讲述者都应该尽量少用"我认为""我觉得"这类表述，要只讲事实和故事本身，给大家留下思考的余地，做到"引而不发"。

讲故事本身并不是目的，通过讲述一个故事说明一个道理、传播一种文化才是目的。因此，做一个讲故事的好手，一定要让听者反复琢磨故事中的道理。比如，让员工思考：我能从中学到什么？我是不是也可以这样做？我能不能避免同样的错误？引导员工将文化内化于心、外化于行。

3. 进化：企业文化的变与不变

常言道，以道驭术，术必成；离道之术，术必衰。在企业中，"道"就是愿景、使命、价值观。道是企业存在的根本，企业因何而生，因何而活，因何而死，这些都是由"道"决定的。

一个不清楚自己的愿景、使命、价值观的企业，最多只知道"做什么""怎么做"，而不明白"为什么做"。一个不知道"为什么做"的企业，是很难让组织成员拥有为之奋斗、为之贡献的共同信仰的。

有道是，企业文化不是一成不变的，那什么是变的？什么又是不能变的？

如前所言，道，是一种规律，是一种本质，是一种原理。而术，是一种手段，是一种方法，是一种策略。道是不变的，而术则是变化的。

企业文化的载体、传播的方式都属于术的范畴，比如公司的标识、公司的装修风格、公司的企业文化宣传墙、公司的统一着装、公司的统一标识牌、公司的公文写作模板、公司的对外公文合同函件、公司的对外宣传网站、公司的名片模板、公司的报刊、公司的微信平台、公司组织的大小活动、公司的培训、公司的福利政策，等等。这些企业文化可视化的内容都是适应特定时期的手段、方法和策略，必须与时俱进，没有不变的理由。

而道则是无论如何都不能改变的。因为我与海底捞的渊源，每当海底捞有"风吹草动"时，朋友们就会及时提醒我，"海底捞又×××了"。每每这个时候，我最关注的是海底捞的所作所为与关键的三点是相契合还是相背离，这三点就是"双手改变命运"的核心价值观、"顾客是一桌一桌抓的"服务理念、"创新源于务实的工作作风"的创新文化。它们就是海底捞的"道"——文化之道、经营之道、创新之道。只要道不变，海底捞的根本就不会动摇，对未来的发展就没有什么可担忧的。

服务的本质：激活

"极致服务会带给所有组织成功！"我是这一理念的忠实拥趸。

当服务是产品附加价值的重要组成部分，甚至是某一类企业为客户提供的唯一价值时，洞察服务背后的真相就变得非常必要。

海底捞、迪士尼、丽思卡尔顿等国内外不同行业的标杆企业，无不用实践向我们昭示：服务的本质在于激活每一个个体。

探寻管理的真谛，不要在"术"的层面苦思冥想，而要寻根究底解决服务背后"道"的问题：人人都是服务者，人人就是经营者。

第二项修炼

2.1　服务的真相

2.1.1　服务的原点：顾客利益

　　获取利润是商业永恒的追求与目标，对连锁企业来说，利润从何而来？正所谓"一千个人的眼里有一千个哈姆雷特"，对于这个问题，无数人会给出无数答案，但其中最普遍的一个答案一定是"服务"。服务是利润最重要的源泉，已经成为连锁行业从业者的共识。

　　但是，怎么才能向服务要利润呢？探寻这个问题的答案，我们首先要认识到服务的原点是什么——是企业利益还是顾客利益？仔细观察那些成功的连锁企业，我们会发现，无论是零售业巨头沃尔玛，还是火锅传奇海底捞，无不是站在顾客的立场上，一切以顾客为中心：沃尔玛提出了广为人知的口号"帮顾客节省每一分钱"，通过为顾客提供最具性价比的商品来赢得顾客；海底捞要求每一个海底捞人都坚持"帮顾客节约、理智地消费"的服务理念，想顾客之所想。正因为如此，它们不仅赢得了顾客的认可和喜爱，而且创造了丰厚的利润，实现了双赢。而那些总是以企业利益为出发点考虑问题的企业，往往与顾客越走越远，最终消失在历史的尘埃中。

可见，服务真正的原点是顾客利益。从这一原点出发，企业才能走在正确的道路上，走向自己想要的终点——利润最大化。

1. 走出服务的误区

从顾客利益出发，说起来容易，做起来难。如同大多数企业都将"以客户为中心"作为自己的宗旨，几乎所有连锁企业都声称"服务要以顾客为本"，但是，其中很多企业却陷入了劳而无功的境地：在服务上做了很多努力，顾客却并不买账。

为什么会出现这种情况？事实上，重视服务不代表理解服务，更不代表懂得如何服务。关于服务，很多企业经营者在认识上存在以下几种误区。

（1）过度追求"零投诉"

有些企业以"零投诉"为关键绩效指标，在考核时非常重视这一指标达成与否。为了实现这一不切实际的目标，员工往往会竭尽所能，甚至尝试屏蔽反馈信息，以切断客户与企业的联系。顾客投诉被隔绝在第一线，加之企业高管每天都陷于文山会海，几乎没有时间与顾客交流，导致管理层无从知晓真问题。

其实，顾客投诉并非坏事，相反，它是管理层了解企业问题和顾客需求的有效渠道，能帮助企业改进产品质量，提升服务水准。管理层不应把顾客投诉视为洪水猛兽，而应该把它当作企业的一笔宝贵资源和财富，以获得关于顾客需求的真实洞察。

（2）简单化的换位思考就是了解顾客

有些企业把换位思考作为服务准则，但是，它们对换位思考的理解非常简单化，认为只要想象一下自己是顾客会怎么做就是从顾客立场出发了，只要做一做顾客访谈或者市场调查就能了解顾客的需求了。如此简单化的换位思考，怎么可能赢得顾客的心？

帝国理工学院教授约翰尼斯·哈图拉（Johannes Hattula）所做的一项社会实验就证明了这一点。通过实验，他发现，经理们用"把自己当顾客"的方式来换位思考时，往往不是站在顾客的视角，而是用自己的个人偏好去预测客户的需求。这种做法是典型的"想当然"的做法，不但不能使他们了解顾客，反而会使他们的所思所想背离顾客真正的需求。

（3）追求绝对的顾客满意

绝对的顾客满意是一个伪命题，是完全不可能实现的。企业经营者必须认识到这个误区，避免陷入对顾客满意的过度追求中。

与弘阳物业公司合作时，我观察到的种种现象就验证了这一点。

有些业主在装修房子时为了自身便利会提出各种诉求，但物业公司基于小区的整体规划设计以及大多数业主的利益，不可能事事都按个别业主的预期来做（如拆掉不能拆的墙、在不合理的时间钻洞等），于是，个别业主的不满意便成为常态。

此外，还有些业主抱着"交了物业费，就该事事让我满意"的心态，期望物业提供远超标准的服务。这样一来，这些业主的不满意也会成为常态。

弘阳物业公司没有一味地追求绝对的顾客满意，而是把为业主提供"五心"（安心、开心、舒心、贴心、放心）好服务当作服务的基本目标，以提升业主对触点改善的感知，让"顾客满意"具象化、相对化，而不是绝对化。

只有走出服务的误区，企业才能更清楚地了解到什么是真正的以顾客为中心，什么样的行为是值得鼓励的，什么样的行为是不提倡的，从而让服务创造价值，避免做无用功。

以上是企业经营者需要厘清的认识误区。在连锁行业中，很多一线服务者也对服务存在一些误解，在这里，我想提醒几点。

（1）"赢"并非顾客服务的目标

在连锁行业中，一线服务者与顾客产生矛盾或冲突的情况并不少见，每当这种情况发生时，有些人就会极力证明自己是对的，把与顾客之间的矛盾或冲突当成一场必须打赢的战役。要牢记，服务的目标不是"赢"，不是战胜顾客，而是与顾客建立一种健康的、可带来盈利的长期关系，从而为双方带来价值。你对不对并不重要，把事情做好，赢得顾客认可才是重要的。在顾客服务中，唯一的赢就是"双赢"。

（2）既要锦上添花，也要雪中送炭

人人都爱锦上添花，但实际上，雪中送炭往往是顾客更需要的，也是更容易打动顾客的。福奈特公司为顾客提供洗衣服务时，总是默默无闻地将开线的裤脚缝好，或是将松动的纽扣钉牢。这种雪中送炭的服务让人感到温暖，久久难忘。

（3）把坏事变成好事

一线服务者在服务顾客的过程中，总是难免会出现大大小小的意外。不愉快的意外事件发生后，一线服务者要在第一时间安抚顾客的情绪，弥补顾客的损失，温暖顾客的心。如果你能及时把顾客的抱怨和愤怒转化为笑容，就能赢得顾客、留住顾客，坏事也就变成了好事。

2. 服务力提升三部曲：意识—态度—能力

找到服务的原点，从顾客的利益出发，能确保企业走在正确的道路上，而要想使企业在这条道路上走得更远，就要不断提升服务力，让服务真正为顾客创造价值，并让服务成为企业的核心竞争力。

服务力的提升应该是循序渐进的，第一步要提高服务意识，从根本上改变对服务的认知。意识支配行为，行为决定结果。如果一家企业的员工服务意识淡薄，他们在为顾客服务时就会缺乏主动性，对客户需求、痛点、期望无感。

服务意识，就是自觉、主动地做好服务工作的思维和愿望，有强烈与淡漠、主动与被动之分。服务意识强的人，往往更愿意站在顾客的角度思考问题，能够把自身利益与顾客利益紧密联系在一起，追求利己与利他的统一。因为他们清楚地知道，作为服务者，自身利益的实现是以顾客需求的满足为前提的，只有为顾客创造价值，自身存在的价值才能充分体现出来，正所谓"赠人玫瑰，手有余香"。

提高服务意识，绝不能止于"嘴上说说"，也不能止于"横幅挂挂"，心里有才是真的有。很多企业出现问题，往往就是因为服务意识只停留在口号、标语等浅显的层面，而实际的态度和行动却背道而驰，导致顾客感受不到服务的真诚、用心，最终要么沉默离开，要么将自己的不满大肆宣扬。服务一定要"走心"，要融入一言一行，落到实处，落到细节上。

提高服务意识对于服务力的提升至关重要，但是，只有服务意识是远远不够的，服务意识只有转化为积极的服务态度和为顾客解决问题的能力，才能发挥作用。在服务行业，顾客满意一般是通过两个方面来达成的：过程中的感受和问题的解决。积极的服务态度是给顾客带来良好体验过程的基础，而以相应的服务力帮助客户解决问题是服务业制胜的关键。

因此，服务力提升的第二步，就是抓服务态度。有道是"当你的能力没被看到时，至少先让人看到你的态度"，服务也是如此。主动、热情、耐心的服务态度，在任何时候、任何场合都是大有裨益的。现实生活中，态度能够决定很多事情的走向：态度好，即使没有帮助顾客彻底解决他所面临的问题，也常常可以大事化小，小事化了了；而态度不好，很多原本很简单的事情也会变得复杂，甚至小事酿成大祸。

但是，我们必须保持清醒的认识：如果服务仅止于用服务态度来取悦顾客，而不对实质性问题进行回应，更不谈解决问题，则一定会使顾客失望，毕竟"忽悠得了一时，忽悠不了一世"，顾客不会只为态度买单。因此，服务力的提升离不开能力的提升，这也是服务力提升三部曲的第三步。

能力的提升表现在两个方面：一是专业化，二是行动力。

什么是专业化？通俗地说，就是有"金刚钻"，敢揽"瓷器活"。专业化不是满脸堆笑、喋喋不休，更不是鞍前马后、卑躬屈膝，而是在顾客有需要的时候第一时间出现，读懂顾客的需要，看透顾客的顾虑，然后以娴熟的技能解决顾客的问题，为顾客排忧解难。

行动力则是要用实际行动获得顾客的认可，通过为顾客创造不可思议的极致体验，赢得顾客的满意、惊喜甚至感动。没有行动，一切为零。一个人如果缺乏行动力，即使服务意识再强，服务态度再积极，也不可能为顾客创造价值。

从意识到态度，再到能力，三者都有了提升，企业才算真正有了生存之本。

3. 海底捞极致服务的原点：顾客是一桌一桌抓的

哪怕是只在海底捞干过一天的员工，也知道"顾客是一桌一桌抓的"这句张勇语录，因为这是海底捞每天都在说、每天都在践行的基本服务理念。

为什么要"一桌一桌抓顾客"？这是因为，尽管每桌顾客都是来吃火锅的，但有的是情侣约会，有的是家庭聚会，有的是商业宴请，情况各不相同。顾客不同，需求就不同，感动顾客的方法自然也就不完全一样。

那么，到底抓什么？怎么抓？

（1）抓常规化服务，更抓个性化服务

海底捞给顾客提供的服务一般分为常规化服务和个性化服务，两类服务对比如表 2-1 所示。

表 2-1　常规化服务和个性化服务的对比

对比项	常规化服务	个性化服务
内涵	按照餐厅里的基本服务标准来满足顾客的基本需求	让顾客在海底捞感受到他在别的地方感受不到的贴心服务
好处	公司成本低，顾客要求不高，避免一些不必要的事情	能够用个性化的服务留住顾客，带来回头客，使门店有一定的固定客源
不足	常规化服务无法赢得顾客的心，客源不够稳定	个性化服务增加了公司的成本，无形中提高了顾客对海底捞的要求

海底捞既抓常规化服务，也非常重视个性化服务，以两者的紧密结合为顾客创造良好的体验。不过，需要说明的是：

第一，常规化服务、个性化服务不是一成不变的。

第二，服务内容的定位会随着经营环境和客户需求的改变而改变，既是务实的，也是动态的，更是相对的。

（2）抓顾客心理，并总结成经验广泛传播

海底捞非常重视顾客心理的揣摩，因为只有准确洞察顾客需求，服务才能深入人心。而一线员工因为每天都与顾客近距离接触，在日常服务中积攒了丰厚的经验，在揣摩顾客心理方面更是总结出不少秘诀。海底捞把这些秘诀整理成朗朗上口的顺口溜，既便于记忆，更便于传播。

> 观察顾客抓特点，神态动作和语言；
> 典型特征细心看，突出特点要记全；
> 听到线索去行动，换来顾客的感动。

法宝一：观察顾客需要什么服务。

虽然海底捞的服务员没有学过什么《消费心理学》，但他们在实践中总结的观察经验非常实用——通过观察年龄、服饰、肢体语言等来判断顾客的类型，从而对其潜在的服务需求做出可能的预测。

法宝二：聆听顾客在说什么。

通过聆听顾客彼此的称谓、电话中的"秘密"以及现场交流，寻找可能的切入点，挖掘顾客的需求，并把握与顾客交流的分寸。

法宝三：主动想顾客需要什么样的服务。

基于对顾客需求的初步了解，想顾客之所想，急顾客之所急，快速转化为行动，创造性地为顾客提供针对性的服务。

（3）一手抓氛围，一手抓授权

海底捞门店在日常运营中贯彻"两手抓"方针：一手营造氛围，另一手充分运用公司授予的权力。一手通过热情的招呼、幽默的语言、说别人爱听的话来营造轻松愉快的就餐氛围；一手适时合理地运用授权，这一方面可以为顾客创造惊喜，另一方面也可以把质量事故这样的坏事变成好事。

当然，海底捞"抓顾客"的方式还有很多。正是通过这些丰富多样的方法，海底捞才把服务做到位，做到顾客心里去，做成了自己的招牌。

2.1.2 服务是科学，更是艺术

服务是一门科学，因为服务必须遵循商业和管理的内在规律，并且已经形成了一套完整的、系统化的知识体系。但服务更是一门艺术，其艺术性主要体现为服务者主观能动性的发挥。由于服务的对象是形形色色的、活生生的人，每个人的性格、需求、偏好、习惯、认知都不同，服务者需要将自己的方法、技能、情感、智慧灵活地运用于具体的情境，为每个顾客提供适合他们的服务，让他们

感觉愉悦、贴心甚至超出预期。在这个过程中，服务的艺术性得到了淋漓尽致的展现。

1. 从满意到惊喜，到感动，赢得顾客的心

艺术往往具有打动人心的力量，能触动人们内心深处的情感。我们之所以说服务是一种艺术，正是因为服务也具有同样的力量——真诚、用心的服务能拨动顾客的心弦，让顾客从满意到惊喜，到感动，赢得顾客的心。

什么样的企业才能让服务的这种艺术性充分发挥出来呢？一定是能深入了解顾客的需求和期望的企业。

顾客的需求大致可以分为五类：①说出来的需求；②真正的需求；③没说出来的需求；④满足后令人高兴的需求；⑤秘密需求。能挖掘顾客需求到哪个层次，愿意提供什么样的服务来满足顾客的需求，考验的是员工的服务基本功，考量的是企业追求的服务境界。员工的服务基本功通过训练可以获得，而企业追求的服务境界则由服务文化决定，服务文化又与企业的经营理念息息相关。

如果一家企业只追求满足顾客的基本需求、为顾客提供符合基本标准的服务，并秉持"让人挑不出错来就行"的理念，那么员工为顾客创造惊喜和感动的热情一定不会高。我曾经合作过的一家餐饮企业的老板常说一句话："王老师，我们公司追求产品取胜，不追求极致服务，如果海底捞服务是 90 分的话，我们达到及格标准就行

了。"可以想象，这家企业的员工在服务顾客的时候，会是什么样的态度。这样的企业，其服务一定毫无艺术性可言。

如果一家企业一直致力于挖掘顾客的深层次需求，追求为顾客创造超出预期的体验，那么在这种服务理念与文化的感召下，员工就会竭尽所能地为顾客提供"没有最好，只有更好"的服务：顾客说出来的需求，他们会努力满足，顾客没有说出来的需求，他们也会挖掘出来并使其得到满足；顾客想到的，他们会做到，顾客没有想到的，他们也会替他想到。此时，服务的艺术性会充分展现出来，让顾客感受到服务之美。

几年前，我几乎每周四都会去南京拜访客户，通常我会在晚上10点半左右入住同一家酒店。在前台办了几次入住手续后，这个班次的服务员我几乎都认识了，甚至连他们的接待话术也能背个八九不离十，但我发现他们丝毫没有想记住我这个入住频率高的客户的意思。几乎每次办入住手续时，服务员都会不带任何感情色彩地把接待新客户的标准话术复述一遍，让我感觉毫无诚意。

只有一个服务员的表现让我记忆深刻，甚至至今想起来心里都是暖暖的。那是11月的一个雨夜，凉意扑面而来，我到酒店前台办理入住手续时发现值班的是一个眼生的姑娘，她微笑着跟我打招呼："阿姨，您又来了？"这个非标准话术的称谓"阿姨"温暖了我，瞬间将我坐火车的疲惫、秋雨袭来的寒意驱赶得无影无踪。之后每每出差住酒店，我都会时不时地想起那个雨夜的"宾至如归"。发自内心地问候，而不是简单地、复读机式地重复同样的标准话术，这应该就是服务的艺术性之所在吧。

懂得发挥服务艺术性的企业所收获的不只是顾客满意，更是顾客忠诚。顾客满意和顾客忠诚是完全不同的概念，满意是顾客对过往服务的评价，而忠诚却是顾客对品牌产生的感情和依赖。我们不妨想象一下，如果顾客能从你和竞争对手那里买到同样满意的产品、获得同样满意的服务，他为什么会选择你？唯一的答案是，他已经对你产生了忠诚。因为忠诚，他才愿意重复购买你的产品和服务，愿意把你的产品或服务介绍给其他人，为你进行口碑传播。这些忠诚的顾客给企业带来的是持续的利润。

当然，创造惊喜与感动，不可能单靠一个人的能力，无论是酒店界的丽思卡尔顿，还是餐饮界的海底捞，都用实践证明了：保持服务品质的一致性，不能就服务谈服务，而是要从规划、标准、激励、创新、授权、文化等方方面面来进行系统化设计。这就是我为什么说服务是一门科学。

在某些领域，服务本身就是一种产品，有时候甚至比有形的产品还要重要。因此，在将顾客的愿望和需求转化为服务要求的过程中，评估和改进现有服务内容、增加新的服务项目、制定服务质量标准、核算服务成本等环节均缺一不可。规划与设计越科学、越精益，给顾客提供的价值就越能满足他们的期望。

优秀的连锁企业不仅能发挥服务的艺术性，同时也能充分尊重服务的科学性。比如，星巴克通过口袋大小的《绿围裙手册》将热情好客、诚心诚意、体贴关心、精通专业、全心投入的公司原则传递给每一位"星巴克伙伴"。

科学让服务有了坚实的根基，艺术让服务有了生生不息的创造性，科学与艺术的融合，让企业拥有了源源不断的忠诚顾客，拥有了基业长青的力量。

2. 科学 + 艺术，为丽思卡尔顿插上飞翔的翅膀

丽思卡尔顿是酒店界的服务标杆，其"终身顾客"的平均消费是 120 万美元。丽思卡尔顿的顾客贡献度为什么如此之高？原因正在于其服务将科学性与艺术性有机地融合在一起。

丽思卡尔顿把服务看成一门科学，制定了严格的作业标准和科学的流程以确保各个酒店的服务保有相同的水平。比如，丽思卡尔顿总结了"优质服务三步骤"：①热情真诚地迎接，尽可能称呼顾客的名字；②预测并满足顾客的需求；③亲切地向顾客告别，热情地说再见。这套流程将员工为顾客服务的步骤尽可能简化，使每个员工在面对顾客时都能展现出热情的态度和良好的服务水平。

当然，丽思卡尔顿也非常重视服务的艺术性。丽思卡尔顿将服务境界分为四层，分别是服务、款待、共情、悦客（见图 2-1）。位于这个金字塔最顶端的，是其创始人用独到的服务理念为丽思卡尔顿打造的"悦客服务"。这种服务不仅能让顾客感到满意、超值，更令顾客感到难忘。

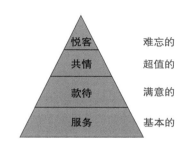

图 2-1　丽思卡尔顿服务境界金字塔

为了激发员工的积极性、主动性，让员工为顾客提供"悦客服务"，丽思卡尔顿充分授权给员工，让员工拥有很大的自由度。比如，丽思卡尔顿的员工可以享有三项权利：①不必仰赖上司判断的自主行动权；②为跨部门协作而暂离职守的权利；③一天 2 000 美元额度的自主支配权。

对现场服务员而言，这三项权利真的非常有用。"想要送束花给顾客，又担心事后公司不承认买花经费"这类顾虑，往往是扼杀实时创意的凶手。而充分授权使丽思卡尔顿的员工可以放下这种顾虑，从而为顾客提供超越一般水平的服务，以最高规格款待顾客。

一次，有位从东京赶到大阪演讲的大学教授不小心将自己的演讲资料和老花镜落在东京的酒店客房里。这些对他而言非常重要，当他发现它们被落下后，马上心急如焚地联系酒店。酒店服务人员了解到这一情况后，立刻派人赶搭希望号特快车，把演讲资料和老花镜送给了那位教授。这个雪中送炭的举动让那位教授成了丽思卡尔顿的忠实顾客。

丽思卡尔顿的作业手册并没有规定该如何处理类似的应急事件，但由于对员工充分授权，员工才能毫不迟疑地选择对顾客最有利的方式，为顾客排忧解难。

对大部分酒店而言，照顾好顾客是基本服务，请顾客帮忙的服务绝对是不及格的服务，但丽思卡尔顿对此有着不同的解读。

带着小朋友的一家三口在客房内享用早餐，小朋友一直兴致勃勃地盯着正在布置餐桌的服务员，对服务员那利落的摆盘动作更是看得出神，仿佛在看什么稀奇的表演。面对这种情况，丽思卡尔顿的服务员可能会这么向小朋友提议："小妹妹，大哥哥可不可以请你帮个忙呢？"大多数小朋友在受到穿着制服的大人拜托时，都会因为自己被视为小大人而兴高采烈地答应帮忙。当然，在小朋友协助摆完杯盘之后，服务员会以自然的态度、专业的手法重新整理，然后再出餐，以确保顾客一家拥有愉悦的用餐体验。

等到这位服务员退出客房数分钟后，另一位服务员带着果汁来到房间："为了答谢这位小妹妹刚刚帮那位大哥哥的忙，酒店决定招待小朋友一杯果汁作为回礼，请小妹妹选一种喜欢的果汁！"

可以想象，这样的安排会为顾客一家的用餐时光带来多少欢乐！这样的记忆，恐怕多年后都会被顾客愉快地记起！而这不正体现了服务的艺术性吗？

服务，既有科学的标准化度量，也蕴含着艺术的升华和深化，无声地滋润着顾客的心田。

需要提醒的是，服务的科学性与艺术性，只有在企业文化的土壤中才能培育出来。每个企业的服务都是由自己的企业文化孕育而来的。流程、制度、标准能使所有员工都拥有统一的话术、笑容和动作，从而达到让顾客满意的基本标准，而适宜的企业文化才是影响和决定员工追求创造性和有效性服务的根本因素。

顾客的需求往往是多维度、多场景的，并且具有突发性，流程再完善、制度再详细、标准再全面，也不可能解决员工在服务顾客时所遇到的一切问题。只有企业中形成允许员工随机应变、充分发挥创造力的文化氛围，才能使员工充分发挥服务的科学性与艺术性，从而为顾客创造感动。

2.1.3　服务是由一线员工呈现的

1. 谁是服务顾客的主力军

关于服务的真相，还有一个至关重要的问题需要我们厘清：谁是服务顾客的主力军？

如果我们善于运用逆向思维，反过来思考这个问题，答案便不言而喻。

首先，给顾客提供服务的通常不是老板。小公司的老板或许还会与顾客直接交流，但当公司做大了，老板就自然而然地不再承担这一职责，可能一年也亲自服务不了一个顾客。

我曾与多家连锁企业深度合作，常去这些企业的门店调研，但我从未看到餐厅老板亲自给顾客端茶倒水，没有看到过幼儿园投资人亲自带班给小朋友上课，也没有遇到过美容院老板亲自给客户洗面按摩做美容，更没有看到哪位物业老板亲自打扫楼道卫生、入户维修、收取物业费……为顾客提供服务的都是一线员工，老板有更为重要的事情要做。

其次，公司专业职能部门的员工通常也不会直接服务顾客。

分工的专业化要求各专业条线在自己的领域深耕细作，如财务部门、人力资源部门、行政部门、工程部门等专业职能部门，它们承担的往往是企业运营的支撑工作。这些部门的员工主要是间接地服务于顾客。

最后，各级管理者不是服务顾客的主力军。

运营部门的管理者肯定不会也不能脱离顾客，但无论从数量还是时间上来说，他们能直接服务的顾客都是有限的。而其他部门以及更高层的管理者直接接触和服务顾客的机会更是少之又少。

由此可见，直接为顾客提供服务的，是且只能是一线员工。忙碌在第一线的员工是与顾客直接交流、互动的关键角色，是企业服务的载体，是顾客体验的设计者和交付者，更是企业进行市场洞察、了解顾客需求的纽带和桥梁。他们的服务态度、服务水平、服务质量，决定了顾客对品牌和企业的态度，影响着顾客的满意度与忠诚度。

那些管理企业的高手都懂得员工是企业的第一生产力，更深谙

"善待员工就是善待顾客"的道理。他们不仅将员工视为伙伴，更将员工视为内部顾客，尊重员工，激励员工，帮助员工创造价值、实现价值，从而牢牢把握住企业发展的命脉。

2.把员工当作内部顾客

如何妥善对待一线员工，一直是企业面临的难题之一。

过去，很多企业在员工管理上采取的是管控的方式。尤其当企业发展到一定阶段后，随着职能部门的日益增多以及组织结构的越发臃肿，管控的力度越来越大。流程化、制度化本无可厚非，但如果把流程、制度都异化成管控手段，不但不会提升企业的效率，反而会导致组织内耗加剧、效率低下，造成企业隐性成本的大幅度上升。

我曾经合作过的一家企业发生过这样一件事：业务部门在与客户谈合同续约时，客户因为采购量较往年增加了几十万单位就希望得到更多的优惠，一线业务员经过认真评估后认为完全可行，因为这些优惠对公司而言只是毛毛雨，而满足客户的心理需求，最终受益的仍将是公司。

于是，他马上将客户的需求反馈给公司，按照公司的流程，他打报告，提申请，然后等审批，足足花了一个多月的时间。这期间，客户催了他无数次，甚至一度想终止合作，为了留住这个客户，他真是使出了浑身解数。但令他没想到的是，最终得到的答复竟然是

"没有先例，请示上级中，待批"。这位业务员实在是忍无可忍，不得不直接找到 CEO，终于快速获批。

这单生意能幸运地成交，是因为这个一线业务员还有意愿去找 CEO，CEO 还能被找到，客户还能耐着性子等一个多月。现实中，有多少单生意是因为不合理的管控手段而丢掉的？

我在海底捞做顾问的那几年，正是海底捞朝着制度化管理、流程化操作、数据化考核、跟踪式监督逐步发展的几年。有一年，张勇让我以第三方视角调查门店经理的工作时间分布，正所谓"不问不知道，一问吓一跳"，调查结果显示门店经理竟然要面对来自公司上上下下的"二十一座大山"。这样的管控，让员工背负着沉重的负担。张勇后来坚持在公司内推行"阿米巴"模式，应该是从那个时候就埋下了种子。

"管理"不等于"管控"，"管控"更不等于"管住"。不要把专业化、职能化的管理变成管控，过于严格的管控会扼杀一线员工的主动性与创造力，使他们在服务顾客时束手束脚，完全失去发挥的空间。

把员工当作内部顾客的经营者很少会管控员工，他们通常把自己定位为员工的服务者，想方设法满足员工的需求，坚定地为员工提供支持，鼓励员工发挥自己的潜能。他们深知，有效地满足内部顾客的需求，外部顾客的需求才会得到更有效的满足；公司以员工为中心，员工才会以顾客为中心，为顾客提供更好的体验。

　　为内部顾客提供服务，其基本前提与为外部顾客提供服务没什么不同，都要搞清楚：我的真实客户是谁？客户的真实需求是什么？我为客户提供什么样的产品或服务才能令客户满意？所以，企业经营者要常思考"员工需要我做什么""我怎么做员工才会满意"，多倾听员工的心声，了解员工的所思所想，从而设身处地地为员工着想。

　　当然，为内部顾客提供服务，不能只靠管理者的力量，还需要文化与机制的保障。文化与机制能不断强化企业的内部客户链，使企业为职级客户、职能客户、工序客户和流程客户提供的服务系统、规范而有序，并且能在企业中营造和谐、互助、共赢的工作环境，使企业中的每个人都感受到被尊重、被善待，从而愿意与企业风雨同舟。

　　如果说企业对外服务的原点是顾客利益，那么内部服务的原点就是员工利益。当一家企业始终以原点为出发点、时刻以顾客和员工的利益为中心时，这家企业就拥有了源源不断的发展动力。

3. 转变行为，从转变思维开始

　　人的行为模式是由思维模式支配的，要改变行为，首先要改变思维模式。同样，企业要把员工当成内部顾客服务好，并将服务转化为日常行为，首先要改变自上而下的思维认知。

（1）要从管理思维向经营思维转变

　　企业归根到底是经济组织，追求的是效益和发展，简单来说，就是要赚钱。赚不到钱，企业就没有利润、没有创新，更谈不上承担社会责任。

管理与经营的本质区别在于：管理是眼睛向内看，正确地做事，解决的是效率问题；经营是眼睛向外看，做正确的事，解决的是效益问题。

如果企业的各级管理者只有管理思维而不考虑经营问题，自己所管辖的部门和团队就会只懂得正确地做事，而不清楚何为正确的事，以致常常陷入"为做而做"的境地，事倍功半。

在帮助企业面试人力资源负责人时，我常常会遇到这样的情况：有些候选人从事人力资源管理工作很多年，但当被问到"你们公司今年的业绩目标是多少"时，他们却全然不知，因为在他们看来，"我是做人力资源管理工作的，业绩不关我什么事"。这类候选人的应聘在我这里基本就到此为止了，因为我无法想象不关注公司经营业绩的人力资源负责人平时是怎样做人力资源管理工作的，在我看来，没有经营思维的人力资源负责人不可能把人力资源管理工作做到位。

（2）要从专业思维向价值思维转变

职能部门的价值究竟该如何衡量？价值到底由谁说了算？显然，其价值是由内部顾客决定的。

海底捞上海某分店做月度经营分析时，发现与同类型门店相比，这家店的人工成本总是居高不下。深入探讨后，他们发现问题并不是出在店长的管理水平上，而是出在工程设计部门在装修设计时以铁艺镂空的方式来呈现公司的形象标识"欢乐的手"上。从美学角度来看，这完全没有问题，但在日常经营中，要保持镂空设计的标识洁净需要投入大量的人工，维护成本因此大大提高。对海底捞的工程设计部门而言，这家门店就是其内部顾客，从这家门店的角度来看，这个设计是有瑕疵的，工程设计部门没有充分发挥出其价值。

所以，职能部门不能只以专业思维来做事，专业能力固然重要，作为服务者，还要充分考虑服务对象的需求，要以为服务对象创造价值为目标。只有当职能部门以价值思维来服务内部顾客时，它才会不断提高自身的专业性，在工作中更加设身处地帮助其他部门解决问题。

（3）要从任务思维向目标思维转变

"做完"是任务思维，"做好"则是目标思维。"做完"与"做好"只有一字之差，但最终的结果却差之千里。

由任务思维驱动的员工，信奉流程正确，追求按时交差。做完，代表按流程操作了，代表有了结果可以交差了，但可以交差并不代表达成了目标。

有一段时间，我负责管理某公司的品牌部。有一次，该公司的员工帮助计划（Employee Assistance Program，EAP）项目需要设计海报，设计师一直找不到感觉，每次提交的方案都被需求部门打回，

127

对此他情绪很大，再提交方案时他就开始标注"第31版""第32版"的字样。需求部门实在着急，于是尝试找其他人来设计。没想到的是，最终被选中的设计方案竟然出自既非专业又非专职的员工之手。

这个设计师设计的方案总是不能令需求部门满意，从某种程度上来说，或许是因为他在设计时秉承的是任务思维，只考虑任务完成与否，却不考虑完成这项任务的目标是什么。目标就相当于一个终点，而任务是为到达那个终点而需要做的事。任务思维驱动的行为常常是只做事，至于是否到达终点则往往被忽略。

所以，我们在服务内部顾客时，要摒弃任务思维，采用目标思维。目标思维也是成长思维，由目标思维驱动的人会先思考这项工作的本质是什么，为了达成什么目标，然后以目标为导向完成这项工作，目标的实现也由此得到了充分的保障。

4. 海底捞：极致服务是如何炼成的

前文讲了海底捞极致服务的原点是"顾客是一桌一桌抓的"，以此为起点，海底捞将服务打造成了自己的"品牌名片"。很多人好奇，海底捞都做了什么，才炼成如此超群的极致服务？

我在海底捞时，经常问大家以下几个问题。透过这几个问题，就能洞察海底捞"极致服务"的真谛。

（1）服务好与不好，是谁的感受

服务好与不好，显然是顾客的感受。顾客外出吃饭为什么会在

乎服务？海底捞对此的理解是：现在的人吃饭，追求感觉大于追求口味。当火锅口味大同小异时，一般的服务（也就是行业内约定俗成的标准服务）已不能赢得顾客的心，也无法帮助企业获得稳定客源；而海底捞所提供的个性化服务却能赢得顾客的心，使他们成为回头客。

从这个角度来看，海底捞把服务当成了基于顾客思维的重要经营手段。"想得到顾客的人，必须先得到顾客的心"，顾客感知到的极致服务是经营者综合管理结果的最终呈现。

（2）"有谁吃海底捞时是张勇亲自服务的"

我常常在课堂上用这个问题询问学员，至今还无一人举手。当我又问："谁是店长亲自服务的？"举手者也寥寥。正如我们在前文中所说，服务是由一线员工直接提供的。海底捞非常清楚这一点，所以把激励的重点放在了基层，不仅解决了员工"会不会做"的问题，还解决了员工"想不想做""凭什么要做"和企业"允许不允许做"的问题，如此才通过每一个基层员工将"会说话的好火锅"带给顾客。

（3）服务究竟有没有价值

2007年我刚与海底捞合作时，海底捞的人均客单价只有30多元，主打大众消费市场。而今天，海底捞的人均客单价达到100多元，已然跻身中高档火锅行列。不考虑物价上涨等客观因素，服务为海底捞带来的价值增值是显而易见的。

海底捞非常重视服务的价值。我印象特别深的是，在一次经营分析会上，采购部门和财务部门考虑到西瓜涨价带来的成本压力，提出给等位顾客提供甜度略低价格也低的免费西瓜。运营团队当即表示强烈反对："尽管是免费的，但给顾客提供的服务不应该打折，品质不能降低！"一时间，双方僵持不下。张勇让财务部门测算，将小料费提价 1 元是否可抵消西瓜涨价带来的成本增加。结果是完全可以抵消。于是，小料费由 4 元涨到 5 元，免费西瓜还是那么甜，顾客满意度未受影响，继续等位；公司成本保持在可控范围内，股东收益没减少，利润率得以继续保持。

服务如果不能增值，服务就没有任何意义。与其说海底捞的服务好，不如说海底捞的服务本身已经成为产品的一部分，好服务就等于利润。

（4）服务，应该重形象还是重行动

每当我提出这个问题时，大部分人的第一反应往往是："都应该重视呀！"但现实中太多企业却停留在"形象≈服务"的层面。而海底捞则更重视行动。举个例子，海底捞门迎岗的选拔标准和待遇有三项：①优秀的服务员；②门迎的待遇高于普通服务员；③晋升领班前必须在门迎岗轮岗过。其中完全没有提到"形象气质俱佳"。而恰恰依据这样的标准选拔出来的海底捞门店的"第一张名片"，用他们的行动赢得了顾客的口碑，为海底捞引流了一波又一波消费者。

顾客更在乎的是行动，而非形象。

（5）态度好等于服务好吗

服务行业是与人密切接触的行业，因此因各种原因而导致发生矛盾、冲突在所难免。当服务员与顾客发生冲突时，很多企业的第一做法是让服务员给顾客道歉。但这么多年的企业实践使我对服务有了更深刻的理解：让员工少说"对不起"，甚至让员工不说"对不起"，才是服务好的重要衡量标准。其实，一味地说"对不起"并不能完全化解顾客的不满甚至愤怒。因为说"对不起"是态度，并不是承诺，而顾客更在乎的是承诺而非态度。海底捞倡导的是"行动是最好的道歉""做在说之前"，让员工用行动来补偿顾客、化解顾客的不满。

2.2　从管理员工到激活员工

对连锁企业来说，如何做好服务，把服务做到极致，以服务创造价值，是永恒的课题。解答这一课题的关键在于，要认识到服务的本质就是激活——激活企业中的每一个个体，点燃他们心中的那团火，让他们由他驱变为自驱，进而自动自发地追求全心全意、精益求精的服务，将自己的全部能量都发挥出来。

过去，我们常说要管理员工，现在，我们不但要管理员工，更要激活员工。

2.2.1　激励，让员工想干、能干并且干好

激活员工是组织的迫切需求，管理者们为此采取了各种各样的手段，而其中最有效的方式莫过于激励。

美国心理学家威廉·詹姆斯（William James）曾经做过一项关于员工激励的调查研究，研究的结果表明，实行计件工资的员工，他们的能力只发挥了20%～30%；而在同样的条件下，当他们在受到充分激励的时候，其能力却能够发挥到80%～90%。也就是说，员工在得到充分激励后所发挥的作用相当于受到激励前的3～4倍。

激励，不仅能让员工"想干"，而且能让他们"能干"，并且追求"干好"。如果我们善于运用激励，就能最大限度地激发员工服务的活力。

1.激励让员工重获动力

每个管理者或多或少都有自己的困惑：下属的执行为什么总是达不到要求？做错事，钱也罚了，但错还是照犯。为什么下属总是被动工作，缺乏积极性？说一步做一步，不说就不做。为什么下属总是混日子？奖也奖了，罚也罚了，都没效果……

要回答和解决员工管理中的困惑，必须先弄清楚一个问题：员工到底是不会干，还是不愿干？究竟是能力的问题，还是动力的问题？

企业通常从三个维度来评价员工，即能力、动力和业绩，这三者的关系可以用公式来表示：

$$业绩 = 能力 \times 动力$$

能力再强，如果动力为零（消极怠工），业绩也是零；动力再强，如果能力为零（不胜任），业绩也是零。公式中用的是乘号而非加号，这也就是说，员工要想有好的业绩，必须同时有好的能力和充足的动力，两者缺一不可。

在现实中，当某个员工的状态不太好时，我们可以用这个公式来对其进行诊断，看看他的问题可能出在哪方面，究竟是不会干还是不愿干。

如果是不会干，则要提升他的能力。不过，从我对很多企业深入调查的结果来看，很多时候员工能力不足，本质上是动力不够强；如果动力足够强，能力的问题常常迎刃而解，通过学习和训练就能迅速得到提升。

如果是不愿干，就要采取激励措施了。当然，在激励之前，要与员工充分沟通。了解他缺乏动力的真正症结所在，找准问题，对症下药，这样才能有效地激发他的内驱力。

具体来说，怎么才能让激励发挥作用，让员工获得充足的动力呢？以下三点很重要。

（1）钱要给到位

绝大部分员工工作的首要动力是挣钱，有的人是为了养家糊口，有的人是出于安全需要，还有的人是希望以此来证明自身的价值……无论员工挣钱的出发点是什么，钱要给到位是企业管理者必须首要考虑的问题。

海底捞、胖东来、华为、阿里巴巴、腾讯等企业的实践已经充分证明：短中长期的收入回报是最有强度的激励手段。如果企业和员工只谈愿景、只"画大饼"，而不谈钱，某种程度上就是在"愚弄"员工。而"愚弄"的结果往往就是员工消极怠工，"做一天和尚，撞一天钟"，即出工不一定出力，出力不一定走心。

（2）给足成长空间

有追求的员工，往往也比较有雄心壮志。当他们看到自己在公司内的成绩和表现已遥遥领先的时候，除了希望获得丰厚的待遇，还希望公司能为他们提供进一步发展的空间，使他们有朝一日能走上更重要的岗位，获得更大的回报和满足感。

如果一个企业不能为优秀的员工提供这样的平台和空间，不但会影响他们的工作状态，还有可能挫伤他们的工作积极性，甚至会导致他们辞职走人。

所以，管理者一定要给足员工成长空间，以满足他们上进的欲望，使他们能够不断获得成长并实现自身的价值，这样也能为他们提供持续的激励。

（3）氛围要爽

研究管理这么多年，我有一个很深刻的感悟：人很少有累死的，更多时候是纠结死的。员工其实并不怕累，也不怕忙，但前提是要累得有价值，忙得心情愉悦。因此，管理者应该努力打造这样的组织氛围，让员工能累并快乐着、忙并快乐着。

组织氛围会直接影响员工的心理环境。消极的组织氛围就像负能量磁场，即便是积极且优秀的员工置身其中，久而久之其身上的闪光点也会被吞噬，最终成为懈怠、不思进取的人。相反，积极的组织氛围就像正能量磁场，能够感染组织重的每一位员工，同化那些与组织正能量相悖的人，从而汇聚群体力量，为组织注入磅礴且高效的驱动力。

把这三点做到位，激励就能让原本不愿干的员工重获动力，让他不但想干、能干，而且会努力干好。

2. 为什么激励没有效果

用好激励，企业就有了快速发展的引擎，但是，我们常常遗憾地看到，很多企业的管理者虽然非常重视激励，也努力去实施激励措施，却没有得到想要的结果。为什么管理者动了脑筋、花了心思、付了代价的激励措施，却没有产生应有的效果呢？

请自我反省一下，看看你对激励是否存在以下认知偏差。

（1）只要钱到位了，什么都好办

钱对于激励非常重要，有道是"钱分对了，管理的大半问题就解决了"。注意，这句话中有两层含义是不能忽略的。

第一，分"对"钱是大前提。

何为"对"？就是做激励时要明确分给谁、分多少、如何分、何时分，即企业的价值分配机制和与之相匹配的评价机制导向要"对"。很多企业正是因为没有分对，才导致不分钱时还算风平浪静，一分钱就鸡飞狗跳。

第二，分对钱只能解决管理的"大半"问题。

钱不是万能的。人性的复杂就在于，钱可以解决生理需求，也可以解决一定的安全需求，甚至能满足一定的尊重与自我实现的需求，但组织内个体的认知水平决定了满足感的相对性和时效性。从企业发展与组织进化的角度来看，至少人们对个体能力进化的诉求是不能完全依靠分钱来解决的。

所以，激励不仅仅要"敢分钱"，更要"会分钱"。

（2）小恩小惠就是激励

施以小恩小惠可以起到一时的激励作用，但是解决不了根本的问题。

我曾经合作过的美容企业静博士有个店长，长得很美也很善良，她经营的门店虽然业绩平平，员工收入也不高，但团队很稳定。有一天，老板祝愉勤问这个店长是如何带团队的，店长说："我们这家门店业绩不高，所以收入也不高，大家都很不容易，我就每天带点红烧肉之类的好吃的给大家。"这样做的好处是，把团队凝聚成了温暖的小集体，但是也存在很大的弊端，那就是会使团队失去战斗力。

祝总直言道："你认为，是你每天带红烧肉给小伙伴们吃有价值，还是让她们有能力自己赚到钱买红烧肉给自己和家人吃更有价值呢?"

管理者一定要想明白的是：员工为什么来到你的企业？他们绝对不是为小恩小惠而来的，他们需要实现自己的价值。只有让员工有赚钱的能力且赚到了钱，才能实现企业与员工的双赢。

（3）绩效管理是包治百病的良药

在我做企业顾问时，企业管理者们最常向我提出的需求是，希望我能帮他们做一套完备的绩效管理方案。

业绩目标没完成，是因为绩效考核不到位；员工满意度低、离职率高，是因为绩效考核不到位；员工积极性不高，是因为绩效考核不到位；合格店长缺乏，员工成长不起来，是因为绩效考核不到位；关键人才引不进来，是因为绩效考核不到位……似乎只要有了一套完备的绩效管理方案，公司的所有问题就都可以迎刃而解。

然而，在我看来，把公司遇到的各类问题都寄希望于通过一套完备的绩效管理方案"一招鲜"地解决掉，其实是老板"懒政"的表现。再好的绩效管理方案，也不可能将公司遇到的所有问题都"一网打尽"。

（4）站在自己的立场做激励

"我只想要一个苹果，你却给了一车梨子"，这常常用来形容夫妻之间的不默契：你给不了我想要的东西，其他方面给得再多在我眼里也毫无意义。

把这个既形象又生动的比喻放到员工激励工作中一点也不违和。

我希望收入有竞争力，你却跟我谈公司愿景、使命和未来。

我希望获得专业和职业上的成长，你却跟我谈公司上市后多么值钱。

我希望提升效率并实现工作与生活的平衡，你却跟我谈周末不休息去参加团建，集体过生日。

…………

美国心理学家维克托·H. 弗鲁姆（Victor H. Vroom）早在1964年就在他的著作《工作与激励》（*Work and Motivation*）中指出：个体采取某种特定行为的强度，取决于个体对该行为能给自己带来某种结果的期望程度，以及这种结果对个体的吸引力。只有当人们预期某一行为能给个人带来有吸引力的结果时，他们才会采取特定的行为。

期望本身就是一种力量，它能调动一个人的积极性。只有站在员工的角度，针对他们的期望采取适宜的激励措施，对他们的激励效果才是最佳的。

只有厘清上述认知偏差，在激励时规避这些问题，激励才能达到预期的效果。

2.2.2　激活个体，必须谈钱

1. 谈钱，才是对员工最大的尊重

在上一节中，我们讲到钱要给到位，这是因为钱对每个人来说

都至关重要。无论是满足基本的生活需求如衣食住行，还是追求个人梦想，都离不开钱的助力。

钱承载着太多的意义。对企业而言，钱意味着资源、成本、利润和财富。对员工而言，钱意味着生存、安全、认可和价值。因此，在谈激励时必须谈钱，否则就显得缺乏诚意。

张勇曾说，"谈钱才是对员工最好的尊重"，基于这样的理念，海底捞在激励员工时把让员工挣到钱放在第一位。

什么是"双手改变命运"？对员工来说，首先就是要挣到钱。

2009 年，海底捞的生意日渐红火，翻台率远超同行。当别的餐厅每天翻台 1～2 次时，海底捞的翻台率达到 5～6 次，甚至更高。不过，这也意味着员工的工作量大大增加。在张勇看来，如果员工收入没有明显增加，这就是一种"不公平"，长此以往，员工难免懈怠、出走。

在成熟的解决方案正式出台之前，张勇大胆地提出先试行"三分之一骨干奖"，即给每家门店业绩排名前三分之一的员工发放一定的奖金，让优秀的员工率先分享到收益增加带来的好处。对此，财务部门从人工成本增加的角度提出了一些疑问，但张勇并没有就此动摇，而是让运营部门先试行三个月。

令大家没有想到的是，试行仅两个月，营收的增加就已经将骨干奖带来的成本增加基本抵消了。卓有成效的"三分之一骨干奖"，成了撬动营收增长的杠杆。

随后，海底捞又推出计件工资制度、家族长分享制等一系列优化薪酬分配的制度，让"双手改变命运"在海底捞真正成为现实。

无独有偶，任正非基于对人性的深刻洞察，也曾提出与张勇类似的观点："我希望我的员工能够对钱产生饥饿感。华为之所以要艰苦奋斗，就是为了挣更多的钱，让员工分到足够的钱，让员工及其家人过上高品质的生活。"

反观国内的一些企业，向海底捞和华为取经的多，但真正去践行的少。在我看来，如果真要学，老板本人要率先向张勇和任正非学习，要像他们一样尊重员工的劳动成果，善待为企业尽心尽力的人，该谈钱的时候大大方方地谈，给够薪资，达到员工的期望，甚至超出期望。这才是海底捞、华为的管理精髓。也只有这样，企业才能找到合适的人才，留住该留的人才，最终做强做大。

2. 洞察人性，科学分钱

俗话说：赚钱容易，分钱难。分钱之所以难，从企业的角度来说，是因为薪酬体系永远没有统一的模式，不同时期、不同环境、不同战略目标下的薪酬体系是完全不同的；从个人的角度来说，是因为人性是复杂的，每个人都生活在不同的环境中，有着不同的价值观，承担着不同的工作，为企业做出了不同的贡献，自然对自己应获得的报酬有着不同的期望。很多时候，管理者觉得分配方案已经很公平了，员工却总是觉得分配不均，自己是吃亏的那一个。

那么，如何分钱才能把钱分好呢？

要做到科学分钱，首先要搞清楚"钱从哪里来"。

通过研究华为的分钱机制，我们发现，企业的经营机制实质上是一个利益驱动机制（见图2-2）。管理的目的是导向价值创造，通俗地讲，就是把蛋糕做大，而价值评价（论功）与价值分配（行赏）则是必要的前提和条件。

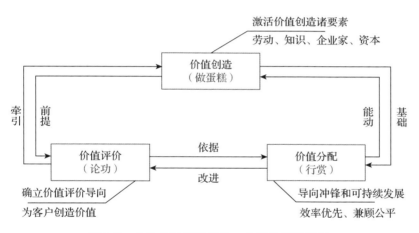

图 2-2　企业的经营机制是一个利益驱动机制

搞清楚"钱从哪里来"，从本质上来说，就是要搞清楚价值是如何创造的，如何评价价值贡献的大小，分配多少利益给价值创造者。如果不把这些问题搞清楚就稀里糊涂地分钱，不管钱怎么分，都会让员工产生不公平感，甚至导致财散了却没能聚到人。

我们先来看看价值是如何创造的。劳动、知识、企业家、资本等生产要素是价值创造的源泉，它们在不同的历史阶段、不同的行业领域，发挥着不同的影响力，并共同创造了企业的全部价值，企业中可供分配的钱正是由此而来。

要分钱，就要先进行价值评价，评估员工对公司的价值创造做出了多大的贡献。通俗地讲，价值评价的过程就是"论功"的过程。价值评价要从责任和结果两个层面进行。员工承担的责任决定了他的固定收益，包括工资、股权分配数量、福利、人事待遇、学习机会等；而员工的行为结果则主要决定了他的浮动收益，如奖金、分红等。

这里需要强调的是：价值评价≠绩效评价。很多企业在实践中常常陷入这个误区——把价值评价等同于绩效评价，实际上，价值评价的内涵远远大于绩效评价，它不仅包括对绩效成果的评价，还包括对价值观、胜任力、工作态度等多方面的评价。

价值评价是价值分配的依据，建立在价值评价基础上的价值分配才具有科学性。价值分配的过程就是"行赏"的过程，是在参与价值创造的诸要素以及掌握这些要素的人之间进行分配，分配的多寡、公平与否直接影响着下一轮的价值创造。华为价值分配的原则是"效率优先，兼顾公平"，导向冲锋和可持续发展。当然，也有一些企业的分配原则是"公平优先，兼顾效率"。

每个企业所处的行业不同，发展阶段不同，核心价值创造环节也不同，要根据自己企业的特点来设计价值分配机制。如果企业的持续经营更多依赖于知识型劳动者，利益分配就要向知识型劳动者倾斜。如果企业是靠资本驱动的，利益分配就应该向资本倾斜。

科学分钱，离不开对人性的洞察。只有遵循人性规律、顺应人性，我们才能智慧且创造性地用有限的金钱驾驭人们无限的欲望。

（1）主动分 vs 被动分

人性的特点是不喜欢为别人做事，但愿意为自己做事。主动分钱，在很大程度上能让员工由"要我做"转化为"我要做"。他们知道自己不仅是在为自己做事，还知道做完、做好以后有什么好处，服务顾客时自然充满动力。而被动分钱则相当于"马后炮"，糖还是那颗糖，伸手要到的糖和主动给到的糖，味道却是不一样的。

在治理联想时，柳传志有一条重要的经验是"在苹果没有熟的时候，就制定分苹果的游戏规则"。在他看来，经营公司就好比大家一起种苹果，要让大家明确知道苹果什么时候会熟，尤其要让大家清楚最后有多少苹果能装进自己的口袋。

这个"分苹果计划"不但让大家干劲很足，对未来的利益预期也非常清晰，不会因此产生矛盾。

（2）超出期望一点点

当别人问起香港首富李嘉诚的长子李泽钜赚钱的秘诀时，李泽钜说道，他父亲从来没教过他赚钱的方法，只教了他为人处世的道理：和别人合作，假如自己拿七分合理，拿八分也可以，那就拿六分，让别人多赚两分。正是因为李嘉诚总是抱着这样的理念，大家才乐于和他合作，因为他们都知道，和李嘉诚合作会赚到更多钱。

做生意和做管理，原理是相通的。

为了赢得顾客的心，每个企业都要竭尽所能地为顾客提供从满意到惊喜，到感动的服务。而要赢得内部顾客——员工的心，收获员工的满意、惊喜甚至感动，企业同样需要为其提供超出期望的服务。当获得了比预期更高的回报时，员工就会从心底产生信任感和认同感，团队自然也就有了向心力。利出一孔，才能力出一孔。

（3）五人活、三人干、四人薪

在很多企业尤其是成长型企业中，有相当一部分员工抱着这样的想法：少干活，多拿钱；给多少钱，就干多少活；只干分内的事，多一点都不愿意干。有些管理者也持有类似观点：他就挣那点儿钱，还能指望他干多少？更令人担忧的是，有些团队竟然不知不觉中积聚了一大批能力差、薪酬低的员工，工资总成本一点儿没少，但产出却越来越低。

解决这类问题，"五人活、三人干、四人薪"是一个好办法，它不仅能全方位地提升组织的效能，还能让有能力、有动力的员工多劳多得，不断获得满足感、成就感和成长感，更有助于改变因冗员低效而形成的"无事就生非"的组织氛围。

3.胖东来：让创造财富的人分享财富

高工资、高福利，是胖东来备受关注的一个重要原因，其创始人于东来对这一点一直深感自豪。"让创造财富的人分享财富"，是他一直以来秉持的分配理念，就此观点，他还专门写了一篇文章《我怎么分配财富》发表在自己的微博上。

在他看来，每一个先富起来的企业家都要让自己善良的一面得到体现，在爱自己、尊重自己的同时，也要爱员工、尊重员工、造福员工，让大家过上轻松幸福的生活。

基于这样的理念，胖东来从1999年开始将财富分配政策确定为：在保障工资发放的基础上，至少拿出50%的净利润回馈创造财富的员工和管理人员，按照他们的付出合理分配，或发奖金，或增加到每个月的工资上，剩余50%的净利润回馈股东。

胖东来的财富分配机制，造就了"工资最高时成本最低"的生意效果，实现了胖东来打造幸福企业的目标，更让于东来和他的员工获得了幸福的生命状态。

这带给我最大的启示在于：财富分配背后的逻辑，隐含着企业家对生意、生活、生命的追求，是他们人生意义的集中体现。

2.2.3　激活个体，不能止于谈钱

1. 钱为什么不是万能的

激励员工，没有钱是万万不能的，但是，只有钱也是行不通的，因为钱固然重要，却也不是万能的。

先问大家一个问题：人为什么要工作？

可能绝大多数人都会脱口而出："为了挣钱呀！"这真的是唯一答案吗？那为什么有些人明明不缺钱，却比谁都努力？为什么有些志愿者不要分文，却那么认真负责？为什么面对荣誉与金钱的选择时，很多人选择的是荣誉而非金钱？显然，挣钱是很多人工作的重要目的，但不是唯一目的。

动机是驱使人产生某种行为的内在力量。一个人愿不愿意从事某项工作，工作积极性是高还是低，取决于他是否有从事这项工作的动机以及动机的强弱。西方学者从多个维度、多个层面对人们的工作动机展开了深入的研究，比如非常有代表性的马斯洛需求层次理论、赫茨伯格的双因素理论和奥尔德弗的 ERG 理论等，所得出的结论和形成的经典理论至今依然能解释并指导我们的工作实践。

以我们最为熟悉的美国著名心理学家马斯洛的需求层次理论为例，人的需求分为生理需求、安全需求、社交（情感与归属感）需求、尊重需求和自我实现需求五类，按照需求的层次从低到高依次排列。

生理需求，即"维持生计"是人们最原始、最基本的需求，也是最强烈、最底层的需求，是推动人们行动的强大动力，大多数人选择去工作最基本的以及最初的目的，就是满足生理需求。

安全需求比生理需求更高一级，当人们的生理需求得到满足后，他们就会更关注这个工作能不能让自己拥有稳定的生活、固定的资产以及有保障的未来。

除了生理需求和安全需求，人们还希望通过工作获得情感的满足和归属感，因此，与人合作、交往中的温暖也会成为选择工作时的考虑因素。

也有不少人为了获得被尊重的感觉而去工作，这样的人更喜欢体面的、拥有一定权力的工作，更愿意追求事业上的成功。

自我实现的需求则是最高层次的需求。追求自我实现的人，往往渴望获得一份与自己的能力相匹配的工作，希望在工作中充分发挥自己的潜能以获得认可和成就感。

每个人的工作动机都是不同的，所以会做出不同的选择。不过，人们通常不会等到低层次需求完全满足之后，再去追求更高层次的需求，大多数时候会同时兼具多种需求，只不过可能在某一阶段更偏重于某一层次需求的实现。

由此，我们不难得出结论：人们不是必须工作，而是为了满足自己的需求而工作；钱只能满足人们的部分需求，而不是所有需求。

关于钱能满足员工哪个层面的需求，美国行为科学家赫茨伯格的双因素理论阐述得更加清晰明了，对管理实践具有更强的指导意义。

双因素理论认为，激发人们工作动机的因素主要有两个：一个是保健因素，另一个是激励因素。只有激励因素才能够给人们带来满意感，保健因素只能消除人们的不满意感，但不会带来满意感。

这一理论告诉我们：第一，不是所有需求得到满足都能调动人们的积极性，只有那些被称为激励因素的需求得到满足才能调动人们的积极性；第二，不具备保健因素将引起人们强烈的不满，但具备保健因素并不一定会调动起人们强烈的积极性；第三，激励因素是以工作为核心的，主要在员工工作时产生。

我们在本书中所讨论的钱，也就是工资薪金，属于保健因素，当这种需求没有得到满足时，员工通常会产生不满情绪，甚至消极怠工。很多企业会通过涨工资的方式来解决这一问题，不过，要注意的是，这种方式只能消除员工的不满意感，并不能带来完全的满意感。

真正使员工感到非常满意的因素，恰恰是工作富有成就感、工作本身具有挑战性、工作的成绩能够得到社会的认可、职业上能够得到发展和成长等激励因素。只有这些因素得到满足，员工的热情才能极大地被激发。

2. 员工是一个一个凝聚的：海底捞人才培养的原点

令众多企业家和管理者既羡慕又好奇的是：海底捞员工为顾客服务的精气神究竟是怎么打造出来的？天高皇帝远的各门店的员工又是如何一个一个凝聚的？

通过躬身入局的实践和长期的深度研究，我可以非常负责任地告诉大家：海底捞的所作所为并不是"剑走偏锋"，而是透过现象看透连锁行业发展本质后的深耕细作，是洞察人性需求后知行合一的践行。

在我看来，海底捞的所有做法都可以用经典管理理论解释清楚，换个角度来说，海底捞的实践也是对经典管理理论的最佳佐证。我们不妨选择其中的一些具体做法来分析、解读为什么这些做法对员工会有很好的激励效果。你会发现，恰恰是因为它们顺应了人性。

（1）马斯洛需求层次理论的海底捞化

海底捞在激励员工时采取了种种做法，旨在满足人们各个层次的需求。

满足生理需求的激励措施：按时足额发放工资；薪酬略高于行业平均水平；给所有员工租住小区或公寓楼中的两居室或三居室（不能是地下室）作为宿舍，给所有房间配备空调、电视、电脑；宿舍有专人管理、做保洁；员工的工作服、被罩等统一清洗；员工生病，宿舍管理员会陪同他看病、照顾他的饮食起居；对员工餐标准规定下限，违者受罚……

满足安全需求的激励措施：2008年汶川地震后董事长承诺，不让任何一个海底捞员工的子女因为交不起学费而失学、不让任何一个海底捞员工的直系亲属因为交不起治疗费而放弃治疗；给大堂经理级别以上员工的父母按月发补贴；店经理级别以上员工的孩子每年享有教育基金……

满足社交需求的激励措施：鼓励员工介绍亲戚朋友来海底捞工作；尽量把双职工安排在同一家店工作，并安排夫妻宿舍；不反对甚至是支持员工谈恋爱；提供丰富的业余文化生活；提供报销路费的带薪探亲假……

满足尊重需求的激励措施：从亲情化管理到亲情化工作，再到倡导"与人为善"；传递信任的授权制度；致力于营造公平公正的工作环境；倡导人生而平等；带父母游长城、东方明珠塔、伦敦眼等；以创新者名字命名的创新举措……

满足自我实现需求的激励措施：建立较完善的升迁体系；每个人至少有三条"爬山"路径——管理路径、专业路径和功勋路径；带出徒弟也不会饿死师傅的人才培养激励机制；中层以上管理人员可就读名校 MBA、EMBA；丰富的培训体系，从新员工培训到精英培训……

（2）双因素理论的海底捞化

双因素理论在海底捞也得到了充分应用。

保健因素：有竞争力的固定薪资和利润分享机制；多劳多得的效率工资制；体贴的劳动保护；良好的宿舍条件；可口的员工餐；体现传统美德的"高压线"；和谐的人际关系；员工帮助计划……

激励因素："双手改变命运"的企业文化；"双手改变命运、智慧成就梦想"的内部培训宗旨；成长的无限可能——所有店长都要从基层成长起来；随时随地的精神鼓励；授权激励带来的成就感；

变监督检查为帮助改善的"天鹅行动"；人人都是创新者的激励机制；不用少数人的错误惩罚多数人的授权体系……

需要说明的是，在海底捞，每一项政策、策略的出台和修正，管理者不一定会首先考虑它符合哪个管理理论，但是一定会深入思考：这样做是否符合人性，是否符合公司员工的真实诉求？

2.2.4　从人性出发，以有效激励使员工保持激情

1. 激发善意的激励，才是有效激励

管理是为了取得工作成效，而工作是由人来做的，所以管理者必须和人打交道。想要管好人，必须了解人性。

人性是一把双刃剑，善恶兼有。那么，员工到底会表现出善还是恶？不同的管理，会导向不同的结果。

18世纪末，英国把囚犯送到澳大利亚开荒。当时只能通过船来运送这些囚犯，船主按照上船的囚犯人数收钱。有些船主为了牟取暴利，用的是设施简陋、卫生条件差的破旧货船，导致囚犯死亡率极高。此事曝光后，英国政府承受着巨大的社会舆论压力。这时，一位议员想了一个办法，将按照上船人数收钱改为按照实际下船的人数收钱。这个办法收到了立竿见影效果，1793年1月，运送的422名囚犯中只有1人死亡。

这就是抑恶扬善的管理，管住了人性的恶。

再分享一个我的真实经历。

一天早晨，我在卫生间门口被财务部门的刘姐堵住了去路，她非常严肃地说道："王老师，我要向您请教一个问题，打卡的目的是什么？"我回答她说："便于考勤统计呀！"刘姐接着问："那打卡本身是目的吗？""当然不是！"刘姐释然地说："有您这句话就够了。"说完，她转身就要走，我不知道发生了什么，但刘姐表现出来的情绪让我很不放心，于是，我赶紧把她叫到我的办公室了解情况。

原来，刘姐这个月的工资被扣了50元，原因是她有一天下班时没有打卡。一贯踏实谨慎的刘姐觉得不太可能，就要求调监控来核实情况，监控显示那天下班她确实忘了打卡，但她是5点55分离开公司的，晚于公司规定的下班时间，她并没有早退。在她看来，仅仅因为没有打卡就被扣钱非常不合理，于是她就去找人力资源部门负责人咨询，得到的答复是："制度就是这么规定的！"刘姐非常不服气，这才有了对我的所谓"请教"：打卡本身是目的吗？

为此，我把过去近半年的考勤扣款数据调出来做了一番分析，发现每个月因忘记打卡而被扣工资的人还真不在少数。并且，我还发现了一个现象：忘记打卡的群体更多的是那些加班到九十点钟的员工。

于是，真正的问题来了：员工一个月辛辛苦苦加了几次班，发工资时他却发现因为加班忘记打卡而被扣了工资，他的第一反应会是什么？可能是"既然公司惩罚加班，还要扣款，那么以后不加班得了""加班不重要，打卡才重要"。这难道是公司考勤管理希望得到的结果吗？

这是抑善扬恶的管理，让好人做坏事。

这两个例子，充分说明了人性是善恶的结合体，好的管理能抑制人性中的恶意，激发人性中的善意，而坏的管理则会抑制人性中的善意，激发人性中的恶意。

由此可见，管理就是管理人性。基于此，我们在做激励时，要以抑恶扬善、激发和释放人性中的善意为前提。当员工内心以善意为主导时，他们才会自愿投入到工作中，发挥出自己最大的潜能，甚至甘愿为企业付出一切，为企业创造更大的价值。

不过，激发人的善意，并不是一件轻而易举的事情。这需要我们充分了解人们的心理和行为规律，灵活地运用各种激励手段。

那么，人们会遵循哪些基本的心理和行为规律呢？

（1）每个人都希望得到善待与尊重

人人都有获得尊重的需求，都希望被善待。而当这种需求被满足后，人们往往乐于用相同的态度或行为回馈人或事。

我在海底捞任职时，常常有人问我，海底捞的员工为什么服务顾客时那么热情和自信？我认为，是海底捞对员工的善待让员工在组织中获得了足够的满足感，这种满足感最终转化为服务顾客时的热情和自信。

管理启示：如果你希望他人尊重你、善待你，你首先要尊重他人、善待他人；如果你希望员工对外善待客户，你就要让员工在组织内有被善待感。

（2）每个人都渴望得到赞美

我相信，没有人不希望得到赞美。每个人身上都有独特的闪光点，当这些闪光点被别人发现并得到别人的充分肯定和发自内心的赞美时，人们就会由此而获得满足感、自豪感，同时也会产生一种强烈的被认同感。

发自内心的赞美，哪怕只是一句平平常常的话、一个充满欣赏的眼神、一次轻轻的拍肩，都会产生令人意想不到的效果。

管理启示：尽可能地发现他人的长处，发自内心地欣赏和赞美他们，不要吝啬你的表扬。

（3）人的自我评价受环境的影响

个体的自我评价不仅会受主观因素影响，还会受环境影响，所谓心随境转，讲的就是这个道理。社会舆论、风俗习惯、传统观念、地域文化、政治政策、组织文化等都会让人们产生不同的心理反应。身处消极的环境，人们往往缺乏主动性，而积极的环境常能激发人的积极性和潜能。

管理启示：在做自我评价时，尽可能地综合考虑各方面因素，以得到相对客观公正的结果；打造积极向上的组织文化。

（4）每个人都在寻找机会展现自己

每个人都有展现自己的心理需求，只是很多人没有表现出来而已。在带团队的过程中，如果我们能留意到员工的这种心理需求，并为他们提供展示自己的舞台和机会，激发员工的潜能就不再是一句空话。

管理启示：尽可能地为员工创造展示自己才能和潜能的机会，正式渠道如创新机制的建设，非正式渠道如业余文化生活等，都可以让员工尽情地展示自己。

管理者在做激励时，应遵循基本的心理和行为规律，采取适宜的激励方式，有效地激发员工的激情。接下来，我们讲一讲几种能激发善意的激励方式。

2. 目标激励：目标催生行动力

目标，就是人们期望获得的成就和结果。有了目标，员工就有了看得见的努力方向；有了目标，员工就有了更深入地挖掘自己潜能的动力。以目标来激励员工，是一种行之有效的方式，因为目标能催生行动力，使员工获得成就感和满足感，进而实现加薪、升职，取得事业成功。

我家附近有一家海底捞餐厅，夏天我和先生习惯在晚上凉快后出去散步，有时就会碰上下班结伴回宿舍的海底捞服务员。大家碰面时自然会打招呼、寒暄一番，我常会问他们："孩子们好，今天怎么样呀？"我这句并没有明确目的的关心总能获得与目标有关的反馈。有时，他们会兴高采烈地说"王老师，今天太开心了，我们的目标实现了，还超额完成了×××桌"；有时，他们会有些沮丧地说"王老师，今天离目标还差×××桌"。

每每这个时候，我都会感慨地跟先生说："不知此时张勇是否已经进入了梦乡，但远在千里之外的基层员工这么晚了还在为能否完成目标而操心，他真的很幸福啊！"

"顾客是一桌一桌抓的"，真的不只是一句口号，而是通过每个员工对目标日复一日地坚持盯、坚持抓、坚持做，扎扎实实地落到了实处。

从上述我与服务员的对话中，大家不难发现，关于目标激励是否有效，有几个具体的评判标准。

（1）员工是否清楚地知道自己的目标

目标不清晰，员工就没有努力的方向，能力就无法聚焦，工作成果也就无法得到展现。一个优秀的管理者，必须能给团队设定清晰的目标。

（2）员工是否愿意为实现目标而努力

设定什么样的"游戏规则"，才能让员工愿意持续挑战更高的目标？

跳一跳够得着的目标，会充分激发员工的斗志，达成了也会使他们获得巨大的成就感。而使劲跳都够不着的目标，则会使员工产生强烈的挫折感，甚至干脆选择放弃。

我们也可以把目标分为基础目标、挑战目标和冲刺目标三个层次，达成每一个层次的目标，员工都可以获得相应的回报，以此来驱动员工不断努力。

（3）目标实现与否是否会影响员工的情绪

衡量目标恰当与否，也可以看这个目标对员工情绪的影响程度。

如果员工的喜怒哀乐已经被目标实现与否所左右，说明目标能够充分牵引员工，是非常有效的。如果员工对目标实现与否毫不在意，则说明目标是无效的。

3. 评比激励：激发员工的荣誉感

荣誉感是一种积极的心理品质，它能够激励人努力向上。

国外有一句谚语，"没有荣誉感的人，就是没有灵魂的人"。只有不断激发员工的荣誉感，他们才能获得自我提升的内在驱动力。而评比激励恰好可以极大地激发员工的荣誉感，因为竞赛评比能激发并强化动机，使动机得以保持。

评比激励，一方面能激发员工的上进心；另一方面能让团队和个人及时感知到危机，进而快速找到应对方案。此外，评比激励还能增加团队的凝聚力，集中众人的智慧，从而更好、更快地推动目标达成。

红缨教育的评比激励值得大家借鉴。

为了提升公司整体的行政管理水平，红缨教育利用游戏化思维，在各部门间开展行政管理积分评比赛。具体规则是：每日积分，每月排名，当月排名第一的部门可以获得流动红旗，最后一名则会被颁发流动绿旗；赢得流动红旗的部门，将由老板买单请该部门全体员工一起喝咖啡。

积分评比内容包括考勤管理、办公环境的美化与维护、会议室使用与维护等多项行政管理内容。其中，考勤管理涉及的打卡部分，若员工忘记打卡，将不再直接扣个人的钱，而是转为扣部门的分数。第一次扣5分，第二次、第三次翻番，但事不过三，再忘记打卡就开始扣个人的钱（事实上，自从开始执行新制度，再没有员工被扣过钱）。当然，除了扣分项，还有加分项，因员工忘记打卡而被扣的部门分数，可以通过加分项来弥补。

积分评比赛极大地激发了员工的集体荣誉感，取得了立竿见影的效果，比如，之前很多员工经常忘记打卡，一周后的数据显示员工忘记打卡频次大幅度下降。

为了部门的荣誉，不仅部门负责人行动起来了，部门员工也时时互相提醒和监督。如果说过去考勤问题只是人事行政部门的事，现在它已经变成了部门自己的事——"要我做"变成"我要做"。有个部门为了赢得流动红旗、争取到和老板一起喝咖啡的机会，还自行排出员工轮值表，每天由专人负责提醒大家把各项标准做到位。

有个员工下班时忘记打卡，并且人已经到家了，竟然被轮值员工要求打车回去补打卡。后来老板请这个部门员工喝咖啡时让大家谈谈感受，当事员工调侃道："我这杯咖啡其实挺贵的……"大家才知道背后还发生了这么多有趣的事。

不过，看似简单易操作的评比激励，在有些企业的实施效果却不佳，为什么呢？以我的经验来看，无非是这三个环节没有做到位：比赛前，未做到人人皆知；比赛中，未做到人人在意；比赛后，未做到人人进步。

这三个环节中的任何一个环节没有做到位，评比激励都会成为一场走过场的"秀"，都会成为"为管理而管理"的形式主义。

要切实发挥评比激励的作用，必须朝着"做到位"的方向努力：比赛前，宣传提前公布，做到人人皆知；比赛中，营造氛围，做到人人在意；比赛后，及时点评和奖惩，做到人人进步。

要知道，评比本身不是目的，激发员工士气才是目的。

4. 奖惩激励：管理是科学，领导是艺术

奖惩制度既是企业的管理工具，也是企业价值取向的载体，必须旗帜鲜明地让员工知道什么是鼓励的、什么是坚决反对的、什么是提倡的、什么是禁止的。

实施奖惩激励尤其应该注意以下五个方面。

第一，奖惩必须并存，做到奖优罚劣；有正有负，以正为主；

努力变惩罚为学习。

第二，物质激励与精神激励并存。仅有物质激励是坑害下属，仅有精神激励则是愚弄下属。

第三，奖惩要及时。所有问题发生后都要及时奖励或惩罚，否则奖惩效果会大打折扣。

第四，反对平均主义，平均分配就等于无激励。

第五，奖惩要适度。过多的奖励容易让员工感到骄傲和满足，过少的奖励起不到激励的作用；过多的惩罚会让员工感到不公平，过少的惩罚起不到警醒的作用。

我在海底捞曾亲身经历过一次奖惩激励，深切感受到原来处罚也可以让人笑。

海底捞的高管每月 10 日都要向张勇提交"三思而行"（三思：思危机、思避让、思创新），即月度工作总结和行动计划。我由顾问转为履职后，也需要每月按时完成这项作业，最初的几个月我都按时提交了。转眼间又到了 10 日，我加完班回到家已经深夜 11 点多，突然想起来"三思而行"还没完成，但转念又想"偷个懒吧，明天再写，就晚一天嘛"。谁知道，第二天刚起床，张勇秘书的短信就到了："王老师，您这个月的'三思而行'未按时提交，张总说您也得接受处罚。"

没按时提交肯定是不对的，我回复道："没问题，该怎么处罚就怎么处罚，我今天补交。"没过一分钟，张勇的短信到了："王老师，处罚你请张三、李四、王五……吃饭，在你家，带家属。"看到这条短信，我忍不住笑了，立刻回复道："没问题。"

在我看来，张勇对我的这个处罚简直太妙了，真可谓"一箭三雕"。

其一，我刚由顾问转为履职，虽然角色转换了，但不能在执行力上打折扣，该处罚的必须处罚，但处罚不一定非得让人哭，达到效果才是目的。

其二，张勇让我请客的几个人，全都是要向他提交"三思而行"的高管，来我家吃饭本身就是一次教育的过程——相关人员没有受到教育不放过。

其三，我刚履职，公司规定下级不许请上级吃饭，但这样的处罚方式却为我与高管团队的融合创造了一次机会。

管理是科学，领导是艺术，我不仅没有因处罚而沮丧，相反，还常常把这个处罚故事分享给各级管理者。

5. 情感激励：想要索取，先要付出

"企业之内只能讲法，企业以外可以谈情"，基于这样的认知，有些管理者面对员工时总是黑着一张脸，居高临下，动不动命令、呵斥甚至贬低员工，但同时又渴望获得节节攀升的业绩。既然员工是创造业绩的主体，管理者凭什么一边歧视员工，一边又指望员工为团队创造价值呢？

在我看来，管理者带团队要"三分讲道理，七分谈感情"，想要索取，先要付出。付出是得到的前提，我们只有付出了才有可能得到回报，没有付出，凭什么索取？管理者要遵循的"法"，并不单单指法律、法规这些狭义之法，更是指世界运行规律的广义之法，也就是社会的正道和大义，其中自然包括尊重人性。

所以，管理者要重视对员工的情感激励，用自己心中的火点燃员工的工作热情。

那么，如何做好员工的情感激励呢？

（1）真情实感，一视同仁

真诚是无价之宝，情感激励要建立在管理者对员工、对团队、对企业的真情实感的基础上。如果管理者不真诚，对员工的情感激励就会显得非常刻意，甚至虚伪。比如管理者对员工夸张地吹捧，不但不会让员工感动，反而会使他们对管理者的用意产生怀疑。这样的情感激励是没有价值的，甚至还会产生反作用。

此外，情感激励切忌厚此薄彼，一视同仁才能获得团队成员的信任，而信任恰恰是激活员工的引擎。

（2）从小处着手，滴水成河

细微之处显真情，管理者必须躬身入局，"食则同桌，卧则同榻"，时刻关注员工的工作和生活，不能忽视任何细节。要从小处着手，时时尊重员工、关心员工、理解员工，只要发现他们有进步，就要及时给予肯定和鼓励，让员工真切地感受到自身的价值，从而获得努力工作的动力。

（3）雪中送炭胜过锦上添花

当员工在生活中遇到困难尤其是不幸时，管理者要有同理心，急员工之所急，必要时出面向企业争取资源、金钱等帮助员工渡过难关，并发动其他团队成员对员工进行安抚、鼓励以及给予力所能及的帮助。这对员工及其家庭来说无异于雪中送炭，会令他们感激不尽。而且，管理者和企业及时献爱心、送温暖也会赢得其他员工的好感，有助于在企业中培养出互帮互助、团结友爱的氛围，使员工发自内心地热爱团队、忠于企业。这对企业来说是一笔巨大的财富。

2.3　从员工满意到员工敬业

企业的最终目的是利润最大化，而人是企业中最活跃的因素，是利润的直接贡献者，因此我们要通过激励等方式满足员工多层次需求，从而激活员工。但激活员工的真正目的是什么呢？

有人说，是为了使员工满意。的确，员工满意度就像是企业管理的"晴雨表"，能折射出员工在工作中的实际感受，以及对管理者、对企业的满意状况。一个满意的员工通常对公司有很高的忠诚度，认同企业文化，具有合作精神，愿意始终与公司站在一条船上。

然而，过去这些年我调研了很多企业，发现了一个普遍现象：

一些企业的薪酬、福利等都高于同行业平均水平，组织氛围也很和谐，员工满意度很高，团队非常稳定，但是员工的工作效率却不高，而且缺乏创新意识，企业的整体效益因此一直处于较低水平。这充分说明，满意的员工不一定是高效的员工，他们或许愿意以乘客的身份站在公司这条船上，却不一定愿意做全力以赴驾驶这条船破浪前进的舵手。

什么样的员工愿意与企业同风雨共命运，愿意与企业共同发展、攀登高峰？不是满意的员工，而是敬业的员工。正如一直致力于敬业度研究的威廉·卡恩（William Kahn）所说："敬业的员工在从事本职工作的过程中，会通过生理、认知和情感来全情投入、展现自我。"

所以，激活员工，不是为了提升员工满意度，而是为了让员工敬业，让员工在责任感、敬业精神的驱动下发挥最大的生产力，与企业一同走向美好的未来。

2.3.1 满意≠高效

1.员工满意度三问

要赢得顾客的心，首先要赢得员工的心。为此，很多企业通过员工满意度调查来了解和掌握员工的满意状况，并希望通过调查找到诸多问题的答案，比如：员工最满意的是什么地方？最不满意的是什么地方？与往年相比较，员工满意度是上升了还是下降了？哪些干部的员工满意度高？哪些干部的员工满意度低？等等。有些企业甚至把此项工作当作衡量人力资源部门工作业绩的重要指标之一。

但是，抱着很高期望开展的员工满意度调查，结果却常常事与愿违。问题出在哪里？首先需要澄清三个问题，厘清关于员工满意度的认识误区。

（1）满意的员工一定高效吗

提升员工满意度可以提高员工的工作效率，是企业管理者重视员工满意度调查并据此来改善管理工作的基本前提和假设。在这些管理者看来，员工对企业的满意度越高，就会越努力地工作和学习，最终为企业的持续发展做出更多的贡献。

其实，这个前提或假设本身就是错误的。

很多企业的实践证明：提升员工满意度并不一定能够提高员工的工作效率，因为员工的满意度与员工的工作效率并不成正相关。公司真正在意的是员工的工作效率，而员工对企业满意，很可能是因为工作内容有趣，或是工作氛围轻松，或是待遇好等。比如，如果一家企业的办公环境非常舒适，员工会感觉很满意，但他不一定会比那些在较差环境中工作的员工更努力。

另外，员工的满意度并不是固定不变的，而是会随着员工心理状态的变化而变化。比如，当公司给一个员工涨薪后，他会感觉很满意，但过了一两个月后，他就会对此习以为常，不会因为工资上涨而在工作中持续加倍努力。甚至再过一段时间，他还会认为自己的工资可以更高，觉得公司的涨薪力度不够大。当他有了更高的期望而这种期望没有被及时满足时，满意就会变为不满意。

所以，满意的员工不一定高效。与满意度相比，员工的工作效率受企业的工作流程设计、考核与淘汰机制、技术与设备的先进程度、员工自身的基本素质等因素的影响更大。

（2）员工满意度越高的干部越合格吗

有些企业把对干部的评价与员工满意度挂钩，是不是员工满意度越高的干部就越合格呢？显然，答案也是否定的。

组织中的管理者在履行职责时需要面对各种利害关系，处理因利益而产生的各种矛盾、冲突，在这个过程中，得罪人是不可避免的，有负面评价也是难免的。

其实，对一个干部的评价，有褒有贬是非常正常的现象。让所有人都说好的干部基本不存在，如果真的存在，不妨谨慎怀疑一下，有没有可能是以牺牲企业的利益为代价换取了员工对他的全盘认可。

在我的职业经历中，就曾遇到过这样的情形：人力资源负责人花企业的钱买礼物，送给因触犯企业规定而被开除的员工；当员工要离职时，以涨薪来挽留，以达成对干部个人在离职率方面的考核要求。这样的干部通常员工很认可，但他们带给企业的风险和损失是不可估量的。

对干部而言，员工满意度太低意味着不被员工认可，带不动团队，但员工满意度高也不代表他的工作能力强、为公司做出的贡献大。企业管理者要学会透过现象看本质，不能把员工满意度作为考核干部的唯一标准。

（3）员工满意度是通过调查获得的吗

员工满意与否，体现在日常经营管理活动的点点滴滴中。员工满意也好，不满意也罢，管理者都应该及时发现、及时处理。做得好的，应及时予以肯定、总结并加以推广，让优秀实践在企业内传播复制；做得不好的，应及时寻找解决方案，防止问题进一步扩大化。

如果只通过一年一度的员工满意度调查来了解员工的满意状况，本身就已经背离了关注员工满意度的初衷。这样调查出来的结果，参考价值自然大打折扣。

员工满意，一定是通过一件件事做出来的，而不是靠调查才能获得的。

通过这三问，我们可以检查自己是否足够了解员工满意度，从而正确地对其进行运用，通过及时了解员工对薪酬待遇、管理风格、工作环境、团队合作、工作压力等方面的实际感受，为员工提供更好的体验，让员工快乐地工作，避免因负面情绪而影响顾客服务，因对公司不满而流失。

需要注意的是，员工满意是经营的结果，而非经营的目的。如果管理者把员工满意当作经营的目的，就会本末倒置，管理行为会因此变形和扭曲，最终结果一定会偏离企业真正的目标。

2. 海底捞：民意测评究竟测谁的"意"

作为一家以服务著称的连锁企业，海底捞非常重视员工满意度，因为员工满意度与顾客满意度息息相关。海底捞的员工满意度是通过民意测评来调查的，在海底捞，职能部门的干部提拔需要民意测评，运营一线员工晋升店经理也需要民意测评。然而，由于运用不当，民意测评也曾让人"另眼看待"，甚至流于形式。

（1）令人费解的表格内容

小 A 是海底捞某职能部门驻某片区的主管，有一天，一封邮件让他陷入了沉思。邮件的大致内容是部门内部要提升两个主管，需要大家填写民意测评表格。这本是一件体现公平公正的好事，为什么他会陷入沉思呢？

原因出在邮件附件中所提供的 12 条标准上，看起来满足了这 12 条标准的人应该就是好领导，可是小 A 并不这么觉得。因为他与测评对象虽然属于同部门却不在一起上班，平时交流也不多，表格中的很多内容他都不知道该如何去填，比如是否公平对待员工、是否主动关心员工生活、是否愿意接受其他部门提出的建议等，这些他都一无所知，所以无法给出准确的评价。但邮件中又要求必须及时回复，没办法，他只能凭感觉填写这张表。如此测评得出的结果怎么可能准确呢？

跨部门测评也有类似情况，比如小 C 不久前收到了一份关于民意测评的邮件，要求他对另一个部门将要晋升的经理进行评价，可是其中有些内容小 C 根本无从了解，比如测评对象是否主动了解员工等。没办法，他只好按照要求凭感觉打个分数提交了上去。

（2）令人质疑的测评方式

更令大家质疑的是，民意测评最终的分数也不公布，只有测评发起人和测评对象的上级才能看到，而参与测评者却无权知晓，虽说是民意，但不透明。用一个员工的话来讲："测是测了，可是无论结果如何，不久任命书就出来了。"由此可以看出，员工对这种方式已经产生了不信任。

而且，在不完全透明的机制下，人为因素也可能让最终的民意测评结果失去意义。比如 B 与 D 关系不好，那么 B 参与对 D 的测评时就有可能故意打低分。再比如，领导对 D 的印象非常好，有意提拔他，众人就会猜测员工对 D 不满意是不是不影响领导对 D 的提拔，反正测评结果不透明。不透明的机制留给大家无限遐想的空间。

由此可见，在做员工满意度测评时，我们一定要慎之又慎，注意以下三点。

第一，不要把员工满意度测评本身当作目的，做了不等于做到位。

第二，员工满意度测评是一项系统工程，评什么、谁来评、如何评、何时评、测评结果如何用……都需要经过专业考量和设计，并且需要考量与企业文化是否匹配。

第三，测评方式也要动态调整，曾经有效的方法不代表一直有效，务实地发现问题并及时解决问题，才能真正发挥满意度测评的价值。

2.3.2 敬业度是绩效的风向标

虽然员工满意度并不等于高绩效，但它却为员工敬业度的提升奠定了坚实的基础，因为满意是敬业的前提。与员工满意度相比，员工敬业度与绩效的关联更强，甚至能直接推动员工业绩的增长。一个敬业的员工，通常会发自内心地热爱自己的工作，会在工作的过程中不断完善自己，把工作做得尽善尽美，从而为企业的发展贡献力量。

杰克·韦尔奇曾在《商业周刊》上写道："要想知道公司的总体运营状况，只需要看3个衡量指标就可以了——员工敬业度、客户满意度和资金周转率。"在他看来，"有一个道理是不言自明的，公司无论规模大小，如果没有受激励的员工，没有相信公司的使命并明白如何实现它的员工，它就一定无法长久生存"。

1. 敬业驱动卓越

敬业与否，虽然是员工个人的选择，但管理者必须清楚地认识到，群体的敬业度直接影响企业的服务品质、创新能力和成本管理能力。它既能成就企业的辉煌，也能导致企业失败，是企业收益和利润提升的关键因素。

不同的敬业度水平会导致员工做出不同的行为，进而产生不同的工作成果。以下几个案例就充分说明了这一点。

⊙ 案例 1

HY 公司客服小张每天上班马不停蹄地忙着接听客户打过来的电话，连上厕所都是跑去跑回，生怕耽误任何一个客户的事情。

隔壁桌小李每天却不慌不忙，四平八稳，该喝水喝水，该休息休息，电话似乎很有规律地在几个固定的时间才有。后来有知情人透露：她隔一段时间就要把电话线拔掉一会儿，以免被客户频繁打扰。

⊙ 案例 2

HDL 餐厅服务员发现顾客菜点多了，会主动提醒："哥，好像点得有点多了，建议改成半份，或者先去掉两个菜？不够的话您一会儿再加也方便，别浪费了。"

GSD 餐厅服务员在被顾客问菜点得够不够时，竟然说："我不知道你们能吃多少。"当顾客让推荐特色菜时，他看哪个菜贵就推荐哪个。

⊙ 案例 3

A 公司行政助理小媛接到老板让发送给重要客户的报告后，又花时间认真读了一遍，发现其中有个数据不太准确，核准后提醒老板做了修改，才发给客户。

B 公司行政助理小芳负责专家验收组一行 7 人的接待工作，其中有一项工作是将汇报文件打印、装订并发放给专家们。发放前她本应再核查一遍，但她觉得"差不多了，不会有问题的"，结果专家们拿到的文件页码是错乱的。

⊙ 案例 4

HY 公司销售小郑总是从小处着眼，设法为公司节省开支，出差时能坐地铁、公交就不打车，即使打车，也是能搭顺风车就不叫专车。

同是销售的小肖则正好相反，能打车绝不坐公交、地铁，打车还偏爱豪华车，同样的销售业绩，差旅费却较小郑多出许多。

⊙ 案例 5

HY 公司数字信息部的小王周末突然想到，下周一要交付客户的系统有一处可以进一步优化，从而带给客户更好的体验，于是返回公司加班。待周一大家上班时，他已经顺利完成。

YR 公司 IT 部的小周负责公司钉钉系统的上线工作，领导布置完这项工作一周后不见任何动静就问怎么回事，小周说道："我已经按照您的要求发邮件通知了，详细的操作流程在邮件里写得清清楚楚。"

领导问："公司里平时有多少员工会收邮件呀？"小周竟然说："您可问到点上了，大家都没养成收邮件的习惯，往多了说，不到一半。"

上述案例都是我亲眼所见的，丝毫没有夸张。其实，每个公司都会有一批像案例中前者一样心甘情愿、干劲十足的敬业员工，他们为提升组织绩效默默地做着贡献，但同时也会有一批像案例中后者那样"多一事不如少一事""出工不一定出力""差不多就行"的员工，他们每天浑水摸鱼，不求上进。

后者的存在，往往会导致企业错失诸多良机。设想一下，如果案例中的后者都能像前者那样每天敬业地工作，这些机会还会错失吗？当所有员工都以最佳状态投入工作中，以不懈的努力为公司创造价值时，客户的满意、成本的节约以及营收与利润的增加不就是自然而然的事情了吗？在敬业的驱动下，从优秀到卓越是一个水到渠成的过程。

2. 打造敬业与绩效的良性循环

一直以来，员工敬业度与企业绩效相关性的研究都是诸多研究机构关注的重点，各种方式的调研都指向了同一个结论：员工敬业度与企业绩效成正相关。

盖洛普咨询公司是较早进行敬业度研究的机构，它曾针对 5 万家企业的约 140 万名员工发起了一项关于员工敬业度的调查，调查结果显示：员工敬业度排在前 25% 的企业比排在后 25% 的企业有更出色的表现，其中，客户评级高出 10%，盈利能力高出 22%，生产率高出 21%；排在前 25% 的企业的人员流动率明显偏低，旷工率也明显偏低，而且安全事件和质量缺陷也较少。由此可见，员工敬业度与绩效有着紧密的关系。而且，盖洛普的调查数据还表明，员工敬业度与绩效之间的相关性，在不同地区、不同行业和不同企业中是高度一致的。〇

员工的绩效在很大程度上决定了企业的效益与利润，一家企业能否不断创造利润、实现持续增长，与员工的敬业度密切相关。这主要体现在两方面：一方面，敬业度高的员工一定会发自内心地认同并恪守公司的价值观，愿意全身心地投入到工作中，尽己所能地为实现企业的目标和价值而努力；另一方面，员工敬业度的提升带来的最直接的结果就是顾客的满意度提升，这在连锁行业中尤为显著。只有顾客满意了，他们才会对企业忠诚，才会不断复购，才会进行口碑传播，为企业吸引更多顾客，企业的效益和市场占有率也才会由此迅速提高。

因此，敬业不仅是员工必须具备的职业精神和工作状态，更是企业的生存之本，决定了企业的发展前景和未来。

管理者应充分重视员工敬业度的培养与提升，让敬业成为企业中每一个人的习惯，以敬业提升绩效，以绩效促进敬业，打造敬业与绩效的良性循环，打造企业效益与利润的新支点。

〇 曾双喜. 你的员工真的敬业吗？敬业度调查见分晓！[EB/OL].（2023-09-16）[2024-04-01].https://mp.weixin.qq.com/s/ay7_3Hv2KfyyVvpOPs9QMQ.

2.3.3　让员工从满意走向敬业

满意的员工不一定敬业，但敬业的员工一般都比较满意。对企业而言，把员工对薪酬、工作环境、人际关系等诸多因素的满意转化为尽职尽责、不断改进工作、力争越做越好的"主人翁责任感"，使员工从满意走向敬业，是实现员工管理有效化的必由之路，也是员工与企业的契合状态持续变得更好的必由之路。

1. 提升敬业度，从认同企业开始

盖洛普公司 2013 年发布的"员工敬业度和工作环境研究"报告称，中国的敬业员工比例仅为 6%，远低于全球平均水平 13%。⊖ 这个调查结果令我非常惊讶，因为中国员工被全球公认为最勤快的员工、每周平均工作时长高达 40 多小时，为什么敬业度如此之低呢？

带着这个疑惑，我在此后十多年的时间里对近万名员工进行了跟踪调查，这些员工有的来自与我深度合作的企业，有的是我所教授的历届 MBA、EMBA 和工程硕士的在读学生。在跟踪的过程中，我发现了一个现象：员工对企业的认同感整体偏低。

我在历次调查中都会提到同一个关键问题——"作为你曾经服务过的或者正在服务的企业中的一员，你感到骄傲和自豪吗？"，并

⊖　张广凯. 盖洛普称中国员工敬业度仅 6% 全球最差 美国领先 [EB/OL].（2013-11-08）. [2024-04-01].https://www.guancha.cn/america/2013_11_08_184201.shtml.

使用 5 点评分进行测评统计。结果，绝大多数受调查者选择 1 分或 2 分，选择 5 分的寥寥无几。多数时候，一个班 50 多个学员，选择 4 分或 5 分的学员只有 1~2 个。我的在职学生所从事的行业分布广泛，年龄分布从 25 岁到 45 岁，却不约而同地做出了类似的选择，实在是出乎我的意料。但这个测评数据其实从侧面验证了盖洛普的调查结果。

没有认同，何来责任？没有责任，何来敬业？

如果连员工都不喜欢和不认同自己的企业，又如何使客户喜欢？

所以，如果你希望员工保持较高的敬业度，不妨先扪心自问：你的员工认同自己的企业吗？你的员工来上班时激动兴奋吗？你的员工对公司使命有坚定的信念吗？有没有员工消极怠工？你的员工清楚公司对他们的期望吗？员工辞职人数是否比往常更多，员工为什么辞职？

员工对企业的认同会通过如下各种方式表现出来。

表现方式一：说。员工愿意主动宣传企业，会情不自禁地向亲人、朋友、客户盛赞自己所在的企业。

表现方式二：留。员工愿意留在公司，对企业有强烈的归属感。

表现方式三：努力。员工愿意为公司和所在部门的成功全力付出，致力于做好那些能够促进目标实现的工作。

员工敬业度的提升，一定是从认同企业开始的。正因为如此，在长达十几年的时间里，我一直致力于提升认同感的研究，我将自己的研究成果归纳为"基于增强组织认同感的敬业度提升模型"，如图 2-3 所示。

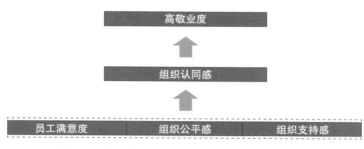

图 2-3　基于增强组织认同感的敬业度提升模型

这一模型揭示，组织认同感的提升带来了高敬业度，而组织认同感受以下三大因素的影响。

（1）员工满意度

员工满意度与敬业度虽然不成正相关，但是员工满意度不高，必然会影响员工的组织认同感。所以，提高员工满意度是提升组织认同感的必要条件。关于员工满意度，我们在前文中已进行了详细阐述，此处不再赘述。

（2）组织公平感

这里所说的"组织公平感"，指的不是组织的绝对公平，而是要在组织中大力营造一种公平的氛围，让员工对组织产生信任感。组织公平感是指组织内员工对与个人利益有关的各类制度、政策和措施是否感到公平，从结构层面来说主要包括结果公平、程序公平和互动公平；从效果层面来说，主要体现在绩效效能、集体意识和个人价值上。按照亚当斯的公平理论，如果个人对自己的投入与回报感到公平，他就会爱岗敬业，努力工作；否则，就可能降低努力的程度，消极怠工。营造组织公平感，能保障员工的长期利益，对绩效产生积极的影响。

（3）组织支持感

组织支持感反映了员工对组织如何对待自己的主观感知。员工通过拟人化组织的态度及行为分析组织的意图，进而决定自己如何处理与组织的关系。管理者对员工的支持越多，员工的组织认同感就越强。得到良好支持的员工更容易在工作中感受到快乐，从而更有动力，工作效率更高。

2. 管理者是激发员工敬业度的关键

员工敬业度的提升，只靠某个人、某种行为或某项政策是无法实现的，需要诸多驱动力共同作用，比如管理者的重视与倡导、管理制度与流程的约束、企业文化的熏陶等。

在所有因素中，激发员工敬业度的关键就是管理者。这是因为，员工敬业度不是与生俱来的，而是需要组织有意识地激发和培养。组织上下对于提升员工敬业度的态度和策略必须协调一致，并投入一定的精力和资源，而且必须有人对结果负责。

在提高员工敬业度方面，各层级管理者承担着不同的职责，发挥着不同的作用，又彼此相互促进。

（1）CEO和高管团队

CEO和高管团队是提升员工敬业度的首要驱动力。他们需要承担的责任是创造能激发员工责任感的环境，因为他们手握大权，掌握着公司各项政策的走向，是企业环境的主要营造者。

而且，CEO和高管团队还应以身作则，以高度的敬业精神来要求自己。如果领导者自己都做不到敬业，却要求员工敬业，员工是不会信服的。而如果领导者能够率先示范，全身心地投入到工作中，他的敬业精神就会影响员工，带动大家积极向上，从而形成热情、负责、敬业的组织氛围。

（2）人力资源管理者

人力资源管理者在提升员工敬业度方面应承担如下责任。

第一，将CEO和高管团队的理念转化为具体的策略，组织实施各项影响员工敬业度的正式方案和程序，设计各种员工体验方案，全方位地帮助公司了解员工、培养员工、激励员工。

第二，定期评估员工对公司整体发展方向的领会程度，确保公司的通知、价值观深入人心。

第三，将培训机会和培训课程与企业经营战略及绩效目标有机结合，确保培训计划能够切实提升员工的绩效和技能水平，为实现组织目标和使命服务。

第四，了解员工最重视的价值因素，设计公平、有竞争力的薪酬福利方案和职业发展方案。公开奖励好业绩和有价值的行为，鼓励员工认可同事和下属的贡献，以他们为榜样。

第五，运用正式反馈工具，让员工能够更便利地反映问题，并及时给出回复，让员工知道公司了解他们的想法。

（3）一线经理

职场中"员工因公司而来，因主管而走"的现象充分说明了一线经理的重要性。一线经理是连接员工与组织政策、期望、目标的直接桥梁，员工每天都要与他的直接主管打交道，员工的工作投入度在很大程度上与直接主管的用心程度有关，与直接主管掌握分寸的本事有关。这比组织结构设计、制度安排都更有力量。

3.提升敬业度的几个策略

如何才能提高员工敬业度呢？具体来说，我们可以从以下几个策略入手。

（1）打造精神共同体，让员工为共同目标而战

中国古代著名军事家孙武在《孙子兵法》中写道，"上下同欲者胜"，也就是说，上下有共同的愿望，齐心协力，才能取得胜利。在历史的长河中，中华民族之所以始终保持着强大的凝聚力和向心力，生生不息，不断发展壮大，就在于生活在这片土地上的人们拥有共同的价值

观、共同的目标，并因此凝结为一荣俱荣、一损俱损的精神共同体。

　　企业也是如此，要想成为百年企业，打造长青的基业，必须把团队打造成精神共同体，建立起共同的精神信仰与紧密的情感联结。当企业中的每一个人都追求共同的梦想，为共同目标而战，为共同信仰而存时，敬业已经成为最基本的要求，员工自然会"不待扬鞭自奋蹄"。面对美国的持续打压和制裁，华为为什么能挺住，甚至还能凭借自身的技术和创新能力扭转局面？正是因为华为人拥有共同的"华为精神"，同心聚力，砥砺向前。

　　（2）提高员工参与度，激发主人翁精神

　　让员工参与到企业的日常经营管理中，比如，让员工参与自己应承担的绩效目标的制定过程，可以使他们明确并充分认可自己的工作任务和工作目标，并且能使其个人目标与企业目标完全融合在一起；让员工参与企业战略的制定过程，可以使他们了解自己的工作任务将会为企业战略的实现做出什么样的贡献，也可以使他们发挥聪明才智为战略的优化提建议，促进战略不断完善。

　　深度参与，让员工认识到自己不是企业经营管理的旁观者，而是非常重要的一分子，他们的主人翁精神由此就会被完全激发出来。当一个人把自己当成企业的主人时，他对工作的投入程度一定是超乎想象的。

　　（3）立敬业标杆，以榜样力量感召员工

　　榜样就是一面旗帜，如果我们能在企业中树立敬业标杆，用标杆的示范作用带动其他员工，企业中就会形成浓浓的敬业氛围，身处其中的每个人都会深受感染。

我们选择的标杆人物可以是业绩比他人出色的卓越员工，也可以是在平凡的岗位上兢兢业业把工作做得尽善尽美的普通员工。其他员工与他们朝夕相处，耳濡目染中，一言一行、一举一动都会向他们看齐。

当然，提升员工敬业度的方式还有很多，管理者应根据企业的具体情况选择合适的方法，做到因企制宜，从而使员工敬业度得到最大限度的提升。

4. 海底捞：危机中的组织支持

2017 年 8 月 25 日，法制晚报·看法新闻曝光了海底捞火锅北京劲松店、北京太阳宫店的多种卫生安全问题，引发了社会的广泛关注。面对危机，海底捞迅速做出反应，在事件发生 3 个小时后发出第一份回应声明，在随后 2 个小时内又发出了一份处理通报。

关于海底捞火锅北京劲松店、北京太阳宫店事件处理通报

海底捞各门店：

今天有媒体报道，我公司北京劲松店、北京太阳宫店后厨出现老鼠，以及餐具清洗与使用及下水道疏通等存在隐患等问题。经公司调查，媒体报道中披露的问题属实。

公司决定采取以下措施：

1. 北京劲松店、北京太阳宫店主动停业整改、全面彻查，并聘请第三方公司对下水道、屋顶等各个卫生死角排查除鼠。（责任人：公司副总经理谢英）

2. 组织所有门店立即排查，避免类似情况发生；主动向政府主管部门汇报事情调查经过及处理建议；积极配合政府部门监管要求，开展阳光餐饮工作，做到明厨亮灶、信息化、可视化，对现有监控设备进行硬件升级，实现网络化监控。（责任人：公司总经理杨利娟）

3. 欢迎顾客、媒体朋友和管理部门前往海底捞门店检查监督，并对我们的工作提出修改意见。（责任人：公司副总经理杨斌）

4. 迅速与我们合作的第三方虫害治理公司从新技术的运用以及门店设计等方向研究整改措施。（责任人：公司董事施永宏）

5. 海外门店依据当地法律法规，同步进行严查整改。（责任人：公司董事苟轶群、袁华强）

6. 涉事停业的两家门店的干部和职工无须恐慌，你们只需按照制度要求进行整改并承担相应的责任。该类事件的发生，更多的是公司深层次的管理问题，主要责任由公司董事会承担。

7. 各门店在此次整改活动中，应依据所在国家、地区的法律法规，以及公司相关规定进行整改。

四川海底捞餐饮股份有限公司

2017 年 8 月 25 日

在这份通报中，海底捞没有一味地"护犊子"，也没有"甩锅"，而是直面问题，承认所披露的问题属实，并愿意承担相应的经济责任和法律责任，还主动采取了向政府主管部门汇报事件进展、欢迎消费者前往门店检查监督、迅速与第三方虫害治理公司研究整改措施以及公司内部整改措施等举措。因此，这一声明发布之后，海底捞在网络舆论方面得到了一致肯定，还吸引了很多忠诚客户为企业传播。

这份处理通报有两大亮点：第一，每项整改点名道姓地落实到责任人（都是公司的高层）；第二，不忘安抚基层员工，告诉涉事门店员工无须恐慌，责任更多在管理层、在公司董事会，这为员工提供了充足的组织支持。我相信，这一定极大地提升了员工对海底捞的认同感。

"问题本身不是问题，如何应对才是问题"，在危机中的组织支持帮助海底捞快速建立了从上到下、从内到外的组织信任。

发展的本质：增长

　　增长是企业永恒的话题，做企业，无增长，则消亡。企业的发展是建立在持续增长基础之上的。唯有业绩持续增长，才能使企业获得广阔的生存空间，并且在激烈的市场竞争中长成参天大树。

　　对连锁服务型企业而言，增长更是硬道理。不过，连锁服务型企业在顺应一般企业增长的共性规律的同时，还要遵循行业的特殊规律，比如，从产品思维升级到顾客思维是决定单店增长的核心要素；品牌价值的塑造、人才瓶颈的突破、增长能力的匹配等，都是连锁企业想要获得规模增长必须直面的挑战与难题；单店增长与规模增长两元目标应有机统一，等等。

　　透过现象看本质，高增长的标杆企业究竟做对了什么？败走麦城的受挫企业又为何失去增长的动力？这一切，都值得我们深入研究、思考、学习和借鉴。

第三项修炼

3.1　无增长，则消亡

3.1.1　增长是企业的生死命题

1. 活下去是企业的第一要务

无论一家企业身处哪个行业，处于哪个发展阶段，怀着什么样的使命感与抱负，首要任务都是活下去。我相信，经历过创业之艰的企业家们一定对此深有同感。静博士是我服务过的企业之一，董事长祝愉勤女士在谈起近 20 年创业的最大体会时说"让企业活下去"。不管创业者的角色和地位怎么变，对活下去的渴望是永远不变的，因为活着才能凝聚人，活着才能谈发展，活着才能话理想。

中小微企业如此，大企业亦如此！

万科是地产业的翘楚，2020 年，董事会主席郁亮直言："活下去是我们的最高策略。"华为在众多企业家眼中已是高山仰止般的存在，但其掌舵者任正非思考的也是活下去，他说："过去我们说，活下去是华为的最低纲领；现在变了，活下去是华为的最高纲领。"

那么，企业如何才能活下去？这正是我们探讨增长的根本原因——增长是企业的生存底线。如果一家企业没有增长，是不可能活下去的。市场浪潮湍急汹涌，须臾之间就会把那些停在原地的企业无情吞没。

有些创业者基于各种机缘巧合走上了创业之路，我接触的有些企业家甚至是在走投无路的情况下被动创业，因此对企业的发展没有太大的奢求，只想"小富即安"，于是，在企业开始挣钱、生意趋于稳定时，他们就产生了维持现状的心态，只想稳住现有业务，不求增长。

苏州一家小型建筑设计企业就很有代表性。

这家企业服务于地产精装项目，年营业额在 3 000 万元左右。创业初期，团队非常拼，注重交付质量，积累了很好的业界口碑，因此拓展了几家非常稳定的战略合作企业，业绩连续几年保持平稳。

创始人两年前曾跟我表达过他们的美好愿望："我们没什么野心，不求大，能保持现状、小富即安即可。"当时，我很认真地对她说："不在增长中爆发，就会在停滞中灭亡。"她听了未置可否。

近几年，地产业的寒冬让这家企业也处于风雨飘摇之中，她真真切切地体会到了深深的危机感，再也不敢只求维持现状，而是转变思维，把增长作为重要策略。这两年，她全身心地聚焦于公司新业务领域和新产品线的拓展，在原来深耕的地产精装业务领域之外，又开辟了别墅豪宅、厂房设计等板块的业务，公司因此拥有了穿越寒冬的力量。

做企业如逆水行舟，不进则退。不要幻想守着自己的一亩三分地过小富即安的日子，当你停下脚步时，行业的飞速发展会将你远远地甩在后面，竞争对手会从四面八方蚕食你的市场份额，让你失去安身立命之本。更可怕的是跨界创新者的"打劫"，它们会在你完全不自知时挤压掉你的生存空间，正如外卖的兴起让方便面厂家销量大幅下跌，智能手机的不断进化让手表、相机、银行卡等被替代或部分替代。

所以，无论你处在哪个行业，也无论你的体量大小，都必须守住增长这条底线，全力追求增长。只有努力奔跑的人，才有资格留在赛场上。

2. 活得好、活得久源于持续增长

有些企业已经摆脱了生存危机，不必为活下去而担忧，追求的是活得好、活得久。对于这样的企业，增长是不是已经不再重要了？

不是。支撑企业活得好、活得久的力量，仍是增长，而且是持续增长。麦肯锡公司对不同行业的40个处于高速增长的公司进行了长期研究，得出了同样的结论：企业必须持续不断地开展促进业务增长的各种活动。只有保持业务发展的连续性，才可以使企业在现有业务衰退的情况下保持增长的动力。

麦肯锡的资深顾问梅尔达德·巴格海(Mehrdad Baghai)、斯蒂芬·科利（Stephen Coley）与戴维·怀特（David White）根据这一研究结果提出了"三层面增长理论"（见图3-1），并在经典著作《增长炼金术：企业启动和持续增长之秘诀》中解读了保持增长的大公司所具有的共同特点：第一层面，努力确保并拓展核心业务的运作；第二层面，投入人力、物力发展能够创造增长的新业务；第三层面，不断尝试开创有潜力的未来业务。

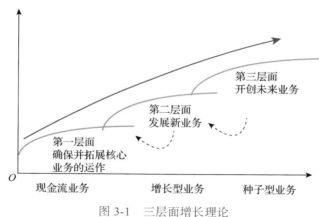

图 3-1　三层面增长理论

也就是说，对企业而言，既要有现金流业务，也要启动增长型业务，还要前瞻性地培育种子型业务。要活得好、活得久，就是要平衡现在和未来之间的关系，实现持续增长。

我们以迪士尼为例，看看它是如何打造增长阶梯实现持续增长，从而成为百年商业帝国的。

在迪士尼创立后的 50 年中，这家公司除了主题公园之外在连锁零售业方面毫无经验。作为探索增长可能的种子业务，迪士尼第一家连锁店"迪士尼商店"于 1987 年 3 月在加州试运营。边探索边经营，迪士尼商店快速从众多零售专卖店中脱颖而出，仅仅用了 10 年，就以三倍于同行的坪效在全球开出了 600 余家连锁店。

迪士尼当今所拥有的四大核心业务线（媒体网络、主题公园度假村、消费品互动媒体、影视娱乐），都曾是追求增长过程中的"探索线"。增长型业务与种子型业务不断落地转化为稳健的现金流业务的过程，正是迪士尼扩张自身百年商业帝国版图的过程。对经营边界的探索，再加上精准的大手笔收购，为迪士尼搭建了没有上限的增长阶梯（见图 3-2）。

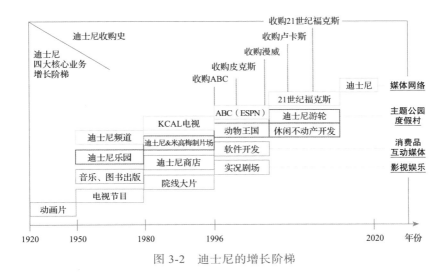

图 3-2　迪士尼的增长阶梯

不只是迪士尼，世界上所有卓越的连锁企业，无不以持续增长奠定基业长青的基石，为企业注入澎湃不竭的发展动力。

3. 良性增长才是有价值的增长

增长是企业一切问题的根本解，但是我们必须清醒地认识到：并非所有增长都是良性的。管理咨询大师拉姆·查兰（Ram Charan）将良性增长定义为具有盈利性、可持续性及高资本回报率的增长。实现企业有价值的增长，是企业家的天职，也是企业永远的追求。

如何区分企业的增长是良性增长还是恶性增长？

恶性增长就是不计成本，为获得短期激增不惜牺牲未来收益。这种"为增长而增长"的增长，是对资源的巨大浪费。这种行为不仅无法为企业带来盈利，往往还会给企业带来危机，甚至灭顶之灾。

正如拉姆·查兰所言，良性增长能为企业带来丰厚的利润，资本回报率更高，其回报完全能覆盖之前的资金投入。无论你的企业增速是快还是慢、规模是大还是小，衡量增长良性与否的标准都是相同的，即看投资回报率的高低。只有投资回报率高的增长，才是良性增长。

良性增长的关键是要均衡增长，把著名的"木桶理论"运用到企业管理中就不难理解这一点。如果把影响企业经营的各项要素看作一块块木板，我们会发现，企业的软肋就是其中的短板，这个短板会影响企业的正常发展，甚至在关键时刻给企业致命的打击。所以，想要获得着眼于长期的可持续的良性增长，企业需要关注各项要素的匹配与平衡，比如成本结构、产品质量、产品研发周期、生产效率、资产利用率、供应链稳定性、客户满意度等。

我们一定要理解企业增长的真正意义，在企业发展的过程中不断审视企业所实现的增长是不是有价值的增长。恶性增长使企业走向危机，良性增长使企业走向未来。

3.1.2　连锁企业增长的底层逻辑

1. 影响连锁企业业绩增长的两大因素

当我们聚焦于连锁企业的发展时，会发现一个基本规律：传统连锁企业总是马不停蹄地复制门店，一方面想方设法地促进单店营收与利润的增长，另一方面尽己所能地加快拓店的速度，通过"跑马圈地"占领更多市场。所以，公司的总业绩会受到两个因素的影响：一是单店盈利能力（业绩），二是门店数量。

我们可以用一个简单的公式来表示：

连锁企业的总业绩＝单店盈利能力 × 门店数量

我将这个公式称为连锁企业增长的底层逻辑。基于这一逻辑，企业经营团队的工作往往从两个维度展开：一是最大限度地提升单店业绩，二是尽可能地多开店、快开店。

（1）最大限度地提升单店业绩

在连锁经营体系中，每个门店都是一个利润中心，单店是否健康运营、持续盈利，直接关系着该品牌能否在市场竞争中站稳脚跟。而从投资者的角度来看，无论连锁企业采取的是直营模式还是加盟模式，是线下模式还是"线下＋线上"模式，只有单店持续盈利才能强化他们继续投资的信心。所以，不同业态和企业都需要构建自身独特的单店盈利模式。

构建单店盈利模式时，最重要的关键要素有以下四个。

顾客定位。正确的顾客定位是单店盈利的基础。企业经营者在复制门店时，首先要清楚顾客是谁，具有什么样的性格特点、消费观念、购买习惯以及独特需求等。只有明确了顾客的需求，才能搞清楚为他们提供什么样的价值。

商品组合＋服务。"商品组合＋服务"，即门店具体卖什么产品、产品应如何组合与售卖、提供什么样的服务。不同的"商品组合＋服务"满足不同的顾客需求，这会在很大程度上影响门店的盈利能力。

选址模型。"地段（Location），地段，还是地段"，李嘉诚的"物业三原则"深入人心。在复制门店时，选址是非常关键的环节，甚至直接决定门店的经营成败。这也是我把选址模型作为一个重要因素列出来的原因。

选址模型是指门店在选址过程中应遵循的原则和需满足的条件

要求，涉及商圈人口数量、收入状况、消费特征，以及店铺的位置、结构及面积等。任何一个微小的变量，都可能在不知不觉中影响着门店未来的业绩。

运营策略。运营策略是指对门店的顾客进店率、购买率、客单价、重复购买率等指标起关键作用的策略与方针。不同连锁企业采取的关键运营策略往往是不同的，但正是这些独特的运营策略，造就了它们各自的成功。

（2）尽可能地多开店、快开店

单店业绩的增长，无论是营收还是利润，终归是有天花板的，企业要谋求发展，就要开更多的店。于是，在哪里开？何时开？开多少？谁去开？多长时间收回成本？开直营店还是开加盟店？直营店如何管？加盟店又如何管？……一系列问题摆在面前，哪一个问题都不是可以轻松解决的，既涉及资金投入，也涉及人员的选用，更涉及各环节的运营和管理。

目前连锁企业广泛采用的拓店模式有两类：直营连锁模式和特许连锁（加盟连锁）模式。

直营连锁模式是连锁企业最常见的经营模式，指的是品牌企业亲自经营管理门店，从门店选址、形象设计、装修实施、产品线管理，到开业活动、日常运营、管理制度等方方面面，全部一力承担。

直营连锁模式有很多优势，比如，终端形象统一、可实现标准化管理、能有效防止窜货、进行严格的产品品质把控以保证品牌质量，等等。但其劣势在于，需要投入巨大的资金、人力，而且日常运营体系、人员管理体系复杂。在这种模式下，连锁企业如果想实现大面积开店，需要很长的时间。

这种模式的品牌代表有海底捞。截至 2024 年 3 月，海底捞海内外共 1 000 多家门店都是直营门店。

特许连锁模式，又称特许经营、加盟连锁或契约连锁模式，是指特许者将自己拥有的商标（包括服务商标）、商号、产品、专利或专有技术、经营模式，以特许技能的形式授予被特许者用于从事经营活动的权利。特许连锁模式的运营一般是由品牌企业建设自营形象示范店，吸引加盟商开设加盟店（通常会收取一定的品牌加盟费用），迅速实现快速复制。

特许连锁模式的优势主要是能实现快速复制，但不足之处在于，加盟商管理较难，可能存在窜货、产品品质难以把控、损坏品牌形象等现象。若加盟商无法实现盈利，品牌企业就会撤出经营。

这种模式的品牌代表有蜜雪冰城，它通过加盟已在全国拥有 2 万多家门店。

2. 标杆企业的实践数据

放眼国内外知名的连锁标杆企业，它们的快速发展无不遵循着连锁企业增长的底层逻辑。它们将企业的一切资源聚焦于增长公式中的两个因子，心无旁骛地致力于单店盈利能力与门店数量的不断突破，在增长的道路上全速奔跑。

（1）星巴克

2012～2022 年，面临着市场中诸多竞争者的挑战，星巴克始终以"降本增效，渠道拓展"为准则，坚定地执行增长战略，实现了营业额和门店数量的不断上涨（见图 3-3）。持续的增长使星巴克成功度过了新冠疫情带来的发展危机。

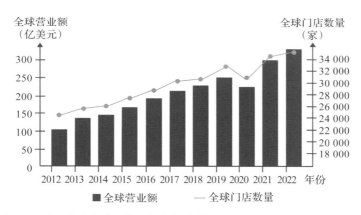

图 3-3　星巴克（全球）营业额与门店数量增长情况（2012～2022 年）
资料来源：Global Index。

（2）7-11

7-11 是日本最大的连锁便利店品牌，自 1974 年在日本东京江东区开设第一家店"丰州店"以来，至 2020 年，该品牌在日本本土开设了 2 万多家便利店，年营业额已突破 3 000 亿元人民币。

1980～2020 年，7-11 在日本本土实现了营业额和门店数量的不断增长（见图 3-4）。不停下增长的脚步是 7-11 生存的不二法门。尽管后来者乘上时代的东风、借着技术的红利努力追赶，但是 7-11 仍然稳坐连锁零售业的头把交椅。

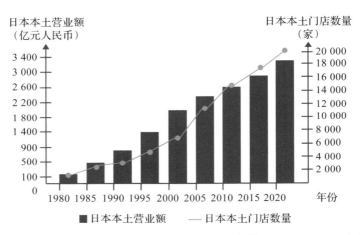

图 3-4　7-11（日本本土）营业额与门店数量增长情况（1980～2020 年）

（3）优衣库

受疫情、供应链、原材料、消费者行为变化等多方面的影响，"唯快不破"的快销服装行业的整体发展速度在近几年里慢了下来，但诞生于日本的休闲服装品牌优衣库却是个例外。

截至 2022 年 10 月底，优衣库已经在中国开设了超过 900 家店（见图 3-5），并逐渐向三四线城市"下沉"。谈及十几年来优衣库在中国取得的增长时，创始人柳井正曾说："在中国开 3 000 家店是我们的最低目标。"

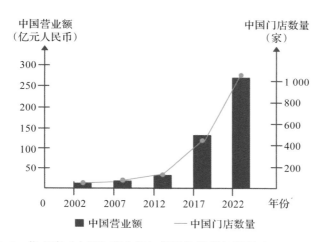

图 3-5　优衣库（中国）营业额与门店数量增长情况（2002～2022 年）

这些标杆企业的实践向我们证明：连锁企业并不适用于扩张期、稳定期这样的阶段划分，增长即发展，持续健康增长即长期稳定发展。

3. 类连锁企业遵循相同规律

说到连锁，人们第一时间想起的往往是那些耳熟能详的连锁餐饮、连锁超市、连锁酒店等企业，这类企业通过复制产品、服务及经营能力，实现做大、做强的目标。这种运用直营连锁或特许连锁的形式进行复制的连锁模式，我们通常称之为显性连锁。

还有很多企业不满足于仅仅通过门店、产品等有形资产的复制来扩展业务，而是将企业拥有的经市场认可的商业模式不断复制，以此实现业绩的增长。这些企业在经营特征上与显性连锁有很多相似之处，我将其称为类连锁企业，有些同行称之为隐性连锁企业。

物业公司就属于典型的类连锁企业。

物业公司的收入来源大致可以分为四类：一是公共服务费用，即物业管理费，收费标准通常由政府物价部门控制，收费遵循的原则是公开、合理且与服务水平相适应；二是代办服务费，即物业公司帮助住户代办各种业务收取的手续费；三是特约服务费；四是多种经营收入。第三、第四种收入的增长靠的是物业公司不断发掘、开拓增值服务。但是，每个物业项目所服务的业主户数是一定的，物业管理费又受物价部门管控，即使进行多种经营，单项目的产出也是有限的。如何实现公司业绩的持续增长？唯有不断拓展新的项目、增加在管面积。

物业公司的营业收入用公式表示如下：

物业公司营业收入＝单项目产出 × 项目数

弘阳服务公司 2022 年在中国物业服务百强企业中排第 18 名，我从 2020 年起担任这家公司的独立董事，对其进行了深度观察。我们以这家公司为例，来看看物业公司的增长模式。

弘阳服务公司在行业大环境不确定性加剧的形势下，始终坚持"以客户为中心"的服务理念，通过深入研究和学习服务型标杆企业海底捞，构建了符合行业实际的弘阳模式：以"人人都是服务者"的理念，打造让客户放心的物业公司，业主满意度连续三年

（2019～2021 年）保持上升，客户忠诚度持续增强，物业费收缴及时率大幅提高；通过构建"连住利益，锁住管理"的机制，实现人人都是经营者，助推实现公司高质量发展。2021 年社区增值服务收入为 2.0 亿港元，同比增长 77.6%；社区增值服务收入占比由去年的 14.4% 上升至 17.4%；凭借品牌优势，2021 年先后开辟了产业园、学校、医院、停车场等城市服务延伸业态项目，进一步拓宽服务边界，截至 2021 年年底，在管项目数量达 234 个，在管面积约 3 640万平方米，较上一年度增长约 34.7%。2019～2021 年三年业绩增长情况如图 3-6 所示。

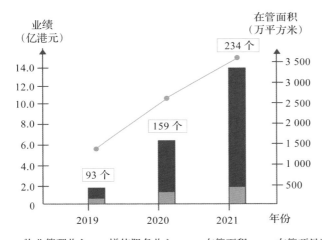

图 3-6 弘阳服务公司业绩增长情况（2019～2021 年）

其实，类连锁企业比比皆是，如新希望六和集团于 2019 年投资

90 亿元建设 9 个大型养猪场，2020 年再投 53 亿元建设 17 个养猪场；我曾经深入调研过的东北某热电联产集中供热集团进驻三座城市建设智慧型供热企业，为市民温暖过冬提供保障，还计划进驻更多的城市投资或合资建厂。这些企业的业务拓展方式，与连锁企业不断复制门店如出一辙，因此都属于类连锁企业。

把视野再放宽一些，我们会发现更多类连锁企业。正如连锁专家马瑞光在《世界是连锁的》中所说：麦当劳、肯德基是连锁企业，沃尔玛是连锁企业，微软是不是连锁企业？中国移动、中国银行、富士康是不是连锁企业？它们也都是。你在做连锁，你却不知道它。连锁不是过去你想的那样。21 世纪做企业就是做连锁，做连锁就是做天下！

3.1.3 增长的两种类型

企业的增长可以分为多种类型，不同的增长方式为企业带来的动力是完全不同的。在这里，我们重点介绍两种最为常见的增长方式：运营型增长和结构型增长。

1. 运营型增长

运营型增长的本质是开源节流、降本增效。因此，要想实现运营型增长，必须遵循"追求销售额最大化、经费最小化"的基本经营原则。开 1 家门店时，要遵循这一原则；开 100 家、1 000 家、10 000

家时，同样要遵循。

销售额是通过一个公式来计算的：销售额＝销量×单价。根据这一公式，要想实现销售额最大化，正确的定价至关重要。定价太高，顾客不买单；定价太低，销量增加了，却没有利润。稻盛和夫先生"经营十二条"中的第六条"定价即经营"，明确定价不是简单的提价，关键在于要找到客户乐于接受的最高价位。通常，企业以成本加预期利润来决定价格，但在激烈的市场竞争中，售价往往先由市场决定，成本加预期利润所决定的价格常常因为偏高而卖不动，又不得已降价，预期利润自然无法实现，甚至导致企业亏损。

而经费最小化则主要通过最大限度地防止浪费、削减开支来实现。现实中，人们往往会认为销售额提高了，经费也应该随之增加，于是提高预算。但事实上却未必如此。只要想方设法、付出努力，即使销售额提高，也有可能使经费开支维持原状，甚至降低。

当连锁企业达到一定规模时，持续"追求销售额最大化、经费最小化"必须做到以下两方面的平衡。

（1）成本中心与利润中心的平衡

随着门店的不断拓展，企业的规模越来越大，部门也随之增多。企业经营者必须从经营的角度对这些部门认真审视，看看哪些是利润中心，哪些是成本中心，并做到两者平衡。

值得注意的是，这两者的管理侧重点是完全不同的。对利润中心的管理，要点在于使收益最大化并降低成本以优化利润率。对成本中心的管理，要点在于在不影响成本中心的支持功能的前提下，尽可能地压缩成本。

（2）服务与管控的平衡

如果各个部门都能基于自己的定位（成本中心或利润中心）开展工作，服务或管控就不成问题。但现实中，很多部门对自己的定位并没有清晰的认知，导致一些职能部门与业务部门的角色产生了错位。比如，有的职能部门变成了"官老爷"，嘴上说要提供服务，实际上却以管控为主要手段，致使业务部门"对外要看客户的脸色，对内还得求爷爷告奶奶"。所以，现在我在企业里积极倡导职能部门从服务思维向顾客思维转变，因为服务思维总有一种"居高临下"的优越感，而顾客思维则更多强调的是价值贡献。

2. 结构型增长

运营型增长可以使企业获得一定的增长，但通常增幅不会太大。要想实现企业10倍速增长，就需要采取结构型增长方式了。

结构型增长的本质是拓展生存空间，主要通过三种方式来实现。

（1）区域化扩张

传统连锁企业最开始通常会以一个城市或者一个小范围区域为起点，建立直营门店，当门店运营不错逐渐产生品牌知名度时，再向其他城市或区域扩张。

扩张模式通常是大家最熟悉的"老三样"：直营模式、加盟模式、托管模式[⊖]。而扩张策略则会基于企业自身资源采取聚焦式或分布式。

聚焦式是指连锁企业在一个区域内集中所有资源开店，将可能开设的门店全部开设完后，再拓展其他区域。这可以充分挖掘该区域的市场潜力，发挥资源整合优势，降低管理成本和后勤服务成本，强化品牌影响力，从而获得规模效益。

分布式则是指连锁企业在当前值得进入的地区或竞争相对较小的区域同时开设店铺，看准一个地方开一家。企业采取分布式扩张要面临很多挑战，比如，不同地区的市场差异较大，适销对路的产品和服务差异也大；门店之间跨度太大，对企业的物流配送能力要求高；天高皇帝远，对管理人员素质和管理控制系统的要求高。

（2）生态化扩张

任何一个企业都生存在一个生态系统中，无论是华为、奔驰还是街角的咖啡厅，都有各自的供应商、销售渠道、顾客群体以及各类五花八门的应用程序，这些共同构成了一个个商业生态系统。

首先，生态思维是一种产业思维。任何一个产业的盈利模式和盈利能力都基于特定的产业结构，任何一个产业的价值也都基于特定的产业结构，我们想要提高一家企业的盈利能力或者价值，不能只从改善企业内部的经营管理入手，也不能只局限于这一家企业的供产销优

⊖　本书对托管模式着墨较少，这种经营模式指的是总部输出品牌和管理，按照营业额向加盟商收取托管费用，这不仅可以更好地掌控店铺运营情况，也能有效保证运营质量。

化，而是更应把目光投放在这个企业所处的整个产业结构的变革上。

其次，生态思维还是一种系统思维。生态化扩张的关键逻辑是以客户为中心进行业务互动，实现整个生态系统中所有成员的深层次联结，形成你中有我、我中有你的共生关系。这要求企业经营者跳出行业边界，审视整个生态系统，从系统层面来设计增长战略，不再局限于一个公司与另一个公司之间的竞争，而是参与到一个生态圈与另一个生态圈的竞争中。

生态化扩张遵循的原则是由内及外、由近及远，通常是先把核心产品做好，然后围绕核心产品做周边，再由周边的小生态系统扩展到更大的生态系统，如此不断向外扩张，直至形成生态体系。

（3）资本化扩张

资本青睐连锁行业由来已久，这主要是因为连锁行业的超强复制能力会为企业带来巨大的增长潜力。

资本在考虑一家连锁企业是否值得投资时，主要看行业的整体规模、企业的市场规模、产品和运营体系的标准化程度、核心团队的素质及学习潜能。行业的整体规模决定了企业未来的发展空间，企业的市场规模决定了企业在市场上的竞争力和未来成就的大小，标准化程度是连锁企业复制的基础，核心团队的素质及学习潜能则决定着企业的组织力能否持续进化以支持企业的发展。

对企业而言，无论是区域化扩张还是生态化扩张，都需要拓宽融资渠道，找到更充足的资金来源，从这个角度来说，资本化是企业的必由之路。

资本方带来的不只是钱，还有资源与战略眼光。毕竟，投资是为了挣钱，当企业与资本共享收益、共担风险时，适当的借力借势会成为一种必然。

不过，要注意的是，资本是一把双刃剑：一方面，它能助推企业快速发展；另一方面，投资者往往非常强势，为了追求快速获利，常常不顾企业的实际状况，"鞭打快牛""小马拉大车"，使企业面临偏离正常发展轨道甚至脱轨的风险。因此，企业在进行资本化扩张时，一定要着眼于自身的可持续发展，不要被资本绑架。

3. 海底捞：从运营型增长到结构型增长

从 1994 年诞生于四川简阳的第一家小店到今天的国际化上市公司，海底捞经历了 30 年的发展历程。这 30 年的发展历程也是它的增长历程，其路径如图 3-7 所示（数据截至 2022 年）。

从图 3-7 中我们可以看出，海底捞经历了从运营型增长向结构型增长的转变，其中，结构型增长期又分为三个阶段：区域化增长、生态化增长、资本化增长。

（1）运营型增长（1994～1999 年）：极致化地降本增效

说到海底捞，大部分人的第一反应都是"服务好"，很多人因此认为这就是海底捞的成功秘诀。顾客有这样的认知很正常，但企业的经营管理者必须向更深的层次挖掘：张勇抓服务的逻辑究竟是什么？服务的价值究竟有多大？怎么才能让员工像老板一样想顾客之所想、急顾客之所急？

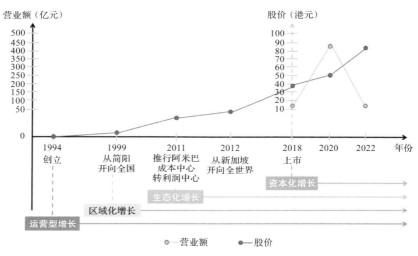

图 3-7　海底捞增长路径图

或许从 2007 年张勇与我的一次对话中，我们可以找到这些问题的答案。当时，张勇对我说："王老师，他们都说我只抓服务、抓客户满意度，不管利润，是不想挣钱，真是太不懂我了！其实我比谁都想挣钱，但最大的区别在于有些人只盯着钱，而我比他们聪明，盯着什么影响挣钱，从影响挣钱的因素抓起。"

所以，海底捞所有部门都将工作重心放在最大限度地提高顾客满意度上。既然顾客除了"吃得好"还在乎就餐时的感受和体验，那么海底捞的一线员工就把注意力放到顾客身上，让顾客在海底捞感受到他们在别的地方感受不到的贴心服务；既然服务是由敬业的员工提供的，那么海底捞的管理层就把激励的重点放到基层，所有流程、制度、机制的建设都要有助于使人人成为敬业者、人人成为经营者。由此，海底捞的员工、顾客以及财务之间就形成了一种独特的驱动关系（见图 3-8），"追求销售额最大化、经费最小化"的经营原则随之真正落地，海底捞因此实现了运营型增长。

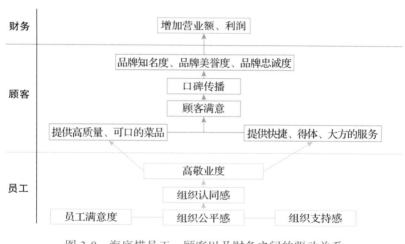

图 3-8　海底捞员工、顾客以及财务之间的驱动关系

（2）区域化增长（1999～2011 年）：从简阳走向全国，走向世界

张勇是四川简阳人，所以海底捞的第一家店开在简阳。以简阳为起点，海底捞不断向外扩张，开启了区域化增长之路。

我认识张勇时，海底捞在北京只有 5 家店，上海刚开了 1 家店，全国总共 20 家店左右。当时，海底捞有三大目标，其中之一就是"把海底捞开遍全国"。

连锁企业进行区域化扩张时最大的痛点是"天高皇帝远""将在外，君命有所不受"，海底捞也不例外。在扩张过程中，张勇很早就意识到了培养关键人才的重要性，并积极推行了师带徒制度，但是，随着选人育人权力的下放，"什么样的师傅带出什么样的徒弟""师傅怎么骂人，徒弟也怎么骂人"的现象越来越严重。张勇意识到，如果这个问题不解决，"把海底捞开遍全国"只会成为一句口号。

于是，复制店长，以及培训内容和培养模式的标准化与流程化日渐成为海底捞扩张的重中之重。当时，无论对外还是对内，张勇最爱说的一句话都是："每年开多少家店，不是由我决定的，而是由你们能培养出多少合格的店长决定的。"

在这样的努力下，海底捞门店在全国遍地开花。2012 年，海底捞又从新加坡出发，走向世界，在美国、日本、英国等地开店。

（3）生态化增长（2011～2018 年）：盘根错节的"海底捞家族"

海底捞，只是一家火锅企业吗？是，又不是。

说"是"，是因为它起家于火锅，且是门店开得最多、服务口碑最好的火锅企业，当然也曾是最赚钱的火锅企业。大部分人知道它、认识它和了解它都是缘于火锅。

说"不是"，是因为海底捞早已布局餐饮业全产业链，构建了一个庞大的海底捞生态王国。

海底捞供应链中最为人熟知的是"颐海国际"和"蜀海供应链"。颐海国际原本是海底捞的火锅底料、火锅蘸料供应部门，2016 年率先在港股上市；蜀海供应链原本是海底捞的中央厨房，于 2011 年正式成立，逐渐发展成为集销售、研发、生产、品质保证、仓储、运输、信息、金融于一体的餐饮供应链服务企业。

2011 年，为了提高职能部门的经营能力，海底捞实施了阿米巴模式，将之前的中后台业务完全独立出来，先后成立了几家公司。比如，为海底捞门店提供装修服务的北京蜀韵东方装饰工程有限公司，专注于提供人力资源服务的北京微海管理咨询有限公司，以及前身是海底捞财务部门、现在以财务咨询为主营业务的北京海晟通财务咨询有限公司。

（4）资本化增长（2018 年至今）：找到更好的复制方法

早在 2007 年我与张勇刚开始合作时，就不断地有机构与海底捞接触，希望助海底捞实现资本化。每每这个时候，张勇总是讲："海底捞现金流很充足，不缺钱，还没准备好。"

他到底在准备什么呢？

2018 年 9 月 26 日海底捞在港交所上市后，张勇在接受采访时终于揭开了谜底："我找到了更好的复制方法，规模也达到了一定程度，证券化、资本化就是个自然的过程。"

"连住利益，锁住管理"的家族长式复制模式，就是他找到的更好的复制方法。

传统连锁企业扩张后的组织设计通常遵循以地域为基准的大小区制，组织架构呈金字塔式。而在海底捞，经过几次组织变革后，金字塔式的大小区制被以师徒关系为纽带的跨区域的家族长制（见图 3-9）所取代。

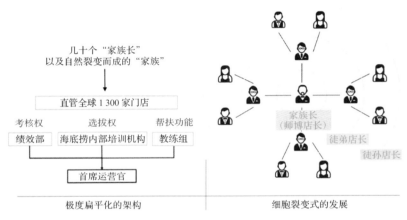

图 3-9 "连住利益，锁住管理"的家族长制

家族长制具有以下特色。

第一，当家族长培养的徒弟、徒孙开拓的新店达到公司的标准后，家族长可以从该门店分享利润，家族长带出的徒弟、徒孙越多，收入就越多。家族长的收入可以根据一个公式来计算：家族长的收入＝自管门店收益＋徒弟店利润分享 × 徒弟店数量＋徒孙店利润分享 × 徒孙店数量。

第二，家族长都有自己的门店，亲自担任店经理，这意味着他同样要接受门店经营管理的考核，始终不脱离基层，"听得见炮声"。

第三，家族长并不承担行政职能，但是基于利益的关联，他自愿承担对家族内部成员的帮助、辅导、关心、考核，以及对他们业绩层面的关注，因此对业务的驱动更直接。

第四，最大限度地规避了"带出徒弟饿死师傅"的反人性现象。每一个管理者的工作重点都是培养人，我把这种人才培养模式称为"传销式"的店长培养模式。

家族长制使海底捞获得了蓬勃发展，更使海底捞的资本化水到渠成。上市后，海底捞的门店数量增幅远远大于上市前（见图3-10）。

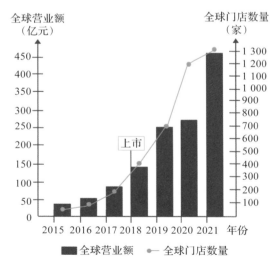

图 3-10　海底捞上市前后全球营业额和门店数量增长情况

在家族长制的加持下，海底捞此后进入了资本化扩张的全新阶段，以不可思议的增速持续增长。

3.1.4 增长"七力"

企业要想实现持续的良性增长，必须不断提升自己的增长能力。一切对企业增长有益的能力，都可以被称为增长能力。比如，在企业初创期，创始人的初心、洞察能力和勇气至关重要；到了成长期，企业则更需要超强的市场开拓能力、布局能力和复制能力；进入成熟期后，企业的组织变革能力、创新能力则直接影响着企业能否找到增长的第二曲线。

不过，不同的能力对企业增长的贡献也是不同的，有些能力会起到决定性作用，有些能力则属于锦上添花。在连锁企业的发展过程中，有七大能力相对更为重要，在很大程度上影响着企业的增长，我们将其总结为增长"七力"，分别是产品力、品牌力、复制力、服务力、技术力、创新力、组织力。

1.产品力

产品与需求之间存在着一一对应的关系，我们将"一一对应的程度"称为产品力，对应的程度越高，产品力就越强，生命周期也越长。连锁行业的任何细分领域都离不开产品力，因此对于产品力，怎么强调都不为过。无论是直营模式还是加盟模式，提升产品力最根本的着力点都是打造强大的供应链体系，以获得采购成本优势、物流配送优势、产品品质优势等，从而有效地保证产品的同质性、一致性和稳定性。

产品力是连锁行业规模化之本。

2. 品牌力

前文我们讲到，品牌是复制力的源泉，连锁首先要连住品牌，由此可见品牌力的重要性。品牌力强调的是知名度、美誉度和忠诚度的有机统一。在企业的整个发展过程中，"三度"的高度统一与均衡，既是品牌力建设的起点，也是终点。

企业家要像爱护自己的眼睛一样爱护品牌，因为创牌容易保牌难。品牌维护无小事，最忌讳的行为就是为了扩大知名度而损毁美誉度，这会对品牌造成极大的伤害，严重时甚至会使品牌失去生命力。

3. 复制力

从第一家门店开业起，"能否复制""复制什么""如何复制"就成了连锁企业经营者永恒的课题与挑战。

关于"复制力"，复制是连锁的第一项修炼，我们已在本书第一部分进行了深入阐述，此处不再赘述。

4. 服务力

服务力决定了连锁企业能否留住顾客、使顾客满意。服务力提升的最大难点在于让分散在不同地域、不同基层组织单元中的不同个体，为不同的客户提供统一且持续的高质量服务。

关于"服务力"，我们已在本书第二部分（"第二项修炼"）进行了详细论述，此处也不再赘述。

5. 技术力

开一家店时，靠纸笔记录、靠嘴说、靠眼睛盯、靠耳朵听，能解决大部分经营问题；开十家店时，靠跑得勤、靠盯得紧、靠打电话/发短信/发邮件、靠聚集人员开会与到店观摩，也能解决大部分经营问题；但开几十家、几百家甚至几千家店时，靠什么？靠技术力。

信息技术、网络技术、数字化能力等都属于技术力。技术力对企业的高质量发展起着非常关键的作用，比如，数字化工具的应用能有效提高连锁企业的运营效率与服务质量，优化供应链，降低成本。举个例子，现在我们到一家餐厅吃饭，落座后只要用手机扫描桌子上的二维码就可以点菜、下单。相比过去的服务员点单的方式，这种数字化点单方式不仅让顾客享受到了快捷、高效的服务，也让餐厅的人工成本大幅度降低，可谓一举两得。

海底捞非常重视技术力的建设，下面我们就来看看张勇是如何建设并运用技术力的。

在张勇看来，餐饮行业面临的最大问题是技术问题，他曾说：

"新技术为传统产业带来的不应该是被颠覆，而应该是效率的提高。
移动互联网对传统产业的改造才刚刚开始。"

今天，当我们走进海底捞智慧餐厅时，传菜机器人、机械臂上
菜、千人千味配锅机、立体环绕投影等各类科技手段会给我们带来
非常独特的用餐体验，让我们不禁为海底捞的技术力啧啧称赞。但是
你可能难以想象，为了提升公司的技术力，张勇最初是从要求以杨利
娟、袁华强为代表的核心管理团队"会打字、会发邮件"开始的。

张勇当时给团队提出这个要求时，大家普遍表示不满："我们就
是因为学习不好才来餐厅打工的。""每天服务顾客忙都忙死了，哪
有时间练打字。""开火锅店，学什么计算机呀！"就连很多高层管理
者也不理解张勇的这一要求，甚至非常排斥。但张勇并没有放弃，
还委任我负责推进此项工作的落地。在我们的坚持和努力下，海底
捞的所有管理者都掌握了计算机的操作技能，这为海底捞之后一系
列的信息技术引进与应用奠定了坚实的基础。

6. 创新力

创新力连接着企业的现在与未来，如果企业不想被顾客抛弃、
不想被竞争者赶超甚至替代，就要在产品、服务、管理、组织、技
术、商业模式等各个领域进行创新，以创新驱动企业的发展。提高
创新力的核心和关键是将创新精神根植于企业每一个人的心中，在
组织内部营造创新氛围，并建立创新的激励机制，将企业打造成
"人人都是创新者"的创新型组织。

关于"创新力"，我会在本书第四部分（"第四项修炼"）进行详细论述。

7. 组织力

组织管理专家杨国安在其提出的"杨三角"理论中用一个公式总结了企业持续成功的秘诀：企业持续成功＝战略 × 组织能力。这个公式告诉我们，组织力与战略是企业在竞争中持续获得成功的两个关键因素，它们相互匹配，相互促进，缺一不可。

现实中，很多企业之所以丧失竞争优势，并不是因为没有清晰的战略，而是因为组织规模扩大了，组织力却没有及时得到提升。正如创业酵母创始人张丽俊所言：一切企业发展的瓶颈，本质上都是组织的发展跟不上业务的发展。

增长"七力"并不是独立存在的，而是你中有我、我中有你，既相互影响，又相互支撑、相互依托。每一项能力的构建，都离不开其他能力的提升，经营者需要进行系统化建设，只有这样才能形成合力，为企业的增长注入"强心剂"。

3.2　单店增长是企业增长的基石

单店是连锁经营的根本，无论一家连锁企业拥有多少家门店，单店的商业模式、产品和服务的定位、盈利状况等都深深地影响着该企业能否实现快速扩张。

在整个连锁经营体系中，单店承担着多元角色：既是企业最重要的利润中心，也是企业品牌的载体，还是企业洞察顾客需求的最直接平台，更是企业进化与变革的实验田。

只有实现单店增长，企业的增长才会有无限可能。

3.2.1 把握"七寸"，提升单店盈利

单店盈利是连锁企业增长的立足之本。不能实现单店盈利，门店复制就成了空想，更不必谈扩张；不能实现单店盈利，投资者就得不到回报，也就不会继续投资；不能实现单店盈利，员工就会失去信心，很可能另择他处。

因此，经营者在开启规模化扩张、实现规模经营之前，首先要实现单店盈利。对直营连锁企业来说，单店盈利能带来稳定的现金流，为扩张提供坚实的支撑。而对加盟连锁企业来说，单店盈利可以吸引更多加盟商加入，一起把"蛋糕"做大。

"打蛇要打七寸"，提升单店盈利要把握关键点。不过，不同业态的"七寸"各不相同，接下来，我们以餐饮业、美业为例，讲一讲把握哪些关键点才能持续不断地提升单店盈利能力，为企业增长奠定坚实的基础。

1. 餐饮业单店盈利的"牛鼻子"：翻台率

餐饮行业的单店盈利能力取决于诸多指标，如人效、坪效、品

效、时效、动线、复购率、客单价、应产率、净料率、成本率、翻台率等，个个都至关重要。但在所有指标中，最为关键的"牛鼻子"莫过于翻台率。

翻台率指的是餐桌的重复使用频率，即一张餐桌更新顾客的速度。它可以直接反映餐厅的经营效率，也是判断餐厅生意好坏的重要依据。

餐厅想要提高营业收入，无非从两个方面入手：一是提高客单价，二是提高翻台率。

在提高客单价方面，大多数餐饮企业都会慎之又慎。这是因为，餐厅通常都有自己特定的顾客群体，菜品定价也是与这些顾客群体相匹配的，而且顾客对价格往往非常敏感，如果轻易提高客单价，很可能导致大量顾客流失。

既然第一条路走不通，餐饮企业便把视线投向第二条路：通过精益管理，把顾客用餐的整个流程拆解、细化为找位、点餐、备餐、送餐、就餐、结账、聊天等多个环节，然后逐一有针对性地提升效率，以追求极致的翻台率，从而实现收入的增长。

在行业内，海底捞的翻台率高于大多数火锅企业，并且屡创新高，它是如何做到的呢？

2010 年，当海底捞只有 51 家门店时，张勇就对自家的翻台率引以为傲："好多人学海底捞学不来，就是翻台率上不来，翻台率上不来就会赔钱。我赚的就是（翻台率）那最后一点点，前面的都支付给员工和供应商了，公司的利润就在于多翻的那部分。"

受新冠疫情的影响，海底捞遭遇了前所未有的危机——2022年关店300余家。"若本集团海底捞门店的平均翻台率低于4次/天，原则上我们将不会大规模开设新的海底捞门店。"可见，翻台率之于海底捞门店，堪称盈利的晴雨表。

从图3-11中我们可以看到，疫情前，以2012～2019年为例，海底捞的平均翻台率都在4次/天以上。

图3-11　海底捞的平均翻台率情况（2012～2020年）

海底捞是如何提高翻台率的呢？

（1）与经营理念分不开

"术"的故事不胜枚举，但我更希望从"道"的层面进行探索，因为我们不仅需要知其然，更需要知其所以然。

张勇的经营理念是"顾客是一桌一桌抓的"，他曾对海底捞的基层管理者说："当我在与你们谈话时，你的手机响了，你的员工找你，我们就终止谈话，你优先处理你和你员工的事宜；当你和员工谈话时，顾客需要帮助时，你们首先要做的是立即去帮助顾客；一句话，顾客的满意率就是我讲的优先法则，用心关注顾客，明白他们到底需要什么就是我们最重要的工作。"

基于此，海底捞要求员工认真揣摩顾客心理，在为顾客提供常规化服务的基础上努力提供个性化服务，同时致力于营造轻松愉快的氛围。由此，海底捞的服务不仅让顾客满意，更让顾客感动。

（2）组织保障、培训保障不可或缺

海底捞的每家门店都设有客户经理岗位，其数量根据店面大小而定。客户经理通常不会频繁调动，除了日常维护客户关系之外，还有一个重要职责是对新员工进行传帮带，比如，教新员工维护老顾客的基本方法与技巧；针对新员工服务顾客时胆怯的现象，向新员工传授"一看二学三总结"法；当新员工把握不好与顾客交流的分寸时，手把手地教他们怎么寻找交流的恰当切入点。这从组织层面确保员工不断提高服务效率，为翻台率的提高提供了保障。

海底捞的培训体系也为翻台率的提高做出了巨大贡献。其中，值得一提的是优秀现实案例的及时总结与分享，这既是对员工行为的一种认可，也为其他员工提供了类似情形下的参考做法。海底捞还将各类案例汇编成《赢得顾客的心》等系列教材，系统、动态地保障员工的知行合一。

（3）将经营目标分解为员工的日常工作目标

海底捞将经营目标层层细化，最终分解为每一个员工的日常工作目标。对一线员工来说，他们不需要关心门店的营业额、利润，只需要关注受他们影响的部分，也就是他们的日常工作目标——当天的桌数和每一桌顾客的满意度。

正因为如此，海底捞的翻台率不断得到提高，盈利也得到了保障。

当然，翻台率并非越高越好。过度追求翻台率，会给餐饮企业带来很多负面影响。比如，厨师和服务员一直处于疲劳状态，服务质量下滑，进而影响顾客体验，最终可能得不偿失。同时，高翻台率往往意味着就餐时间缩短，而这又可能导致客单价降低。因此，餐饮企业经营者需要把握好分寸，寻求一个平衡点。

2. 美业盈利的基石：顾客持续活跃度

美容、美发、美体等行业被统称为美业，它与人们的形象塑造、健康管理等息息相关。随着社会经济的发展，人们对美的追求越发强烈，美业的市场规模也日益扩大。

一般来说，衡量美业单店盈利能力的最重要指标是利润率和坪效，但是，利润率和坪效这类结果指标只有在经营过程中转化为可考量、可操作的过程指标，才能发挥其应有的作用。

在与静博士的深度合作中，我发现，利润率和坪效的持续增长离不开"复购率"这个过程指标。了解顾客满意与否，不需要繁复的调查问卷，最直接的方式就是看顾客会不会复购。当然，这并不代表复购率就是衡量顾客满意度的最重要指标，因为美业通常以会员制（即预收制）为主，即使顾客复购了，也有可能迟迟不消耗。对于这部分沉默顾客甚至是"僵尸"顾客，企业很难判断其满意度。因此，耗卡率比复购率更能反映顾客的活跃度，而顾客的持续活跃度才是美业真正应该关注的焦点，才是单店盈利的基石。

如何维持顾客的持续活跃度？靠的是提高人效，也就是提高每个员工的效能。静博士的做法值得诸多企业借鉴。

2003年，做了13年财经记者的祝愉勤下海创办了第一家静博士养生美容院。经过二十多年的发展，静博士已经成为拥有近百家直营连锁门店、近2 000名员工、约30万会员的一体化大健康产业集团。

祝愉勤把顾客与企业的联结分成了几个不同的阶段：第一个阶段是"一点点期待"，第二个阶段是"一点点依赖"，第三阶段是"一点点兴奋"，第四阶段则是"一点点忠诚"。

顾客在从作为路人到进店尝试这个阶段会有"一点点期待"，关注的是门店的环境、服务者的态度、产品和服务的体验感。哪怕只有一点点不满意，他们也不愿意与企业建立长期关系，往往会转头迅速离开，并顺便留下一条网络差评。

而如果顾客基本满意，觉得企业提供的服务超过了他们的预期，他们对企业就会从期待到认可。当顾客的需求被唤醒、部分需求被满足时，他们就会产生"原来你们真有几把刷子""这正是我想要的""你们有点懂我"的想法。在这一阶段，企业要从顾客需求出发，了解顾客的痛点，从点到线再到面地提出相应的解决方案，并让顾客看到效果。如此，顾客就会逐渐对企业产生信任，开始产生"一点点依赖"，慢慢建立起情感联结。

当发展到第三、第四阶段时，顾客就会自愿为品牌做宣传，帮助转介绍客户，因为他们打心底认同这家企业。

企业和客户的关系就是这么一点点地建立起来的，顾客的持续活跃度也是在这个过程中逐渐提高的。

3.2.2　从产品思维到顾客思维

实现单店增长，除了要不断提升单店盈利，还需要企业经营者升级思维，从产品思维转变为顾客思维。思维的跃迁将激发出企业的内生动力，持续推动企业的单店增长。

1. 产品思维的认知偏差：只见产品不见人

"酒香不怕巷子深"，一语道破了产品之于单店的重要性。

产品是连接企业与顾客的桥梁。对企业来说，做出好产品，顾客自然会纷至沓来，并且还会带来新顾客，因为好产品自己会说话，好产品自己会走路。

正因为如此，很多管理者以产品思维经营企业。什么是产品思维？顾名思义，就是一切以产品为核心，从产品的研发、设计、营销、售后等多个方面出发，思考如何做出好产品、如何提高产品的质量与性能、如何使产品进一步优化，以"我要为顾客提供好产品"为目标。

在产品思维的主导下，很多连锁企业致力于打造"爆品"，希望通过推出一款有竞争力的产品来引爆市场，塑造品牌影响力，进而不断复制门店，实现持续扩张。典型的案例是"酸菜比鱼更好吃"的太二酸菜鱼。这家连锁餐饮企业通过把一道非常常见的川菜"老坛酸菜鱼"做到极致，吸引了无数食客，在短短几年的时间里就开出了 578 家门店（截至 2023 年年底），为其所属的九毛九集团贡献了 74.8% 的销售收入[一]。

不过，也有一些企业错误地理解了"产品思维"，喊着"产品至上"的口号，却忽视了产品是顾客价值的载体，更没有认识到做产品的根本目的是为顾客创造价值。在这种思维的主导下，他们在打造产品的过程中往往"只见产品不见人"，更习惯于从自身出发，常常忽略了顾客的需求和感受。

〇　穆瑀宸 . 九毛九的"太二"路径 [EB/OL].（2024-04-02）[2024-04-05].http://m.haiwainet.cn/middle/3545022/2024/0402/content_32731933_1.html.

其实，务实的产品思维应基于两个切入点：一是满足顾客的刚需，二是解决顾客的痛点。如果认为顾客需要的只是一个极致产品的话，狭隘的"为做产品而做产品"的逻辑就会大行其道。

正如一个制造胶卷的公司可能会认为顾客需要的是胶卷，但实际上顾客真正需要的是照片。当某个新公司不需要使用胶卷就能轻松地帮顾客解决拍照问题的时候，胶卷公司就会陷入困境之中，柯达的胶卷业务就是这样一步步衰落的。

换言之，要想真正做好产品，经营者必须从产品思维升级为顾客思维，在做产品之前，认真思考并清楚地回答以下几个基本问题。

（1）我们的真正顾客是谁

换句话来说，这个问题就是问：谁才是真正的买家？他们是出于哪些考量做出购买决定的？事实上，成功的企业往往是先找到购买者，再逆向操作，而不一定是先发现问题，再去寻找愿意为解决问题买单的人。

（2）顾客的真实需求是什么？他们的真实痛点我们挖掘到了吗

顾客的需求分为很多种，有的是出于现实的需要，有的是源于人性的渴望，还有的是因痛苦与恐惧而生，我们将这种需求称为痛点。痛点往往是人们更愿意花钱解决的问题，因为痛点就是掩埋在内心深处的恐惧，是人们迫不及待希望挖出的眼中钉、肉中刺。如果一个产品能够触及顾客的痛点，并为他们提供解决方案，成为他们的"止痛药"，将顾客从痛苦中释放出来，那么，即使这个产品在其他方面还有很多不足之处，顾客也会心甘情愿地选择它。

（3）针对上述"真实的"问题，我们应该怎么做

我为什么反复强调"真实的"？因为实践中企业对顾客的需求和痛点的挖掘往往存在着很深的认识误区，常常陷入约定俗成的"非真实"理解，长此以往必然导致事倍功半。

我曾经深度合作过的红缨教育就曾因此遇到难关。

作为国内最大的幼儿园连锁品牌，红缨教育当初在全国拥有4 000多家加盟幼儿园。2014年，红缨教育遇到了一个棘手的问题：总部不断拓展、吸纳更多园所加盟，但是已加盟园所的满意度却并不高，这影响了公司的教材与物品的营收增长，更影响了新周期的续约。于是，王红兵找到我，希望我能帮助红缨教育提高客户满意度。

要解决问题，首先得知道问题所在。躬身入局后，我发现无论是红缨教育总部，还是其旗下的4 000多家加盟幼儿园，在顾客定位和了解顾客需求方面都存在着极大的误区。

先看幼儿园（相当于我们常说的单店）。在过去相当长的一段时期，办园者把大量的注意力和财力投放在园所硬件建设与课程先进性的打造上，用"花园式园区""体验式教育""与北京同步的教材""与国际接轨的课程体系"等吸引家长的眼球。但当个别幼儿园出现

虐童事件后，家长们的关注点完全变了，他们更在意的是孩子的安全，为此，很多人回家第一件事就是问自己的宝贝："在幼儿园老师有没有打你？"我曾随机问询很多家长"选择幼儿园时你最看中什么？"，几乎所有家长的回答都是安全。

当然，家长的真实需求一定不止安全。爱孩子是父母的天性，但有了孩子之后依然希望保持自我、有一定的自由时间，也是人之常情。"带孩子比上班辛苦多了！"这是无数职场母亲的共同心声，因此将适龄孩子送入幼儿园成为家长解放自身的必由之路。

所以，如表 3-1 所示，如果幼儿园仅把孩子作为服务对象而忽略了真正的顾客——家长，如果幼儿园仅关注保育 + 教育工作而忽略了家长对孩子的安全和自身的自由时间的真实需求，又如何真正提高客户满意度？

表 3-1　幼儿园的顾客及其真实需求

真正的顾客	顾客的真实需求	幼儿园的机会与策略
家长	孩子的安全	让家长放心的策略
	家长的自由时间	解放家长的策略
	孩子的健康成长	保育 + 教育

我们再来看红缨教育自身，由于其采取的是加盟模式，它的收入无外乎加盟费和加盟期内通过提供专业教材和物品获得的收益。在这个商业模式中，必须明确的是：谁是真正的买单者？买单者的购买决定是出于哪些考量？显然，真正的买单者是幼儿园的投资人，

而非幼儿园的园长和老师，也就是说，幼儿园投资人才是红缨教育的真正顾客！于投资人而言，办幼儿园既是为了实现自己在幼儿教育领域的理想追求，也是因为看到了这个领域的商机，追求投资的预期回报。

所以，如表3-2所示，如果红缨教育仅把园长和老师当作顾客而忽略了真正的顾客——投资人，如果红缨教育仅关注保育＋教育工作而忽略了投资人经营园所的其他需求，又如何真正提高客户满意度？

表 3-2　红缨教育机构的真实顾客及其真实需求

真正的顾客	顾客的真实需求	机构的机会与策略
投资人	收入达预期：经营有结果	赋能经营
	生源不断：外部有市场	赋能招生
	课程专业：保育＋教育	赋能专业
	团队稳定：内部有干劲	赋能管理

在对顾客定位和顾客真实需求进行重新梳理，并据此倒逼公司对内部的运作和管理进行调整后，原先令红缨教育备感棘手的问题便迎刃而解了。红缨教育在2015年年初被威创股份并购，此后三年内客户满意度大幅度提升，业绩连年飙升，甚至提前一年半就完成了对赌目标，实际完成了170%的业绩目标。

在经营企业时采取产品思维没错，但千万不要因为认知偏差而忽视顾客需求。如果你的眼里没有顾客，你的产品就不可能走进顾客的心中，你的企业在市场上也难有立足之地。

2. 顾客的关注点，就是企业的卖点

对连锁企业而言，思维决定价值观，价值观决定经营策略，经营策略决定盈利能力，盈利能力决定增长。当"只见产品不见人"的产品思维日益成为禁锢企业发展的枷锁时，企业经营者的当务之急就是打开这把锁，释放企业的动力和能量。而打开这把锁的钥匙，就是顾客思维。

顾客思维与产品思维完全不同，产品思维关注的是产品，追求的是"我要为顾客提供好的产品"，而顾客思维关注的是人，追求的是"我要满足顾客的消费需求"（见图3-12）。以顾客思维经营企业的经营者，会把顾客的需求和需求的满足放在第一位，会站在顾客的角度思考他生活的场景是什么样的、痛点在哪里、有什么需求，以及如何解决顾客的这些问题等。

图 3-12　顾客思维与产品思维

顾客在消费过程中基于需求产生的各种关注点，都是顾客思维要聚焦并解决的。

7-11创始人铃木敏文先生曾说：零售的本质，就是满足不断变化的顾客需求。如果我们认真领会这句话，就会发现：企业的卖点，一定来自顾客的关注点；顾客的关注点，就是企业的卖点。连锁行业中的各种业态，皆是如此。

餐饮业，无论是中餐还是西餐，火锅还是炒菜，咖啡店还是奶茶店，都必须围绕菜品、安全（食品安全、消防安全、设备安全等）、卫生、环境以及服务等顾客的关注点开展工作，从而吸引顾客进店，获得盈利与增长。

珠宝业，顾客关注更多的往往是产品的内涵，比如钻石被赋予"纯洁无私、矢志不渝"的象征意义，黄金寓意着权势、尊贵、财富等。在这一行业，只有以珠宝的时尚性、设计性以及故事性等为卖点，才能赢得顾客的青睐。

美容业也是如此。在为顾客提供服务的过程中，商家所提供的产品组合的效果、环境的调性与氛围、服务的舒适度和体贴度、卫生状况、安全状况等会直接影响顾客的体验感，因为这些都是顾客关注的重点。能否做好这些，往往决定了一家企业的成败。

对类连锁的物业公司而言，顾客的关注点，同样是企业的卖点。以住宅类物业为例，业主最在乎的无外乎小区是否安全、环境是否卫生和优美、家里停电漏水能否及时维修，等等。如果物业公司能紧紧围绕业主的关注点提供安心、贴心、放心的服务，赢利自然水到渠成。

我们将连锁服务业中顾客的全部关注点称为"核心要素"，并将其划分为感官要素、信任要素、价值要素三个维度（见图 3-13）。

图 3-13　连锁服务业中的"核心要素"

顾客对不同行业有不同的关注点，这需要经营者以顾客思维来找到所处行业的核心要素，从而厘清自身发展步骤的轻重缓急。梳理归纳核心要素的过程，也是以客户的真实需求为核心"去伪存真"的过程。

"产品开发好了，顾客自然就来了"的时代早已过去，懂顾客是所有经营者的必修课。只有以顾客思维经营企业，在顾客喜欢的地方，用顾客喜欢的方式，提供顾客想要的东西，才能使顾客满意，促使顾客持续复购，从而大幅度提升单店盈利能力。

3. 与其更好，不如不同

对核心要素的精益求精，将使企业走向成功。

无论是直营连锁的海底捞（见图 3-14），还是加盟连锁的红缨教育（见图 3-15），都是因为在各个核心要素上做到极致而构建起了自己的竞争力。

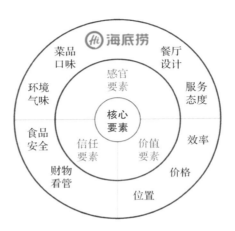

图 3-14　海底捞的核心要素

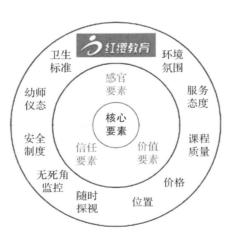

图 3-15　红缨教育的核心要素

不过，需要注意的是，凡是"核心要素"都需要企业投入人力、物力与财力并做好，任何一点都不容忽视。因为顾客不会只关注一个需求的满足而忽视其他需求，比如，在餐饮行业，顾客不会因为食品的味道而忽略卫生环境；在幼教行业，家长不会因为课程的理念忽略孩子的安全；在零售行业，顾客不会因为价格的优惠而忽略商品的品质。任何一个核心要素的缺失，都可能成为企业的"短板"，导致经营失败。

　　面对日益激烈的竞争、快速升级的顾客需求，企业还需要在核心要素中寻找自己的差异化突围机会，通过对"长板"的建设，让顾客快速感知到其产品或服务的独特性，从而占领顾客的心智（见图 3-16）。

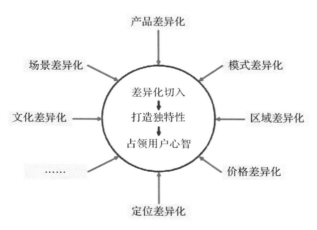

图 3-16　占领顾客心智的路径

　　所谓"蓝海""红海"，所谓行业饱和、赛道拥挤，其实都是刻板的认知。事实上，所有行业都处于动态变化的过程中，总有新进入者进来搅局，总有标杆企业崭露头角，也总有巨头黯然退场。但一直站在舞台中央的，总是那些特点鲜明、定位精准、顺应变化的企业。

海底捞就是这样的企业，它选择对服务这个核心要素进行重点打造，从而实现了差异化突围。

海底捞以高品质服务作为差异化竞争手段，奠定了其在火锅行业的江湖地位，并因此成为覆盖全产业链的餐饮服务巨头——这个故事已经家喻户晓，不再赘述。

那么，海底捞为什么选择服务作为"长板"呢？以下内容整理自张勇的亲述。

创业伊始，我连炒料都不会，只好买书学习，左手拿书，右手炒料，就这样边炒边学，可想而知，做出来的火锅味道很一般，所以想要生存下去，只能态度好点儿，顾客要什么速度快点儿，有什么不满意多赔笑脸。因为我们服务态度好、上菜速度快，顾客都愿意来吃，做得不好顾客也乐意教我们。

我发现优质的服务能够弥补味道上的不足，从此更加卖力。我还帮顾客带孩子、拎包、擦鞋，无论顾客有什么需要，我都二话不说去帮忙。我这个人想法也比较开明，只要顾客有需求，我们就去做。

海底捞第一次在外地开店的时候，我差点赔掉老本，又是服务救了我。

海底捞在刚到西安头几个月内接连亏损，眼看就要把我们之前辛苦积攒下来的老本赔个精光。危急关头，我果断要求合伙人撤资，委托我的得力助手杨利娟（海底捞现任 CEO）全权负责，重拾海底捞的核心服务理念，短短两个月内，西安海底捞店居然奇迹般地扭亏为盈。

正是以顾客为中心的优质服务带来了意想不到的效果，才让张勇毅然选择了"与其更好，不如不同"的差异化突围路线。在后来的企业经营中，这一选择的正确性不断得到验证，而在这个过程中，优质服务也不断被强化，最终成为海底捞的鲜明标签。

4. 为顾客提供高性价比的产品与服务

高性价比是消费者永远的追求。人们总希望用更少的钱买到更好的产品与服务、以更少的时间和精力获得更方便快捷的体验，通俗地讲，就是"既要，又要，还要"。

因此，以顾客思维来经营企业，还有一个关键点，就是努力为顾客提供高性价比的产品和服务，让顾客感觉物超所值。

高性价比战术并不新鲜。零售业的沃尔玛、开市客、7-11，服装业的 ZARA、H&M、优衣库，以及戴尔电脑、西南航空、宜家……大批知名企业都是通过"高性价比战术"而崛起的，个个都是"成本领先战略"的标杆实践者。

那么，我们该如何提高性价比，并且长期支撑这种性价比呢？备受大家追捧的零售业瑰宝开市客的做法可以给我们带来一些启发。

作为全球最大的连锁会员制仓储超市，开市客一直把"低价高品质"作为自己的经营哲学，并以"为顾客挑选高性价比的商品"为己任。为此，开市客采取了以下五项策略。

第一，选择中高端品牌进行集中采购，在确保商品质量的前提下以巨额采购量换取低价。

第二，对供应商进行严格筛选，要求它们提供的商品必须具有高性价比，并且如果商品品质出现问题，开市客至少三年不会再与这个供应商合作。

第三，在开市客售卖的商品中，自有产品的比重非常高，这些产品的定价通常较低，但质量却不打折扣。

第四，品类少，不求全。沃尔玛有 10 万种商品，而开市客只有4 000 种。减少品类，使开市客更加聚焦。

第五，商品通常采用超大包装，极大地降低了包装成本。

追求极致的性价比，需要平衡好顾客所感知到的性能体验与价格。因为顾客所说的"性价比"，通常是他所感知到的性价比，是实际消费与预期体验的对比，而感知到的性价比往往会因人、因需求而异，更何况还存在着信息不对称。

3.3 驾驭规模增长

"连锁企业的业绩 = 单店盈利能力 × 门店数量"公式告诉我们，

多开店、快开店是企业规模化增长的路径之一。

要想多开店、快开店，先要明晰增长潜力。企业的规模增长是建立在拥有巨大增长潜力基础之上的。如果一家企业没有增长潜力，付出再多的努力，也是无用功；如果企业的增长潜力很大，那么经营者就要聚焦于两个重点：一是品牌的打造，二是人才的培育。

品牌与人才是企业规模增长的双引擎，能为企业发展注入巨大的动力。

3.3.1　明晰增长潜力

潜力代表着个体、组织、企业的未来发展空间。如果一家企业没有增长空间，规模增长就无从谈起。在连锁服务业，所谓"增长潜力"，从本质上来说就是能够支撑企业不断复制与扩张的"基因"，直接决定了企业规模增长的上限。

1. 规模增长从潜力基因谈起

基因是决定生物体的生命机制，生物体的生老病死以及其他所有生命现象都与基因息息相关。如果把企业看作一个生物体，我们会发现，它所拥有的潜力基因决定了它会拥有怎样的未来。

企业的潜力基因主要包括以下几种。

（1）产品基因

产品基因是企业所有潜力基因中最核心的基因。

仅仅是产品"好"，并不一定能促进连锁企业扩张。产品能标准化复制、员工能普遍掌握制作工艺，才是扩张的关键，因为连锁的本质就是复制。一家企业只有产品具有很高的可复制性，才有可能从1到 N 不断复制，走上规模化经营之路。蜜雪冰城、喜茶等企业之所以能开遍全国，正是因为其产品可以标准化复制。你在北京喝到的棒打鲜橙和你在天水喝到的棒打鲜橙，味道上不会有任何差异。

（2）技术基因

技术的力量远远超出了人们的想象，即使是那些发展停滞、业态固化、几十年如一日的行业，也有可能因为技术的进步而变革：中央厨房技术改变了连锁餐饮业的生产模式、运营模式、成本结构；APP、小程序改变了快销饮品的消费模式；移动互联技术改变了上百年来不变的零售模式。

技术基因存在于两个层面：一是企业创立之初就"长在身上"的技术；二是企业对待技术的态度、企业识别技术和应用技术的能力，这也是更为重要的层面，因为它们决定了企业在规模增长的历程中能否实现技术领先。

（3）模式基因

商业模式与盈利模式在很大程度上决定了企业在市场竞争中的处境——能否占得先机、是否会被替代。

供货商供货、售货员销售的普通服装零售商业模式，不敌优衣库、ZARA 的快销连锁模式；现场备件、漫长等待的普通汽车养护商业模式，也不敌线上下单、线下快速操作的途虎养车商业模式。前者之所以会被时代边缘化，正是因为后者能带来巨大的增长潜力。

而盈利模式无非一本万利、重本重利、重本薄利三种类型，这决定了企业在规模增长的历程中是轻装上阵还是负重前行。尽管大多数情形还不至于事关生死，但一定会显著影响扩张的效率，比如，某家连锁餐饮企业的中央厨房如果仍是纯粹的成本中心，其盈利能力就很难赶超已将中央厨房打造成利润中心并独立上市的海底捞。

（4）资本基因

是否背靠资本，以及背靠的是什么量级的资本，会对规模增长产生潜移默化的影响。

在每个人的奋斗历程中，背景都是不可轻视的影响因素，企业也不例外。不同量级的资本能为企业提供的资源赋能和战略指导是不同的。如果企业背靠的资本能量巨大，那么它甚至还能提前把握风向、超前掌握关键信息。

当然，虽然资本的助力为企业扩张提供了底气，但在规模增长历程中，企业能不能持续吸引资本、是否拥有持续的融资能力、能否真正用好资本赋予的优势，终归还是要以其他潜力与硬实力为基础。资本是清醒且逐利的，如果企业的实力不够强大，就难逃被资本抛弃的命运。共享单车、无人售货在资本狂欢后坠入深渊的教训至今历历在目。

（5）市场基因

发展的速度与规模很多时候并不取决于企业自身，而是会受到市场的巨大影响。企业所处的市场不同——是优势行业、成熟行业、新兴行业，还是夕阳行业，规模增长情况也千差万别。那些处于风口的行业往往聚集着更多的资本与客户，投融资行情火热，消费热情高涨，上下游产业链中的支持与选择也更丰富。

（6）需求基因

科幻小说《三体》里有一句经典金句："我消灭你，与你无关。"

在此时此刻消费者需要的、高频使用的产品或服务中，有些可能会一直存在且不会改变，比如面包是消费者的刚需并且永远会是"面包的样子"；有些虽然会一直存在，但是注定会被迭代升级，比如不断进化的手机，或许有一天，手机的实体屏幕都可能会消失；而有些可能只是时代的产物，仅仅存在于某个时代，假设汽油动力汽车有一天消失了，那么连锁加油站必定也会随之消失在历史的长河中。

当供求关系因时代的滚滚浪潮而发生剧变时，企业的任何努力可能都无济于事。正如 2000 年卖 BP 机、2005 年卖胶卷相机、2010 年卖 DVD 的那些企业，它们并没有输给自己，而是输给了时代。

连锁服务业的经营者需要不断地站在客户需求角度去思考：我的产品与服务是越来越被需要，还是越来越被冷落或舍弃？是否存在被替代的可能性？

企业拥有的潜力基因越多，规模增长的空间就越大。所以，企业要致力于打造"基因组合"，使这些基因相互作用、形成合力，最大限度地提升企业的增长潜力。比如，市场潜力如果与资本结合起来，就会形成一种能推动企业超高速扩张的基因组合。瑞幸咖啡在诞生之初的疯狂扩张，便是源于市场潜力与资本的优势组合：市场潜力给予了资本信心，而资本则赋予了企业开发潜力的底气。

其实，不只是瑞幸，回溯连锁服务业中那些标杆企业的发展历程，无论是沃尔玛、优衣库还是麦当劳、肯德基等，都是在规模增长阶段不断地打造基因组合，才得以矗立于行业之巅。

企业经营者应该时刻审视企业的基因组合是否稳固，如果能形成合格的六边形，企业的规模增长就会拥有充足的空间（见图3-17）。

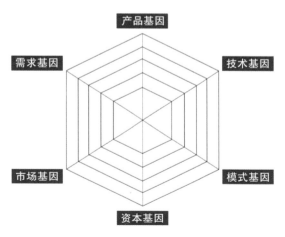

图 3-17 企业的基因组合图

2. 企业真正的天花板：企业家

创业初期，企业是企业家的企业。

规模增长时期，企业家要做企业的企业家。

我接触过很多创业者，有的持续精进，成长为优秀企业家；有的则止步于"小老板"，无法向前一步。这些"小老板"难道不想把企业发展壮大吗？当然想，比谁都想！但是，他们自身的认知和能力已无法驾驭成长中的企业，他们的企业之所以裹步不前，正是因为受他们所限。

老板也是人，是人就有局限，就有不足。但是，老板的能力又与企业的发展紧密相连，因为老板是给企业定方向的人，并且拥有最大的权力，掌控着人、财、事的决策权，他的定位正误、战略选择优劣、权力运用好坏，直接决定了企业的命运。于是，老板的瓶颈就成了企业的瓶颈。所以，我们说老板才是企业真正的"天花板"。

没有"一招鲜，吃遍天"的企业，也没有"一招鲜，吃遍天"的企业家。经营与管理能力的不断进阶是创业者驾驭自身商人角色与管理者角色的重要基础。企业创业成功后能做多大、走多远、走多久，取决于企业家能进阶到哪个段位。

那些能驾驭规模增长的企业家，往往不仅有勇气和胆量，还有眼光、智慧和谋略，更具有自我批判、与时俱进、知行合一的精神。更重要的是，他们能持续学习和不断进化，致力提高自己的能力上限，企业也因此不断提高发展的上限，拥有更大的增长潜力。

经常有人问我张勇到底是一个什么样的人，他身上的哪些特质成就了海底捞？在我看来，张勇是真正的企业家，他以自己的持续进化带领海底捞走向卓越。

认识张勇时，我还同时认识了北京 M 餐饮公司的老板。论品牌影响力，当时 M 餐厅比海底捞名气大得多。两家企业都有十几家门店，但 M 餐厅的门店全部开在北京，海底捞的门店则分布在四个城市。但更大的区别在于，M 餐厅离了老板就"转不了"：他不参与研发，新品就出不来；他不参与人事，人就招不到；他不管采购，食材就不合格。总之，事事离不开他。他自己也这样认为，所以一天只舍得睡四五个小时。

张勇呢？不管选址、不管新开店、不管研发、不管采购，总是说"谁的地盘谁做主"，他只关注"公司究竟该做的对的事是什么"，只关注选择更适合管理各个门店的人选，只关注关系到顾客满意、员工激情的机制建设、制度建设，所以张勇该睡觉时睡觉、该爬山时爬山。

我当时就一个感觉：两位老板的管理能力根本不在一个数量级上，能驾驭的企业规模一定会不同。事实证明，确实如此！

要罗列张勇的成功要素，实在太多了，但如果非要选出最重要的三个，以我的理解，非此三点莫属：①透过现象看本质的能力；②务实的工作作风；③知行合一的践行。

以海底捞培训体系的建设演进为例，张勇从开始创业就非常重视培训，当时的主要抓手是"师傅带徒弟"。但随着门店增多，加之天高皇帝远，以及从内容到讲师再到培训方法都没有标准化，好的方法、制度、流程等在执行过程中效果逐级递减、走样严重。所以，张勇迫切地希望有人能帮他把培训做起来。以他当时的理解，解决了培训的标准化问题就可规避"什么样的师傅带出什么样的徒弟"的问题。于是，我与海底捞合作时张勇交给我的第一项任务就是培训，他对我说："王老师，你就帮我把培训统一做起来，培训你说了算，做得如何你不用管，交给他们运营团队来管。"

随着培训标准化的深入，人才培养中新的问题也陆续暴露出来，张勇渐渐意识到真正影响开店的瓶颈是店长的成长速度与质量，培训虽然能解决其中某些环节的问题，但干部的选拔、企业文化的传递等不能只依靠培训，关键岗位人才的培养应该是一项系统工程，不能头疼医头、脚疼医脚。于是，海底捞内部培训机构应运而生，张勇又对我提出了新的要求：培训体系与行政体系要高度结合。

当海底捞内部培训机构运行平稳，人才培养模式逐渐步入正轨后，为避免脱离一线搞培训、为了培训而培训，张勇又跟运营团队说："内部培训有用，你们就去听；没用，就不用去。"我开玩笑地说："您这不是挑动群众斗群众嘛！"其实，我非常理解，他这是在倒逼培训部门，让他们始终保持经营思维和价值思维，只有这样，培训才不会与实际业务的需求脱钩。

海底捞培训的一次次迭代与进化，为之后培训部门走向市场化、从成本中心转变为利润中心奠定了坚实的基础。

3.3.2　品牌的力量

品牌策略家拉里·莱特（Larry Light）曾经说过："未来的营销实际上是品牌的战争。对一个企业而言，品牌是最珍贵的资产。能够让你的企业拥有市场的途径就是率先拥有具有市场优势的品牌。"从某种角度来说，企业与企业之间的竞争就是品牌与品牌之间的较量。这一点在连锁服务业更为明显，因为连锁经营的核心就是品牌，品牌知名度越高的企业，越容易实现规模增长。

1. 品牌是通行证

选址是连锁企业规模扩张的重要环节。一方面，商圈的位置先天决定着门店客流的多寡，即使在同一家购物中心的不同位置，客流量与吸引力也是千差万别；另一方面，门店经营的主要成本——物业租金的高低会直接影响门店的利润，如果门店选择的地址既拥有高客流量同时租金又很低，就会使单店盈利能力得到充足的保障。而在企业与商业物业方的商务谈判中，要想获得议价权，获得真金白银的减免和优惠，必须靠什么？品牌。可以说，品牌就是通行证。

优势品牌往往和商业物业方"双向奔赴"，弱势品牌却在合作中困难重重。因为优势品牌本身就代表着高客流量，代表着消费者的认可，也体现着产品与服务的调性，与优势品牌合作能使商业物业的经营业绩得到保障。

海底捞拓展业务的变迁就体现了这一点。

早期，海底捞没什么名气，很难进入各类商业中心，大多是开街边店。当时，拓展部的小伙子们选址靠的是走街串巷地寻访，非常辛苦。后来，随着海底捞的口碑越来越好，品牌知名度和影响力不断提升，开店速度越来越快，各业务部门都感觉工作强度和工作难度越来越大，唯独拓展部门的工作较之前轻松很多。为什么呢？

因为海底捞品牌自带流量，希望与其达成战略合作的商业地产商越来越多，光是上门拜访的商家就络绎不绝、应接不暇，小伙子们不用再走街串巷。那时，海底捞每到一个新的购物中心，都能快速且优惠地得到好位置。有些三线城市的商业地产商为了吸引海底捞入驻，不惜给出更优惠的条件，比如免租期长、免费装修等。2019 年，海底捞的租金成本仅占营收的 0.9%，而同行业的平均水平为 11.4%（见图 3-18）。

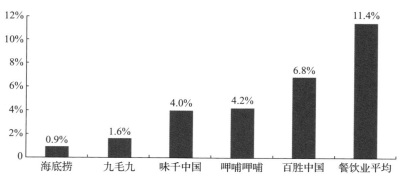

图 3-18　连锁餐饮企业租金占营收比重比较（2019 年）

同样，在连锁服务业巨量的上下游采购业务中，能够为企业带来优先生产、优先物流、优势价格的，往往也是优势品牌，因为品牌能最简单、直接地呈现出企业的经营现状与未来发展，能快速获得供应商的信任与认可。

一言以蔽之，品牌就是企业在2B（与企业）合作中获得优势地位与实际优惠的通行证。

2. 品牌也是护身符

当企业面临危机时，品牌又是护身符。

当企业现金流告急、经营状况堪忧，急需贷款"救命"时，品牌会直接影响到银行的决策。"救不救？""什么时候救？""给多少？""什么时候给？"这几个"要命"的问题，不同品牌得到的答案一定是不同的。

而当企业面对扩张机遇、发展风口需要融资时，品牌又会左右投资方的选择。"给不给？""什么时候给？""给多少？"这几个会从根本上影响企业长期发展的"续命"问题，不同的品牌得到的答案也一定不同。

这是因为，品牌代表着承受风险的能力，代表着走出危机的可能性，代表着未来的盈利能力与发展空间。尽管贷款、融资所需的具体数据还需要进一步的严格尽调与审查，但是贷款拿得到、拿得快、拿得多的企业一定是拥有优质品牌的企业。

3. 口碑就是最好的品牌

在传统消费品行业，消费者对品牌的感知及认同，在消费之前就基本完成了。为了更好地传递品牌的内涵、价值观、功能与功效，从宣传语与标识的设计到各个渠道的宣传，企业都有着复杂精妙的设计，以期迎合客户显性和隐性的需求，撬动可能的目标用户。精准的品牌定位，加之合适的宣传渠道，会带来更多消费。

而在连锁服务业，消费者对品牌的认同，更多地建立在消费之中、消费之后。品牌的各种元素，必须由消费者亲自进行全面的体验才能有所评判。所以，品牌的建设也就必然要遵循连锁服务业顾客消费的规律——眼见为实，体验为重。

只有靠一家家地开店，连锁服务型企业才谈得上市场渗透率。只有名气并不能带来更多的消费，毕竟一家门店能服务的范围、顾客数量是有限的。而品牌想要建立的与顾客的情感纽带、传递的价值观以及产品与服务的真实质量，更需要在服务和交互中亲自感知，正所谓"眼见为实"。

传统消费品行业可以通过对品牌的打造收获极高的品牌溢价，但是连锁服务业的体验从普惠消费到高端消费仍旧是性价比的评判：花费了多少，体验到了什么样的产品与服务，性价比自在人心，正所谓"体验为重"。

品牌是顾客养起来的，顾客是口碑聚起来的，口碑就是最好的品牌。

口碑在很大程度上决定了新顾客的尝试、老顾客的复购。口碑也是仅有的一种超前体验的方式，让顾客在消费前通过与其他顾客"共情"超前感受。对加盟连锁扩张而言更是如此，顾客口碑与加盟商口碑同时决定着扩张的速度与质量。

需要特别指出的是，我们并不是否认营销的作用。品牌策略中的品牌联想、品牌主张、消费者目标等元素依然非常重要，而各个渠道的宣传甚至比以前更重要了，毕竟在信息爆炸的时代，有时候酒香也怕巷子深。只是企业不应一味地依赖于营销，因为在大多数情况下，营销只能让顾客来第一次。绝大多数连锁门店需要的是由口碑支撑的复购。如果营销做得非常好，但到店体验却一塌糊涂，那么这种营销就会成为减分项，生意只会越做越小。

品牌不是短期盈利工具，而是追求长期价值的战略。连锁服务业的品牌建设有着自己鲜明的重点和优先级，需要从设计到经营再到目标逐级打造，非一日之功。只有收获了口碑才有可能加速扩张，也才能有真金白银的收获，真正进入良性的规模增长。

3.3.3　人才是企业的第一资源

人才是企业的第一资源，在影响连锁服务业扩张的诸多因素中，"人"也是最重要的因素。

张勇强调海底捞的核心竞争力并不是服务，而是人力资源管理体系："我找到了更好的复制方法，资本化就是个自然的过程。"90%

以上营收来自加盟渠道的卤味巨头绝味食品，也靠人才管理和文化建设打造出了核心竞争力。

行业不同，对人才的重视却如出一辙，皆因人才对于规模增长实在是太重要了。

1.千金易得，良将难求

连锁企业开店最重要的是三件事：地、钱、人。但是，并非租到地、找到钱、招到人，门店就能一家一家地开下去。连锁企业的规模增长，并不是简单的"1＋1＋1＝3"。

与连锁企业打交道久了，我发现一个规律：很多企业在门店少时，效益很好，顾客口碑也不错，老板凭借自己的能力和敬业足以驾驭。但当门店增加到一定数量时，往往会出现以下两种现象。一是之前稳定运行的门店和团队越来越"没劲儿"了，大事小事不断，这边开店、那边关店，门店数量就是突破不了；二是收益不增反降，店多了却并没有多挣到钱，甚至还赔了，没有形成规模增长。

其实，对这个阶段的企业而言，"地"和"钱"已经不再是头等大事了，因为它们的品牌已经足以吸引资本和物业，难的是"人"能不能接得住这找上门来的"地"和"钱"。

好位置稀缺、钱最难找、人到处都有，是连锁服务业对规模增长最大的认识误区。因此，很多企业经营者会想：

不就是招人吗？这么庞大的行业，我广撒网，何愁招不到员工？

　　店长乃至高管，我只要给足待遇，何愁找不到合适的？

　　不就是培养人吗？那么多成熟的培训体系和课程，要么送他们去学习，要么引进，只要舍得花钱，就该有效果吧！

　　可是，劳动力市场虽然不缺"人"，"才"却是向来都缺的——堪大用的人才不够用，堪大用的人才也不好找。想当然地广撒网，妄图捞大鱼；漫不经心地培养人，妄想出人才，结果往往都不会太美好。

　　等到企业的发展陷入困境后，很多经营者才幡然醒悟："人"的问题竟然是开店三件事中的头号难题。

　　在商业模式明晰、投资到位、战略合作物业签约后，"人"便成了决定成败的关键要素，可是，这里的"人"指的是普通基层员工吗？是，又不是。关键的关键还是"一店之长"。

　　单店在整个连锁经营体系中承担着多元角色，一店之长自然也承担着多重角色。门店是企业的利润中心，店长必然要对该店的经营业绩负责，因此，他最重要的角色首先是"门店经营者"。经营业绩要靠全体员工齐心协力完成，团队氛围如何、成员以什么样的状态工作、员工是否获得成长，都是店长必须关注的重点，这决定了店长还需是"团队建设者"。小企业靠销售、大企业靠文化，而文化的传递靠的不是培训而是践行，所以店长还有一个非常重要的角色，就是"企业文化的传承者"。所谓"本色做人、角色做事"，只有角色到位了，责任才能到位。

店长之于连锁企业如此重要，因此，打造一支角色感强、胜任力强的店长队伍，就成了连锁服务业人力资源管理工作的核心和重点。店长的成长速度，决定了企业开店的速度；店长的合格程度，决定了企业的增长规模。

2. "种"人才 vs "挖"人才

人才从哪里来？是自己培养还是直接引进？回答是各有利弊。

自己培养的优点是显而易见的：员工对企业非常熟悉，很容易上手，文化认同感强，员工在企业里能够看到成长的可能，有奔头，忠诚度相对较高。但这要求企业必须构建个性化人才培养体系和机制。

直接引进的优点也是显而易见的：省时省力，能够引入较新颖的观念和方法。但是，引进的人才对企业情况不熟悉可能会影响工作，同时需要建立对企业的认同感，而且新人与老人的融合有一定的难度，当然，最大的影响是容易挫伤老员工的积极性。

对于这个问题，不同的企业会做出不同的选择。比如，海底捞的所有店长都是自己培养的。在我看来，与其说海底捞是一家火锅企业，不如说它是一所火锅店长的培养学校。张勇是如何考虑这个问题的呢？我们不妨看一看网易财经对张勇的采访。

网易财经：海底捞的晋升机制好像都是需要员工从最底层做起，一层层提拔？

张勇：对。

网易财经：好像很少有直接招来一个主管或者区域经理的情况？

张勇：也有，但是很少。

网易财经：这是出于一种什么考虑？

张勇：我们企业的核心价值观是"双手改变命运"，要体现这一点。如果都从外面招人来做这个店长，那这不是骗大家吗？因为这就把员工的路给堵了，他们还怎么改变（命运）呢？所以，要么宁愿他们干不好也要让他们干，要么就把这个价值观给改了。但我们现在不想改，我们必须兑现自己的承诺，不能骗大家。员工一定要从服务员做到大堂、店长，然后再继续往上升，他们才能够改变命运，才有可能在北京买房子，他们的小孩才有可能在北京念书。当他们认识到这一点之后，就会迸发出一种希望，我们就能从他们的身上感受到一种激情，而这种激情能直接保证顾客的满意度。那么，反过来说，他们如此给力，我的命运不也就被改变了吗？

海底捞的人才策略给了我很大的启示：人才究竟是"种"还是"挖"，很大程度上取决于企业自身的基因和价值观。

对企业而言，无论是自己"种"人才还是"挖"人才，最根本的是要有公开的人才选拔与任用标准，只有这样才能确保企业的良性发展。如果没有公开的标准，任人唯亲、拉帮结伙、封官许愿等现象就会在企业中成为常态，给企业的稳定发展带来巨大的伤害。

3. 岗位标准清晰化：从服务员到店长

对于不同岗位的人才，企业需要用不同的标准来选拔与考核。企业制定的标准越清晰、越具体，员工就越清楚自己努力的方向，执行起来就越聚焦，事半功倍；相反，标准模糊、笼统会导致员工不知道该怎么做，使员工付出更多的苦劳却没有功劳，事倍功半。

服务员是连锁企业中最基层的岗位，尽管如此，在选用服务员时也需要有一套完善的标准体系，这套体系通常包括选人标准、任职标准、晋升标准、淘汰标准等。

我们来看一下海底捞过去实施的服务员六级考核标准（见图 3-19）。

二级	一级	业务先进	标兵	劳模	功勋
①把注意力放在顾客身上 ②能做到快速、准确及业务熟练（基本时间要求） ③能够准确提供常规特色服务（特色服务29条）	①达到二级标准 ②急顾客之所急，做到察言观色。尽量不等顾客发出指令就提前服务 ③有能力发现简单的顾客缺陷率，能巧妙地收集顾客信息并有能力传递	①达到一级标准 ②能根据具体情况创造性地为顾客提供特色服务 ③有能力通过优质服务及准确使用员工授权，发展和巩固新老顾客 ④有能力发现顾客缺陷率，并依据员工授权进行常规处理 ⑤每月提交6个及以上具体案例给店经理，说明自己达到标准，店经理统一汇总至片区存档 ⑥连续三个月获评业务先进并达到标兵标准者，可转为标兵	①达到业务先进标准 ②有责任感、与人为善、团结同事 ③起到带头作用 ④连续三个月获评业务先进并达到标兵标准者，才可以转为标兵 ⑤连续四个月获评标兵并达到劳模标准者，可转为劳模	①达到标兵标准 ②连续六个月获评劳模并达到劳模标准者，可转为功勋	①达到劳模标准 ②连续六个月获评劳模并达到功勋标准者，才有资格转为功勋

图 3-19　海底捞的服务员六级考核标准

在前文中，我们讲到店长在连锁企业中具有重要作用，因此，店长的选用标准至关重要。我们仍以海底捞为例，看看什么样的标准才能选出更适合的店长。

海底捞在很长一段时间里对 A 级店长采取以下考核标准。

门店小组级别：A 级组占比不低于 30%（其中，门迎组或上菜房至少有一个为 A 级组，服务组中 A 级组不少于 2 个；同时，不能有 C 级组）。

宿舍管理：宿舍评分须在 70 分以上。

候选店经理培养：有两名候选店经理。

后备店经理轮岗考核：考试成绩合格，在线考试分数须在 70 分以上。

后备店经理资格要求：需持有物流、采购、财务等方面的证书，以及信息考核证书。

后备店经理理论要求：理论考试成绩合格。

后备店经理民意测评报告：民意测评结果中 60 分以上的票数占当次投票人数的 70% 及以上；投赞成票人数过半。

后备店经理推荐信：推荐人为经理及以上级别，并且要有推荐人的手写签名。

第二套班子履历：人数达标，履历达标，并且升迁至现在岗位符合制度要求。

第二套班子投票结果：得到本小组 2/3 员工的认可。

第二套班子在线考试成绩：在 70 分以上。

食品安全检查情况：每个小组（门迎组、上菜房、配料房、传菜组）食品安全得分达到 80 分，并且有考核人员的手写签名。

当然，这些考核标准只是海底捞在某个发展时期使用的标准，海底捞各个岗位的现行标准经历了无数次迭代。其他企业可以借鉴这些标准，但不能照抄照搬。

每个企业都是独一无二的，每个企业对岗位的要求也都有其独特性，只有根据企业自身的实际情况建立起个性化的岗位标准，才能实现上岗人才合格、工作标准一致、业绩目标达成的目的。

当然，现实中有些企业也建立了岗位标准，但在执行时却存在诸多问题。比如，"一朝臣子，一套打法"，换一个人就换一种标准，让标准完全失去了意义；标准不能与时俱进，曾经的成功经验强化甚至固化了团队的思维，使其无法应对此一时彼一时的市场变化；人才培养的系统工程常常被"活人不能被尿憋死"的应急性、灵活性思维打断。林林总总，不再一一罗列。

所以，标准不仅要有，更重在执行。没有有效的执行，标准就会成为一纸空文。而有效的执行，就是遵循人才成长的规律，保持定力并坚持长期主义。这是解决企业人才问题，使企业获得长治久安的根本之道。

3.3.4　组织力为规模增长保驾护航

在品牌和人才双引擎的驱动下，有些企业走上了快速发展之路，也有些企业仍然深陷增长低谷甚至增长停滞的泥潭。为什么会出现这样的现象呢？问题出在这些企业的组织力上。

根据我对企业的深入了解，连锁企业"组织无力"通常会有以下突出表现。

- 老板无所不能，公司离开他就不能转。管理者对老板负责重于对事情负责，"老板说的""老板让这么干""老板同意了""老板批了"是公司运转的主旋律。

- 被"能人"绑架。所谓的能人嫉贤妒能，就是不敢用比自己水平高的人，导致优秀人才进不来、被压制、被挤对走。

- 同一问题常常一而再，再而三地在不同部门、不同门店重复出现，缺乏系统解决问题的方法与机制。

- 企业的优秀实践不能有效复制。

- 没有授权，事事请示，不能及时解决顾客问题，小事故酿成大祸端。

- 官僚作风盛行，管控大于赋能，门店对外看顾客脸色，对内看职能部门脸色，解决问题常常是"求爷爷告奶奶"。

- 业务部门间本位主义严重，部门墙高筑，协同性差。

- 空降兵走马灯似的换，新人老人融合难，内耗大。

- 变革阻力大，导致怕变革、难变革、乱变革。

- 视标语、口号为企业文化，说一套，做一套，员工不认同。

不同企业出现的问题可能各有差异，且背后都有其深层次的原因，不能一概而论地头疼医头、脚疼医脚。不过，我们必须明确的一点是，所有这些问题的根源都是组织力不足。

对企业来说，最大的敌人不是竞争对手，而是自己。当企业发展到一定程度，常常会出现"一言堂"、机构臃肿、官僚作风盛行、人浮于事等问题，导致组织逐渐失去活力，不能为企业的规模增长赋能。那些优秀的企业家能够清晰地看到组织存在的问题，致力于组织力建设，以自我变革实现组织的持续进化，从而带领企业突破瓶颈、穿越周期，使企业重新获得规模增长的动能。

海底捞就是一个以组织力建设为规模增长保驾护航的经典案例，其持续增长正是源于组织的不断进化。

薪酬管理：以员工定级、翻台奖、分红奖的奖励方式，"三分之一骨干奖"的评比制，以及引进小时工的工时管理和内部小费制的效率工资制等来激发员工的积极性。

晋升机制：从基层选拔培养、师徒制到家族长制，不断更新晋升机制，给员工充足的成长空间。

绩效管理：以检查/评比/奖惩、"天鹅行动"、ABC门店评级体系以及强制淘汰等方式，将连锁行业追求的单店增长与规模增长两元目标有机统一起来。

执行力：以24小时复命制、首问责任制、"七个不放过"等确保执行到位与有效。

授权：推行"谁的地盘谁做主"、客户满意优先原则、不拿少数人的错误惩罚多数人的决策思维、监督审核机制等，使提升效率与传递信任并重。

员工能力持续提升：通过提要求、教方法、借外力、给资源、搭班子等促进员工能力的提升，使其与组织共同成长。

通过以上种种方式，海底捞的组织力不断提升，成为企业的核心竞争力。而这些才是其他企业学海底捞真正"学不会"的地方。

管理大师彼得·圣吉（Peter M.Senge）曾说："一个组织拥有长期竞争力的关键，在于比竞争对手更快更好地主动学习和自主进化。"海底捞的案例正验证了这一点。

纵观那些卓越企业的成长发展、转型升级和持续成功，无不是组织力不断提升和匹配的过程。海底捞如此，静博士亦如此。

2020 年，新冠疫情对美业造成了巨大的冲击，面对面深度接触客户的服务模式受到了前所未有的挑战，但静博士在这一年里却只用了 7 个月就完成了全年目标，业绩较上一年还增长了 50%，交出了历史最好成绩单。

静博士究竟做对了什么？

2021 年，我们团队在申报"全国百篇优秀管理案例"时，近距离采访了静博士董事长祝愉勤女士，当时我们向她提出了这个问题，以下是她的回答。

中国民营企业大多活不过3年，有专家说大部分企业是卡在个体向组织转变的这个"坎"上。组织是一群人为了实现共同目标和愿景、达成特定结果而形成的团体，但是，这群人各有不同的思想，把他们组织起来特别难。而为了适应外界的变化，企业需要不断变化，组织也需要不断变革。

2020年，静博士进行了一次重大的组织变革，由我来主导。我们有100多个经理级及以上的干部，当时我要求他们集体辞职——一手打辞职报告，一手打竞聘报告，重新竞聘上岗。我们这次组织变革有三个原则：不创造顾客价值的部门，砍掉；不创造顾客价值的流程，砍掉；不创造顾客价值的"小白兔"，不要。经过两个月左右的多次竞聘，这100多个经理级及以上的干部中有36个重新走马上任。他们不断调整目标，调整状态，导向线上与线下融合，导向生活美容与医疗美容融合。

这次变革使静博士提高了组织效率，重新焕发了生机，在疫情期间超额完成了业绩和利润目标，实现了逆势增长。

企业只有不断构建组织力，才会不断进化；只有不断进化，才会有未来。

不过，组织力的提升不是一蹴而就的，也从来不会是一帆风顺的，而是符合马克思主义所论述的事物发展规律——方向是前进上升的，道路是迂回曲折的，即"螺旋形上升、波浪式前进"。所以，经营者在构建组织力时，要有长期主义思维，只有这样，才能完成这个持续自我变革、自我进化的过程。

3.4　走出增长的困惑

对企业来说，增长是一件极具价值的事情，也是所有企业经营者努力追求的目标。不过，在寻求增长的路上，企业经营者常常会遇到一些共同的困惑。这些困惑令他们备受困扰，甚至陷入"增长迷茫期"，对大家公认的增长理论以及自己采取的增长方式产生怀疑。

很多人说，增长就是打破一个又一个天花板，但在我看来，增长更是走出一个又一个迷茫期。只有厘清增长的困惑，迈过一道道"坎"，我们才能领悟增长的真谛。

3.4.1　上市是目的还是工具

在企业的增长路径中，上市是一个非常重要的关口。几乎所有企业家都有一个上市梦，所以有投资人说：上市是每一个老板的星辰大海。但是，一些上市公司老板作为过来人，却有不同的感受：上市不是终点，我们的征途才是星辰大海。

那么，上市意味着什么？上市究竟是目的还是工具？

从本质上来说，上市是企业面向公开市场的一次融资。上市成功，企业就能获得充足的资金，企业的未来发展就能得到现金流的保障。同时，企业还会因此获得更广阔的发展平台，借助各种资本市场工具来进一步推动企业的快速增长。

上市是资本市场对企业的阶段性成果的肯定，相当于企业完成了一个"成人礼"。但从另一个角度来说，进入资本市场也意味着企业需要面对更大的挑战，比如要接受大众的监督，承担更大的社会责任；必须规范运营，要实现从不成熟企业向成熟企业的转型。

所以，上市对企业来说是一把双刃剑，经营者要慎之又慎。在融资时，经营者要清醒地认识到，自己找的不仅仅是资金，更是"合作伙伴"，这对企业的发展至关重要。在融资后，经营者要找到自身不可替代的价值点，否则很有可能被资本踢出局。这样的事情在资本市场并不鲜见，ChatGPT之父、美国大模型创业公司OpenAI的创始人萨姆·奥尔特曼（Sam Altman）被董事会罢免、出局又回归，就是一个典型的案例。

上市不是企业的终点，而只是促进企业发展的一种手段和工具。经营者更不应把上市当成人生巅峰。只有把上市看成高质量发展的新起点，才能带领企业进入全新的增长阶段。

3.4.2　风口是机遇还是泡沫

"风口"是互联网时代的热词，"站在风口上，猪也能飞起来"说的是找准了时机，看清了形势，赶上了机遇，想不挣钱都难。

果真如此吗？

每日优鲜堪称当年的"风口上的猪"，然而 8 年间亏损百亿元，市值一年内缩水 98%，这让我们心有戚戚，不知所往。

新零售、社区团购连锁、前置仓生鲜连锁，都是为了满足消费者对零售连锁中"多、快、好、省"的需求而生的。尽管这些模式拥有庞大的市场、广泛的需求和火热的风口，但它们仅仅为企业增加了成功的筹码。至于能否获得长久的发展，还要看企业能否经得住市场的检验。

有人踩中风口，一飞冲天；也有人踩空风口，一蹶不振——风口，并不是企业生存与发展的"免死金牌"。更何况，在连锁服务业中，很多所谓的风口不过是资本催生出来的伪需求，无法从概念变成可赢利的商业模式。

能站在风口上，固然好，但也别因此而放弃努力，真正能让你的企业"飞"起来的，一定是优质的产品、极致的服务、精益化的管理，是在自己领域脚踏实地的深耕细作与持久投入。

3.4.3　管理是目的还是手段

当创业企业跨越了个体户的临界点，经营规模达到一定程度后，发展中的问题就会与日俱增，这时应该怎么办？答案是：向管理要效率！向管理要效益！

但是，为什么管？管什么？如何管？该谁管？管到什么程度？经营者必须认真想清楚这些问题。企业对这一系列问题的不同回答和实践，不仅体现其管理水平的差异，更将最终决定其经营绩效的高低。

现在，让我们把目光投向自己的企业，看看以下现象是否曾或多或少地出现过？

（1）为培训而培训，把培训本身当成目的

没有干过一天销售的培训师给销售人员培训销售技能，没有带过一天团队的培训师教店长如何管店，慕名请来的"大咖"隔靴搔痒式地为管理者传授管理知识，甚至还有更极端的情况——管培生给管培生培训企业文化……企业培训怪象可谓层出不穷。

培训做了吗？当然做了！有效果吗？肯定不会有！

（2）管理就是建章立制体系化

空降一批高管，就重新梳理一遍公司的架构、体系、流程和制度。企业看上去要文化有文化、要标准有标准、要制度有制度、要流程有流程，手册一本又一本，装订整齐，包装有品。但问题是，执行了吗？能执行吗？为什么执行得好？为什么执行不力？没有人能给出答案。

而且，建章立制体系化并未带来任何绩效提升，相反，却提高了企业的成本，使效率降低、利润变薄。

为什么会出现这样的现象？原因在于，有些企业管理者在企业实际运营中有意无意地将"管理手段"异化为"目的"。

德鲁克在《管理的实践》中明确表述：企业之所以存在，是为了产品和服务。企业的本质，即决定企业性质的最重要原则，是经济绩效。管理层只能以所创造的经济成果来证明自己存在的价值和权威，最终检验管理的也是企业的绩效。

管理始终是为经营或者目标服务的，切忌让管理问题演变成经营问题与发展障碍。很多企业常常犯的错误是，把经营问题归结为管理问题，试图通过强化管理来摆脱经营困境。例如，一线运营者总是得不到支持、职能部门与业务部门对立、执行效率低下等问题，从表现形式来看，似乎是管理问题，应对管理"下药"，但透过现象看本质，我们会发现，其实这些都是实实在在的经营问题。

要结束这些乱象，让管理真正为增长赋能，企业经营者应该常常用客户思维、市场思维、价值思维这三种经营思维（见图 3-20）来扪心自问。

图 3-20　经营的三种思维

- 从客户思维出发，我所做的决策对于吸引更多顾客、为顾客创造更多价值，是有益的、有害的，还是不相关的？

- 从市场思维出发，我所做的决策对于降低成本、提升利润，是有利的、有悖的，还是不相关的？

- 从价值思维出发，我所做的决策能否为公司创造价值？是会促进目标实现，还是会阻碍目标实现，或者毫不相关？

如果管理者抛开经营去做管理，那管理的意义何在？为管理而管理必然会导向对权力的追逐、对地盘的保护、对管控的加码，官僚主义、形式主义、务虚之风必然会在这样的土壤中生根发芽，企业的增长也就无从谈起了。

3.4.4 规模是终点还是中点

关于规模，我们常常会听到这样的话："连锁企业就是要靠规模取胜""只有规模上去了，我们才能有知名度和品牌影响力""这桩收购将会使我们快速成为行业内最大的企业"。不可否认，成为行业内规模较大甚至最大的企业，一定会给企业带来一些优势，但是问题在于，规模大就等于"好"吗？规模大就等于"强"吗？规模大就等于"久"吗？换言之，规模是企业的终点吗？

其实，一味地追求规模增长对企业来说是非常危险的，海底捞就曾因此陷入困境。

新冠疫情暴发后，不少餐饮同行纷纷放慢脚步，而作为"餐饮老大哥"的海底捞却一度做出了逆势开店、加快扩张步伐的决策。

不过，事实证明这个决策是错误的，盲目扩张之下，海底捞的同店销售额与翻台率都出现了下滑，公司股价也受到了影响，市值更是一度跌破千亿元。

对此，张勇进行了深刻反思，在 2021 年 6 月的股东大会上，他承认自己在 2020 年做出的开店决策是完全错误的："我对趋势判断错了。现在看来确实属于盲目自信，当意识到问题时已经是 2021 年 1 月了，等公司反应过来时已是 3 月。"

张勇坦言，过去门店少时他会亲自管理，对每个门店的问题和管理岗位的情况都了如指掌，但如今规模大了，一些很严重的问题都不能及时发现了。

所幸，张勇及时纠正了自己的错误：2021 年 11 月，海底捞发布公告，在 2021 年 12 月 31 日前逐步关停 300 家左右经营未达预期的门店。及时止损，使海底捞重新走上了发展之路。

做加法、盲目开店，并没有带来预期的"好"；做减法、自觉关店，带来的却是因止损而变"强"。可见，千万不要为了扩大规模而扩大规模，这会使企业走入歧途。

在追求规模的道路上，有些企业选择走捷径——并购，比如梅西百货在试图扭转颓势之际，依然选择通过大量收购以实现规模效应，进而成功转型，遗憾的是，成也萧何，败也萧何。

在我看来，并购确实可以快速扩大企业规模，使企业获得被收购企业的所有生产要素，如设备、租赁建筑物、人员等，还可以使财务报表非常亮眼。但最大的问题是，企业不一定能迅速解决组织力匹配问题。企业的有效运作取决于组织中各项要素的高度协调、相互作用和相互支持，其中，既包括"硬"要素，如组织结构、激励机制、流程制度等，也包括"软"要素，如组织文化、组织成员心智模式、非正式沟通模式等。而要建立有效的组织，仅仅靠"拥有权"是远远不够的，还需要持续不断地耕耘、周到细致地工作和长时间地培育。在红缨教育被上市公司并购的那几年里，我近距离地观察到以并购来快速扩大企业规模的战略在落地的过程中是如何被"按在地上摩擦"的，最大的感悟就是：钱可以解决发展中的一些问题，但解决不了发展中的所有问题。

规模是中点，不是终点。企业追求的也不是做大，而是做强、做久。

3.4.5　直营与加盟该怎么选

1. 因企制宜，选择合适的模式

连锁企业都会面临一个共同的选择：到底是自己开直营店、一步步慢慢发展，还是招加盟商，快速扩张？

其实，不管是直营模式还是加盟模式，都各有利弊（见图3-21）。

（1）加盟模式：切忌把捷径变绝境

在健康的经营秩序下，加盟模式对连锁企业来说具有多重益处：

不仅能有人一起分担经营成本，还能获得多维度收益，并能实现品牌的快速扩张。

图 3-21 直营模式和加盟模式的利与弊

但需要提醒的是，作为一条快速增长的捷径，加盟模式给企业带来的风险自然也不低。在对品牌、顾客以及加盟商的保护方面，加盟模式的难度显然大于直营模式，有太多加盟品牌在"疯狂奔跑"后"华丽跌倒"。

加盟模式常出现的问题大体可以分为两类。

第一类：竭泽而渔。品牌方为了多挣钱、挣快钱，设置各种收费名目，在加盟商经营的各个环节"吃拿卡要"，导致"竭泽而渔"，加盟商挣不到钱甚至赔钱，只能愤然离场。这不仅伤害了加盟商，也伤害了消费者，更伤害了品牌。

第二类：管控不力。品牌方的驾驭能力有限，管不住、管不好加盟商。加盟商眼里看到的只是自己投资的那一家或几家门店，他们追求的是回本、更快地回本，挣钱、更快地挣钱。当加盟商只考虑自身利益时，如果品牌方没有强大、有效的管控制度与监察体系，并且无法在合同中做出具有法律意义的奖惩性约束，那么就无法确保加盟商合规采购、服务达标。在这种情况下，加盟商倒是能挣到钱，但品牌方却会陷入经营风险上升、产品服务质量下降的困境。

所以，在选择加盟模式时，连锁企业一定要以制度与机制来对加盟商进行有效的管理，避免把捷径变成绝境。

（2）直营模式：打造"慢就是快"的核心竞争力

相比加盟模式，直营模式在早期的扩张速度上的确存在着天然的劣势，需要经营者有更多耐心才能"静待花开"。

以周黑鸭与绝味鸭脖为例，周黑鸭成立于 2006 年，绝味鸭脖成立于 2009 年，两家企业的鸭货价位相似、口味趋同，但是"晚到"3 年的绝味鸭脖却凭借自身的加盟连锁优势，在 2020 年开出了近 1.1 万家店，远远超过周黑鸭的 1 300 家店。暂且不论毛利率 40% 的差距，仅仅在市场占有率和品牌知名度方面，绝味鸭脖就已经在竞争中占得了先机。事实上，模式带来的竞争差距与直营连锁的重资产压力，也是 2020 年周黑鸭开启加盟连锁的直接原因。

　　既然直营模式在先天上存在一定的劣势，那么就应该探索如何将自身优势发挥到极致。

　　海底捞通过"用时间换空间"的方式打造的店长复制模式、"连住利益，锁住管理"的激励机制，成为其核心竞争力，为资本化扩张奠定了坚实的基础。

　　更垂直的业务模式、业务结构、组织结构、管理模式，赋予了企业更强的管控力、执行力、协同效应。移动互联时代的信息化与数字化技术，也赋予了采取直营模式的连锁企业更强的全局掌控能力、扩张能力和直营管控能力。从长远来看，当企业拥有了核心竞争力，慢就是快。

　　直营模式与加盟模式，商业模式不同，面对的客户不同，赢利的模式自然也不同。这注定了两种模式在体系、机制建设上有不同的侧重点。经营者要以对业务本身、竞争环境、战略设定以及资源状况的考量为出发点，在直营模式与加盟模式间做出选择。

　　当然，直营模式与加盟模式没有对错之分，在每一个细分领域中，几乎都能找到或直营模式或加盟模式的标杆企业。加盟模式和直营模式也不是一旦选定就无法更改的，有的直营连锁企业就选择了半路开放加盟，比如，已坚持做直营近 20 年的海底捞。在笔者还在校订本书稿的 2024 年 3 月 4 日，海底捞发布了公告《有关引入加盟特许经营模式的业务更新》。也有的加盟连锁企业选择了关闭加盟，专注直营，如巴奴毛肚火锅就在开放加盟近 10 年后，在一年内关闭了全部加盟店，转为直营。还有很多品牌以直营＋加盟的方式来保证品牌的正常运营，这也是不错的选择。

2. 海底捞：从"与钱合作"到"与人合作"，再到"与钱合作"

海底捞深受全国各地消费者的喜爱，多年来品牌知名度、美誉度不断攀升。因此，想加盟海底捞的人络绎不绝。但是，在 2024 年之前，他们却只能失望而归，因为海底捞采用的是直营模式，不开放加盟。

海底捞是一直选择直营模式，从未开放过加盟吗？事实并非如此。下面我们来看看海底捞在不同阶段的发展模式。

（1）2006 年之前的发展模式

张勇在创业早期摸索出了清晰的经营之道：一手抓顾客满意度，一手抓员工工作激情。市场和顾客也给予了他非常好的正向回报：开一家，火一家；店店排队，店店挣钱。

当时，海底捞采取的是直营＋加盟的模式，加盟费用在 50 万元左右。与加盟商的合作给张勇带来了很深的感悟：加盟模式就是"与钱合作"！因为加盟商与海底捞的经营理念不相同，加盟店的食品品质、食品安全、服务质量往往得不到保障，这样一来，顾客满意度就得不到保证，品牌美誉度、忠诚度也得不到保证。久而久之，海底捞一向奉行的"保证顾客满意率，达到品牌建设的目标"就变成了空话。

于是，在慎重考虑后，张勇在 2006 年做出了选择：走"与人合作"之路，放弃"与钱合作"。

（2）2006～2024 年 3 月的发展模式

从 2006 年开始，海底捞一方面紧锣密鼓地关闭已有的加盟店，另一方面积极探索"与人合作"的直营模式。

"与人合作"就是通过"连住利益，锁住管理"来实现组织与员工的共赢，就是通过升迁考来解决干部的选拔问题，就是通过务实、有效的绩效考核来解决企业文化的传递问题，就是将顾客满意率、后备干部的成长作为门店的 A 类考核指标……海底捞"双手改变命运"的核心价值观由此落到了实处。

正因为如此，海底捞在取得巨大商业成就的同时，也培养了无数从服务员成长起来的骨干，造就了一批以杨小丽为代表的"富裕阶层"，帮助他们用自己的双手改变了命运。

（3）2024 年 3 月 4 日之后再次引入加盟模式

2024 年 3 月 4 日，海底捞在港交所公告，将着手推行加盟特许经营模式，以多元经营模式进一步推动餐厅网络的扩张。

从"与钱合作"到"与人合作"，再到"与钱合作"，此一时，彼一时，无论是品牌价值还是企业运营管理能力，甚至市场环境，都与当初不可同日而语。当然，再次开放加盟模式也一定会带来新的挑战……海底捞未来能否再创辉煌，我们且拭目以待。

3.5　数字化时代的变与不变

如今，世界之变、时代之变正在以一种超乎想象的速度展开，数字化、智能化的蓬勃发展对人类的生产、生活带来了深刻的影响，一个全新的时代——数字化时代已经悄然到来。

数字化时代会给连锁企业的增长带来哪些改变？在巨变之中，又有哪些东西是恒久不变的？

3.5.1　增长的速度变了

1974～1980年，7-11在日本本土开了1 000家便利店；1986～1996年，迪士尼在全球开了700多家迪士尼商店。对20世纪的连锁行业而言，它们的扩张速度堪称奇迹。但是，在今天的连锁零售业中，"千店连锁"已是司空见惯，"万店连锁"也不是遥不可及的事。

连锁企业的发展速度与规模，一直受到区域、信息、人力、文化等多种因素的限制。但在数字化时代，其上限将会大幅度提升。因为数字化重构了企业的运营逻辑，从"人＋经验"指挥系统转变为"算法＋AI"指挥人（见图3-22）。冗余繁杂的中间环节被打通，人性和经验的局限性被压缩到最小，企业得以在各个环节做出更快、更好的决策。

在数字化时代，企业不再只依托于传统广告与地理位置（见图3-23）来获客。第三方平台庞大的用户基数、"私域流量"以及新兴的运营方式，为企业带来了可观的用户增量。顾客了解一个品牌、一家店铺的方式从未像现在这样多元。

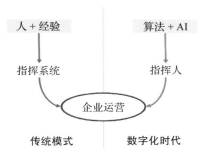

图 3-22　企业运营逻辑在数字化时代的改变

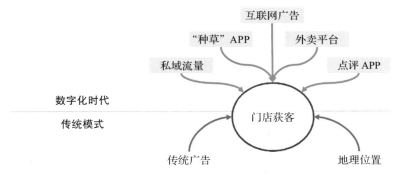

图 3-23　获客方式在数字化时代的改变

需要特别指出的是，发展、扩张的速度的确变快了，但收缩、消亡的速度也变快了。被技术投入的高成本压垮的小企业并非个例，被陈旧系统与繁杂流程拖累的大企业也比比皆是。技术的应用应服从于发展现状，服务于良性增长。

3.5.2　服务方式变了

在数字化时代，企业服务客户的时间和空间被极大地拓展和延伸（见图 3-24）。

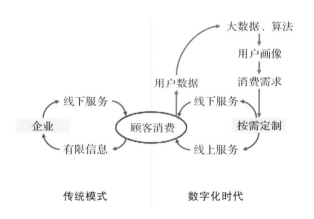

图 3-24　服务方式在数字化时代的改变

我们熟悉的很多服务场景正在改变：饭店里的服务员越来越少，点餐不再用纸和笔，而是用手机、平板电脑；零售店内结账不再需要找收银员，顾客在自助收款台就能自助完成；从选购到付款的全部消费环节都可以在线上完成，消费不再局限于线下开始、线下结束。

服务方式的变革，同时也是顾客信息应用的变革。通过大数据与算法，企业和顾客之间的"先服务后了解"，已经发展为"先了解再服务"。过去，顾客信息大多是姓名、年龄、电话、收货地址之类的基础信息，而如今，顾客信息已经升级为"用户画像"，包含顾客的偏好、需求、消费能力等直接决定消费行为的信息。这使企业能够更精准、超前地把握顾客需求，从而更快速地满足顾客的个性化需求。

需要提醒的是，服务方式虽然变了，但是顾客对优质服务的需求不会改变。企业不仅要继续狠抓员工服务质量，还要通过 APP、小程序等数字化工具来提升服务的质量与效率，这并不比培养一批优秀的服务员容易多少。无论方式如何变化，服务始终要以为顾客创造更多价值、更优体验为目的。

3.5.3 人们的基本生活需求不变

因数字化而生的商业模式革新层出不穷，带来了不确定性，很多风口的真伪还有待检验，很多问题暂时没有答案。

但可以肯定的是：人们的基本生活需求不会改变。

人们依然需要满足自己衣、食、住、行的基本生活需求，只是希望获得更好的体验。比如，过去只求有衣服蔽体保暖，现在还要穿得漂亮、穿得时尚，最好还能体现个性化；过去只求吃饱，现在还要吃得美味可口、吃得有营养；过去只求有地方住，现在还要住得宽敞、住得舒服；过去只求有辆自行车代步，现在近处都要开汽车，出远门必是飞机、高铁……

这正符合人性的规律。人性有贪婪的一面，在消费方面的表现就是花更少的钱买到更好的产品、获得更好的服务。正如亚马逊CEO杰夫·贝佐斯所说：顾客喜欢低价的东西，顾客喜欢高效率，顾客希望有更多选择。

面对消费者不变的人性、不变的生活需求，谁能把握人性，谁能与时俱进地在提供产品和服务时始终围绕改善消费者体验下功夫，谁就能实现持续增长，成为市场上的赢家。探索新模式的便利蜂也好，瑞幸也罢，都是因为把握住了人性，借技术的东风因变而变，而实现了跨越式增长。

3.5.4 数字化技术的工具属性不变

数字化技术的应用，极大地提升了企业的运营效率和服务质量。

比如，海底捞借助飞书平台实现了经营管理的高效与便捷。海底捞的每个门店都要执行几十甚至上百个SKU标准。过去，为了使员工掌握并执行标准，海底捞会以Excel、Word等文件形式下发标准，然后由门店经理将其打印出来，并张贴在墙上。这些标准多而杂，员工看起来很不方便。而引入了飞书平台后，海底捞搭建起了一套线上知识库，员工在手机上就能了解自己需要执行哪些标准。从这个小小的场景，我们就能看到数字化技术给海底捞带来了多大的效率提升。

不过，无论时代怎么发展，技术的工具属性都是始终不变的。在人类社会的历史进程中，每一次技术的迭代创新，都是人类文明高速发展的催化剂。作为赋能工具，技术不断地帮助人类拓展能力边界。数字化技术也是如此，支付宝、微信支付让我们可以用手机快速便捷地支付，打车平台让我们的出行更方便，微博、小红书、抖音让我们有了自己的新闻发布器……

但是，工具毕竟是工具，很快它就会被模仿和超越。在数字化时代，吸引新顾客不是最关键的，留住这些顾客才是。这靠的不是冷冰冰的工具，而是人与人之间有温度的情感联结。所以，用好数字化技术固然重要，但更重要的是建立企业与顾客之间的联结，用情感来打动顾客、留住顾客。

数字化并非生存与增长的终极答案，情感联结才是。

持续的本质：创新

　　根据《中国中小企业人力资源管理白皮书》公布的调查结果，中国中小企业的平均寿命仅为 2.5 年，集团企业的平均寿命仅为七八年。相比较而言，发达国家的企业寿命更长。美国《财富》杂志报道，美国中小型企业的平均寿命是 8.2 年，大企业的平均寿命不足 40 年；而日本中小型企业的平均寿命超过 10 年，达到了 12.5 年，正向 20 年迈进，大企业的平均寿命则是 58 年。

　　为什么有的企业能持续生存，有的企业则是昙花一现？

　　实践早已给出了答案：企业持续生存的唯一法则，是不断地进行创新。

　　创新是推动企业成长、发展、延续的动力源，缺乏创新的企业，终将难逃衰亡的命运；创新又是企业穿越生命周期的钥匙，因为创新能使企业始终保持旺盛的生命力，让企业拥有长盛不衰的力量。

第四项修炼

4.1 得创新者得天下

4.1.1 创新，让企业拥有穿越周期的增长力

世界上唯一不变的就是变化本身，尤其在这个充满不确定性的时代，企业的内外部环境都发生了巨大的变化。面对风起云涌的种种变化，那些固守陈旧策略、沉浸在过去辉煌中的企业大多成了流星，在悄无声息中消失了。而那些因时而变、以变应变的企业，不仅创造了令人瞩目的成就，更是成了商业史上熠熠生辉的恒星。

那么，企业该如何识别变化、应对变化并主动寻求变化呢？创新是永恒的答案。

1. 创新驱动增长

如果说企业发展的本质是增长，只有增长，企业才能活下去、活得好、活得久，那么创新则是保持增长的关键，是引领企业发展

的第一动力。

全球日用消费品巨头宝洁公司在 2000 年 1～6 月股价下跌超过 50%，市值损失高达 500 亿元。雷富礼（A. G. Lafley）临危受命，接任 CEO。上任后，他带领公司不断创新，成功使宝洁起死回生。他在与拉姆·查兰联袂撰写的《游戏颠覆者》中翔实地叙述了宝洁公司是如何通过创新实现收入与利润连续十年持续增长的。

以进入中国市场为例，宝洁率先利用电视广告和有人情味的故事，以生动的方式将品牌功能传达给消费者；率先使用试用装，派发大量产品样品给消费者试用，快速占领消费者心智；充分利用全球技术优势，并根据中国市场进行改良，开发能满足中国消费者特殊需求的产品。除此之外，在中国，宝洁还是第一家进入校园招聘的公司、第一家实施"健康经理人运动计划"的公司、第一家实现中国籍员工持有海外母公司股票的外资公司，以及行业里第一家推行居家办公等弹性工作制度的公司。

在雷富礼看来，创新是宝洁的生命线，是宝洁增长（可持续、内生性增长）的发动机。

国内的商超、连锁便利店行业也从另一个侧面佐证了这一点。

因为新冠疫情的影响，国内的各家商超、连锁便利店可谓"冰火两重天"：有人盈利，有人亏损；有人扩张，有人撤城；有人跨界，有人坚守……那些在低迷的市场环境中仍能找到新的增长点的企业，靠的是什么？靠的正是在多个方向上的不断创新。

比如，开启直播带货模式。2022 年 12 月 23 日，物美集团宣布在"物美超市"抖音直播间开通小时达业务，消费者在直播间购买的商品最快 30 分钟送达。除了物美，家乐福、易捷便利店等连锁企业也都开启了直播带货模式，在即时零售领域大力开拓，向线上市场要增长。

又比如，入局预制菜。2022 年 12 月 22 日，沃尔玛大卖场发布"南北名店招牌菜"整席解决方案，聚焦城市家庭消费场景，联手多家餐饮品牌，开辟预制菜新赛道。沃尔玛在这次变革中总共推出了 70 多款南北名店招牌菜品，在与它合作的餐饮品牌中，超过一半第一次试水商超零售渠道。

企业需要持续增长，但任何一个增长点为企业带来的增长都是有极限的。只有不断地通过创新发现新的增长点，找到企业的"第二增长曲线"，才能实现增长无止境。

2. 唯有创新，企业才能进化

企业诞生以后，就像人一样，拥有了自己的生命。

美国加州大学知名教授伊查克·爱迪思（Ichak Adizes）在其集 30 年之功写就的《企业生命周期》中以拟人化的方式，将企业的生命周期分为十个阶段，即孕育期、婴儿期、学步期、青春期、壮年期、稳定期、贵族期、官僚早期、官僚期、死亡。企业能发展到哪个生命阶段，取决于其能否创造性地解决在发展的不同阶段遇到的两类问题，即正常问题和异常问题。正常问题是公司为了进入下一个阶段需要面对的过渡性问题，可以凭借内部力量来解决；异常问题则需要借助外部力量才能解决。而无论是正常问题还是异常问题的解决，都有一把共同的钥匙，那就是创新。只有掌握并用好创新这把钥匙，企业才能实现自我进化，顺利迈向下一个阶段，进而穿越生命周期，持续地存活下去。否则，企业有可能就此发展停滞，严重者甚至会轰然倒塌。

杰弗里·摩尔（Geoffrey A. Moore）在《公司进化论：伟大的企业如何持续创新》中也指出，企业中发生的变化，大多数都不是革命而是进化。企业进化是一个过程，这个过程可能很长，也可能很短，是在不断创新中形成的。

海底捞就是通过创新来实现不断进化的经典案例。

有人说海底捞是凭借"服务好"一招鲜吃遍天，但只凭优质服务真的可以实现海底捞的一路狂奔吗？海底捞的所有服务方式都是透明的，任何一个同行或竞争者都能学习、模仿，为什么它们不能复制海底捞的奇迹呢？其实，海底捞的秘密"法宝"不在于服务，而在于它能源源不断地为顾客提供"新服务"和"心服务"。而支撑这种"源源不断"的，正是海底捞强大的创新体系。

海底捞的创新既是分类创新，又是分层创新。分类创新是指海底捞会以公司的各项业务为核心进行不同的创新，比如产品创新、服务创新、技术创新、组织创新、管理创新、商业模式创新等，顾客最熟悉的和看得见的服务创新只是海底捞众多创新中的一个类别。分层创新则是指公司内部的各类创新会根据对客户的影响度、对公司的贡献度分为 A、B、C、D、E 等不同层级。分类创新与分层创新使海底捞的员工在任何岗位都可以依据自身能力进行适时创新，由此形成了全员创新体系。

为了确保全员创新的顺利进行，海底捞还在多个层面提供了坚实保障。在组织层面，海底捞设立了创新委员会，并由专人负责；在制度层面，海底捞将创新与绩效考核及晋升有机结合；在文化层面，海底捞自上而下强调的创新文化"创新源于务实的工作作风"是一切创新的出发点和衡量标准。

海底捞的全员创新体系如图 4-1 所示。

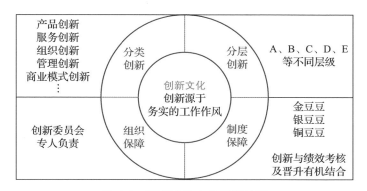

图 4-1 海底捞的全员创新体系

从本质上来说，真正支撑海底捞持续增长的是其创新型组织。而全方位、全员的持续创新，是推动海底捞不断进化的根本动力。

当然，有人可能会说新冠疫情也使海底捞的增长速度放缓，甚至不得不关掉一部分门店。但在我看来，这是海底捞在当前发展阶段必然会遇到的问题。"问题本身不是问题，如何应对才是问题。"同时，这也从另一个角度印证了企业发展如逆水行舟，不进则退，创新与进化是企业永恒的主题。

有道是"一家公司如果2～3年没有变化，没有所谓的进化，这家公司必死无疑"。此话虽然有点极端，但进化确实是企业所必需的，尤其在今天，企业只有以创新来实现进化，才能从容应对时代的巨浪。

3. 沃尔玛：以创新为灵魂

沃尔玛从美国费耶特维尔一家濒临倒闭的老杂货店起步，发展至今已经成为全球最大的连锁零售企业，并已连续10年在美国《财富》世界500强榜单中稳居首位。

不断地创新、实践，始终走在别人前面，是沃尔玛创始人山姆·沃尔顿的成功秘诀。在长达半个世纪的零售业探索中，山姆·沃尔顿凭借这一信念在零售业立足并持续发展。他创业的每一步，都留下了创新的轨迹。可以说，沃尔玛60多年的发展进化史，也是60多年的创新史。

（1）创造天天低价、一站式购物的全新销售方式

山姆·沃尔顿成立沃尔玛的初心，是打造一个高性价比的、能让消费者便捷地购买商品的商店。基于此，沃尔玛首创了天天低价、

一站式购物的销售方式。走进沃尔玛，人们可以一站式购齐一切生活所需，小到一双袜子，大到家用电器，都可以低价买到。为此，沃尔玛做出了巨大的努力，比如投入巨资构建了庞大的全球商品采购系统，并在供应链管理上精益求精，等等。这种创新，是沃尔玛成功的源泉。

（2）率先采用先进的电脑管理系统

沃尔玛非常重视技术创新，在这种理念的驱动下，它率先采用先进的电脑管理系统。早在 20 世纪 80 年代，沃尔玛就花费巨资与美国休斯公司合作发射了一颗商业卫星，并建设了计算机及卫星交互式通信系统，使公司内部、分销中心和零售店之间可以快捷地进行交流，这极大地提高了沃尔玛的运营效率。后来，为了提高线上下单和库存管理的速度，沃尔玛又从 IBM 购买了 12 台商业电脑主机和 20 台相关设备。这些先进技术的应用，使沃尔玛始终走在行业前列。

（3）互联网电商时代的与时俱进

早在 20 世纪 90 年代末电商开始兴起之前，沃尔玛就上线了电商平台 walmart.com，之后又在 2000 年进一步强化。同年，旗下山姆会员店也推出网上商城 samsclub.com。2007 年，沃尔玛率先推出了"站点到商店"的服务，使消费者可以在网上订购商品、付款，再在最近的沃尔玛商店取货。2011 年，沃尔玛加大了对电商基础设施的建设，将网上商城的商品数量拓展至 70 万件。现在，这个数量已经增加到数千万件。

在中国市场，沃尔玛也曾控股电子商务企业 1 号店，后将 1 号店置入京东集团，与京东集团结成战略联盟。目前，沃尔玛持有京东集团 10% 左右的股权，为京东集团的第三大股东。2018 年 5 月，山姆会员商店上线上海京东到家平台，提供约 1000 款高频次购买和高渗透率的商品。

2018 年 7 月，沃尔玛开始和微软合作，采用微软的云服务和人工智能（AI）技术为消费者提供轻松、先进的购物体验。沃尔玛旗下的 Sams Club 在 2018 年 11 月也宣布推出无人便利店，以抗衡 Amazon Go。

（4）加强实体店购物体验不放松

在加大线上布局的同时，沃尔玛也非常重视以创新来提升消费者在实体店的购物体验。2018 年，沃尔玛公布了几项专利申请，从中我们就能管中窥豹。

智能购物车。这款智能购物车能帮助购物者自动导航超市内的货架，并找到指定商品。

可穿戴追踪设备。这种可穿戴设备可以与商店的系统和设备相连，以追踪用户的行为。

店内库存追踪器。这款设备可以自动感知店内库存的变化。

室内无人机协助。顾客有需要的话，可以用手机召唤室内无人机，在它的引导下去到想去的商品货架。

在近 60 年的进化史中，沃尔玛并不像很多人批评的"技术落后""错失互联网"，相反，它的信息技术水平一直处在全球前列。在电商与新零售方面，沃尔玛不仅牢牢占据了零售行业的第一把交椅，而且未来的发展更加可期。强大的信息技术支撑，加上几十年的实体门店经营经验，让沃尔玛在新零售时代拥有比世界上任何一家电商和实体店都更强的综合优势。沃尔玛没有落后，它一直把创新当成自己的灵魂，并用实实在在的行动践行着创新。

4.1.2　创新的多种面貌：从颠覆到改善

关于创新，经济学上有很多经典论述。美国经济学家熊彼特是创新理论的鼻祖，在《经济发展理论》一书中，他首次提出了"创新"的概念。在他看来，创新就是要"建立一种新的生产函数"，即"生产要素的重新组合"，就是把一种从来没有的关于生产要素和生产条件的新组合引进到生产体系中去。管理学大师德鲁克也在《管理的实践》这本奠定他"管理之父"地位的著作中提出："企业只有两种事情要做，一个是营销，一个是创新。"1985 年，他又在《创新与企业家精神》中提出，创新是企业家特有的工具，变化就是开创新的机遇。

不过，长期以来，一些企业对创新的认识存在误区：或是创新的门槛看得太高，望而却步；或是认为创新只是某些人的专利，只有屈指可数的天才能够带来创新，或者只有好点子才能带来创新；

或是认为只有发明或颠覆才是真创新……

但事实上，创新并非创造全新的事物，而是把不同的事物关联起来，合成新事物或者创造性地解决问题。从 0 到 1 的颠覆式创新是创新，从 1 到 N 的持续性改善也是创新。在连锁服务型企业中，绝大部分创新行为都是持续性改善，尽管这样的创新可能无法给整个行业带来巨变，但也是企业生存、发展和进化的必修课。

1. 颠覆式创新的力量

颠覆式创新，是从 0 到 1 的创新，也是最有难度的一种创新。这种创新所创造的事物是历史上不曾出现过的，对历史进程具有深远的影响。

连锁零售行业最典型的颠覆式创新莫过于折扣零售的出现。

美国第一家折扣零售店是柯维特斯（Korvette's）。20 世纪 50 年代中期，柯维特斯在纽约成立了多家经销店，主要经营非常低端的零售产品，以比百货店低 20%～40% 的价格销售全美知名品牌的标准耐用品。它依靠品牌形象来保证产品的价值和质量，从而降低对有经验的销售人员的依赖，利用低毛利率和高库存周转率赚取不菲的利润。随后，它和它的效仿者们先在低端品牌耐用品市场（如硬件、小型装置、行李箱等）站稳了脚跟，再利用成本结构优势逐步进入家具、服装等高端市场，并以惊人的速度抢占了传统零售商的市场份额。仅仅 6 年，它们的零售收入占同类商品销售总收入的份额就从 1960 年的 10% 上升至 1966 年的近 40%。

任何事物都具有两面性，颠覆性往往也意味着破坏性。在这场破坏性技术变革中，折扣零售商从传统百货店和杂货店手中夺过了对零售市场的主导权，而对于传统经营模式，折扣零售模式可以称得上是一种破坏性技术，因为折扣零售商所提供的服务的质量和选择范围，颠覆了高质量零售的传统标准。

究竟该如何理解创新的颠覆性或破坏性呢？

360 集团创始人周鸿祎在他的文章《收费变免费，是商业模式的颠覆式创新》中写道："颠覆式创新最基本的定义很简单。第一，你能把原来很不方便的服务或者产品做得特别方便。比如对真正的摄影爱好者来说，手机的像素再高，也比不上胶卷相机。但是，对绝大多数普通人来说，冲洗胶卷很不方便，而且冲洗出来后才知道拍得好不好，不像手机即拍即见，而且可以很方便地在互联网上分享，这就是用户体验上的颠覆。第二，把原来很贵的东西变得异常便宜，或者把原来收费的东西变成免费的，我认为这是商业模式上的颠覆。简单而言，8 个字足以概括——要么方便，要么便宜。"他的观点与"颠覆式创新"之父克莱顿·克里斯坦森（Clayton Christensen）的论述不谋而合，他认为，颠覆式创新是市场上现有产品更为便宜、更为方便的替代品，直接锁定低端消费者或者产生全新的消费群体。

胖东来的免费服务就是商业模式的颠覆式创新。

2005 年，胖东来进军河南新乡，一年后就成了新乡商贸的龙头老大。在商战中，胖东来的"免费服务"曾大放异彩。不管顾客去哪里购物，都可以在胖东来免费存车，不管顾客在哪里购买的衣服鞋子，都可以到胖东来免费干洗、熨烫、锁边、修补。这些免费服务，让顾客享受到了当"上帝"的感觉，于是他们纷纷到胖东来购物。

当世纪联华、丹尼斯百货、平原商场等一干企业如梦初醒、陆续跟进的时候，才发觉江山已失，为时已晚。

颠覆式创新虽然会带来生活方式和商业模式的巨大改变，但我们必须清醒地认识到一个事实：创新者本身并不一定都会成为最后和最大的赢家。

比如，第一个研发出数字相机技术的公司是柯达，第一个研发出手机触摸屏功能的公司是诺基亚，可是，它们都不是这些技术的勇敢使用者，也并未因此受益更多，相反却因此被埋葬。再回看国内餐饮外卖行业，海底捞应该是"第一个吃螃蟹"的先行者。2003年，在非典疫情期间，因为堂食受到限制，海底捞创新性地推出了火锅外送到家模式，并一度赢得了消费者的交口称赞。但是，2008年才成立的饿了么、2010年才成立的美团却后来居上。海底捞在外卖业务板块应该是"起了个大早，却没赶上大集"。

2. 持续性改善也是一种创新

德鲁克说，企业的目的就是"创造顾客"。为了创造顾客，企业会做出很多变化，这些变化有"突变"和"渐变"之分。如果突变是颠覆式创新，渐变则更多的是持续性改善。如果颠覆式创新带给企业和行业的是"饕餮盛宴"，那么持续性改善就是企业的"一日三餐"。

很多企业的创新走的是持续性改善的路径，比如海底捞的众多创新行为都是持续性改善，而非颠覆式创新。

海底捞内部对创新是这样诠释的：为了提升工作效率、效果、效益而产生的区别于其他人的想法和做法都是创新，通俗地讲就是，更新也好，创造新的东西也罢，只要对提高顾客满意度有利、对提高工作效率有利、对开源节流有利，就都是创新。海底捞曾在内部公布某年度取得的一系列创新成果，其实这些成果大部分都属于持续性改善。摘录如下。

关于某年度全公司创新工作开展情况的通报

通过公司所有员工的共同参与和努力，创新工作取得了喜人的成绩，今年全年共收集创新1 976项，其中512项通过创新小组审定，206项经试验效果不好已取消，23项仍在试验阶段，推广失败的创新20项，成功推广创新共263项，而上一年全年成功推广创新共110项。今年的推广数量是上一年的2.4倍，占收集创新数量的13%。

A级创新

循环式货梯：以前使用的直货梯，放的东西少，速度比较

慢；现在改用循环式货梯，提高了工作效率。（创新人：田河、黄奎）

无烟宝：以前顾客吃完火锅后衣服上的火锅味道比较重；现在使用无烟宝，顾客衣服上的味道变淡了，提高了顾客满意度。（创新人：田河、黄奎）

液晶宣传屏：以前公司做宣传与公告需要做灯箱与易拉宝；现在有了液晶宣传屏，2分钟内即可对全公司发布消息，提高了工作效率。（创新人：张胜、王宾）

蒸汽豆浆机：老式豆浆桶烧一桶（300斤）豆浆需要一个半小时；现在使用蒸汽豆浆桶，烧一桶豆浆仅需17～20分钟，且豆浆无糊味，提高了工作效率。（创新人：刘峥）

B级创新

虾滑袋封口机。（创新人：方双华）

鸭血设备。（创新人：赵红喜）

双缸冷热饮机、代金券信封、活性炭口罩。（创新人：张永刚）

不难发现，这些创新都不是石破天惊的发明创造，但它们能实实在在地帮助企业创造性地解决问题，在不同的领域做出改变和提升，为企业创造巨大的价值。

在这些持续性改善中，我想再多谈一下A级创新"无烟宝"。川味火锅最大的弊端就是顾客吃完饭后一身味道，这造成很多顾客在组织重要饭局的时候不会选择火锅，尤其是商务宴请。这意味着大量顾客的流失。这个问题困扰了海底捞很久，工程部的员工想了很多解决办法，还找过我看能否求助于我们北京理工大学的专家们，但一直未果。最终，在工程部副经理黄奎的带领下，员工们执着地攻坚克难，研究出了"无烟宝"。这个产品能最大限度地减少火锅味道的附着，极大地提高顾客的满意度。

　　企业内的持续性改善可以分领域开展，如图 4-2 所示。

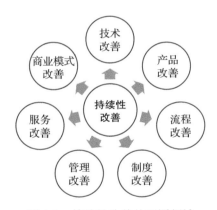

图 4-2　持续性改善的不同领域

　　在不同的领域，持续性改善又可以从简单到复杂分为不同的层级。比如，在管理改善中，日常工作的方式方法改善属于本部门、本岗位的效率与效果提升，相较于跨部门、跨团队的流程优化改善，难度和价值度相对较低；在服务改善中，火锅业推出的"无烟宝"相较于给顾客送手机袋、眼镜布，创新的难度和复杂度较高。

无论哪个领域、哪个层级的改善，都是基于现状的、源于不断努力的微小改进，对企业来说都是至关重要的。如果说颠覆式创新只有少数人能够参与，那么持续性改善则是全员皆可参与，上至总经理，下至基层服务员，都能为持续性改善做出贡献。海底捞餐厅率先给顾客提供手机袋、眼镜布这些服务中的小创新都是基层服务员想到并做到的。

3. 颠覆 + 改善：创新的必由之路

颠覆式创新与持续性改善并不互斥，很多企业将颠覆与改善结合起来，从而找到了企业创新的必由之路。

在我看来，把创新与改善的关系讲得最明白的非今井正明莫属，他被称为日本改善思想之父。他在《改善》一书中对"改善与管理"进行了专门论述，详尽地说明了创新、改善与维护之于企业持续进化的意义。尽管他的理论是以制造业的现场管理为研究基础，但对于连锁企业依然有很强的借鉴性。

今井正明认为，管理包括两个要件：维护与改进。维护指的是那些维护现有技术、管理以及运营标准的活动，改进指的是那些改进现有标准的活动。改进可以从改善与创新之间拆分出来。改善是基于现状的、源于不断努力的微小改进；创新是对于现状的激烈改进，是投入新技术、新设备的结果。在企业中，不同的角色承担的维护、改进、创新职能是不同的，如图 4-3 所示。

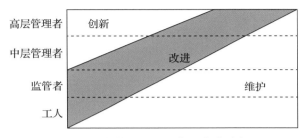

图 4-3 今井正明对工作职能的认知

资料来源：今井正明.改善 [M]. 周亮，战凤梅，译.北京：机械工业出版社，2010.

在维护性职能中，管理层所承担的任务是使公司全员都能遵守 SOP（标准操作规程）。管理者的层级越高，越关注改进，改进意味着建立更高的标准。当改进完成后，这项工作就又会成为管理者的维护工作，接下来就是看这些新的标准是否得以遵循。持续的改进只有在人们为达到更高标准而努力时才会实现，因此，对管理者而言，维护与改进密不可分。

从图中我们还会发现，改进是企业内每个人的事情，所有人都要参与到持续不断的改进之中。

实际上，对企业而言，真正的创新行为，或是效益导向，或是问题导向，或是价值导向，或是效率导向，至于究竟是颠覆式创新还是持续性改善，抑或其他创新，其实并不重要，重要的是结果。正如德鲁克所言：创新是实践的创新。

以餐饮业为例，创新的出发点更多是围绕"守正出奇"四个字展开的，产品、服务和运营是永远的"正"，而营销、环境、风格等则是"奇"。不仅"奇"要创新，"正"也要创新。

4.1.3　创新的偶然与必然

管理专家艾伦·鲁滨逊（Alan G. Robinson）与萨姆·斯特恩（Sam Stern）在他们合作撰写的《企业创新力》一书中开宗明义地指出：大多数创新行为是不可预料的。这是创新的真谛——大多数创新行为都是未经计划的，而且每一个行为都是从一个不可预知的机会的发现开始的。

怎样才能激活更多的偶然创新？创新的偶然与必然之间有何联系？如何让更多的偶然创新成为必然？企业未被释放的创新力，从哪里开始挖掘呢？

1. 创新常常出于偶然

创新常常出于偶然，这是一个不争的事实。以我们非常熟悉的可口可乐为例：

美国南北战争期间，一位名叫约翰·彭伯顿的药剂师，为了治疗头痛和焦虑，调配了一种含有古柯叶的红酒售卖，但他的家乡亚特兰大颁布了禁酒令，不得已，他把酒精换成了糖浆。没有了酒精，这种红酒就不能让人产生兴奋感，于是，他从非洲可乐果中提取出咖啡因来解决这个问题。一次，他的助手错将苏打水倒入饮料中，他们意外地发现，这竟然让饮料的味道和口感变得更好了。

一连串的偶然，使可口可乐这个伟大的发明在 1886 年作为无酒精饮料推向市场，一瓶售价为 5 美分。第一年的销售情况并不理想，有人说只卖了 25 瓶，也有人说卖了 400 瓶。

药剂师生前一直将可口可乐定位为"药用饮料"，销售很不景气，临终前他把配方卖给了他的朋友阿萨·坎德勒，坎德勒将可口可乐定位为大众化的软饮料——人人都能喝。他通过展示调配、免费试饮、赠送可口可乐品牌小礼品等方式来进行推广，甚至还请当时著名的明星来宣传，提高了可口可乐的市场销量。除了服务好客户，他还注册了可口可乐公司。这一切，让越来越多的人知道并喜欢上了可口可乐。

后来，可口可乐再度转让，一直自称"推销员"的罗伯特·伍德鲁夫接手后通过大胆的营销创新，让可口可乐成为"世界饮料之王"，让全世界的人都喝上了可口可乐。伍德鲁夫有一句名言："即使一夜之间世界各地的可口可乐工厂都化为灰烬，我也完全可以凭可口可乐这块牌子从银行获得贷款，东山再起！"

如果没有当初约翰·彭伯顿偶然的发明，就没有今天的可口可乐。但如果没有之后历代"掌门人"在保持品质的基础上的推陈出新、不断的营销创新，以及与时俱进、打造群体共同信仰的品牌塑造，可口可乐也不可能成为"世界饮料之王"，更不可能屹立百年而不倒。

偶然和偶然之外的持续创新，共同造就了可口可乐。

这个案例也非常好地诠释了发明与创新的关系。

一方面，发明是创新的必要条件之一，但不是充分条件。创新是选择发明、募集资金、成立组织、寻找工厂、雇用人员、开拓市场的过程，是市场与技术的结合。创新成果在市场上被广泛接受，创新才真正具有意义。市场成功是创新非常重要的标志。

另一方面，发明有滞后期，往往不能很快在市场上得到价值体现。对许多已经从"偶然出现"阶段进入"渐进改善"阶段的创新来说，其演化的方向其实依然难以预测。

创新通常充满偶然性，但我们很难定义怎样的偶然才能造就创新。换一种说法，创新只是包含了"偶然"因素。因此，我们在鼓励创新时，需要有一双能看到"偶然"价值的慧眼，并力争在此基础上创造更多价值。

德鲁克更愿意把偶然创新归为"意外"。在《创新与企业家精神》一书中，他结合众多案例，探讨了创新机遇来源之一的意外事件——"意外的成功"和"意外的失败"，他对意外的创新机遇所面临的挑战所做论述带给我深刻的领悟：意外的成功，不仅仅是创新的机遇，更是对管理层判断力的一种挑战；意外的失败，更难被当作创新机遇的征兆，并得到认真对待。

现实中，让企业管理层把意外事件（无论是成功的还是失败的）看作创新机遇，确实不是一件容易的事，这需要他们拥有很大的决心、面对现实的意愿以及足够的谦逊来承认"我们错了"。

2. 必然性创新，从艺术变为技术

如果说偶然创新像一门艺术，往往源于感性，依靠直觉甚至特殊的天赋，那么在我看来，让偶然的创新成为必然就相当于要从艺术变为技术，也就是要从偏重于灵感和典型发展为注重规律和技巧。从偶然到必然，不能仅凭经验，还需要分析和演绎。真正的创新者，一定经过了严格的逻辑分析，再有系统、有组织、理性地开展工作，仅凭直觉行事是远远不够的。

很多时候，艺术与技术形影不离，相辅相成。但只有从艺术到技术，才能让更多人想创新、会创新和能创新，才能让更多企业享受到创新带来的实惠。

（1）创新要有方向

苹果的创始人史蒂夫·乔布斯（Steve Jobs）在谈到企业的创新方向时曾直言：明白自己想要的是什么，这是我们首先需要清楚的，而用正确的标准来判断大众是否也想得到他们想要的东西，这才是我们应擅长的。

尽管创新的结果是不可预测的，但创新的方向是可以预计的。作为新零售的创新实践，盒马鲜生的创新一直有着明确的方向。

盒马鲜生的模式创新以线上线下一体化为方向。过去，线下是传统商超收入的主要来源，而盒马鲜生则将线上与线下融为一体，使其紧密结合。消费者无论是在 APP 下单，还是到门店现场购买，都能享受"3 公里范围内最快 30 分钟送达"的物流配送，这不仅提高了顾客满意度，还极大地提升了门店的坪效、人效。

盒马鲜生的业态创新以生鲜超市 + 餐饮为方向。与一般生鲜超市相比，盒马鲜生的特色在于开设了堂食区，将生鲜超市与餐饮这两种业态融合在一起。比如，消费者在盒马鲜生选购好产品后，如果不想自己做，可以交给门店来烹饪，并在门店就餐，这为消费者提供了极大的便利。

盒马鲜生的技术创新以全面数字化经营为方向。盒马鲜生充分利用大数据、互联网、智能化设备等数字化技术，给每个商品都打上了独特的电子标签。当消费者在线下单之后，拣货员会根据订单前往仓储区拣货，使用 PDA 扫码后将商品放入专用拣货袋并挂上输送带，进行配送。这一流程实现了人、货、场三者之间的最优化匹配。此外，盒马鲜生推出的无人收银模式，也直接推动了国内各大商超收银模式的变革。

（2）要创意，更要"能实现的创意"

创意当然很重要，但我们必须清楚：在整个创新过程中，创意是最容易、最简单的部分。即使是突破性的创意，也仅仅是个开始。现实中，我们缺乏的不是创意，而是"能实现的创意"。

即使是在最缺乏创造性的企业里，人们也会有很多奇特的创意。然而，能落地的创意才是有价值的。创意的落地比创意的发现要困难得多，需要投入的资金和时间也多得多。

海底捞的效率工资制从创意到实现，就经历了漫长的过程。

海底捞管理团队在美国出差时发现：餐厅的服务员多是帅哥美女，并且不需要监管；服务员收入的最主要部分是顾客给的小费，

"我给你服务，你给我小费"，服务好坏顾客说了算，给多给少也是顾客决定，非常简单直接。

而反观国内餐厅，KPI（关键绩效指标）很多，但很难达到对服务员的监督效果。最关键的是，服务员给顾客服务，但工资由老板发，这导致顾客的评价并不能起到太大的作用。

可否创造中国式的"小费制"呢？让员工挣得明明白白，公司管理也简简单单、清清楚楚。

提出这个创意容易，但创意的落地先后经过了三个阶段。

设计阶段：创造以计件为基础的效率工资制。

基于这一创意，海底捞对薪酬制度进行了重新设计，主要包括计件任务的具体界定与定价、薪酬结构的调整、制定各级人员的工资标准、调整区域差异、明确休假期间的工资发放方式、明确师傅带徒弟的工资核算方式、明确新旧制度如何过渡。

试验阶段：检验方案的可行性并发现问题。

重新设计后，海底捞选择门店进行试验，重点考虑几个问题：什么样的店符合试行标准？对店长的要求是什么？对经营状况的要求是什么？选几家店进行试验合适？在试验时，海底捞要求至少有两名以上董事会成员亲自参与，并分别独立带店试点。

正式推行阶段：抓执行、看效果。

在执行的每个环节，海底捞有不同的要求：执行前，宣讲到位，做到人人知晓；执行中，手把手教，做到人人明白；执行后，随时答疑，做到人人认同。

根据实验阶段发现的问题编制的《效率工资 36 问》学习手册，基本穷尽了新方案落地过程中可能遇到的各类问题。

由此，海底捞的效率工资制才正式出炉。在后续的实施过程中，这一机制果真发挥了巨大的激励作用。

（3）重视和支持员工的自发创新行为

研究表明，企业内大多数创新行为都是员工自发的。无论是对标准化的操作流程和约定俗成的工作程序的改进，还是非职务行为的"天马行空"的创新，都更多地依赖于员工自发的创造力。

事实上，创造力是每个人潜意识里都有的一种待激发力量，能否转化为创新行为很大程度上受工作环境的影响。所以，企业的重视和支持，直接影响着员工创新潜能的释放和创新行为的产生。

如何才能更好地激发员工的自我创新行为？

《企业创新力》一书的作者认为，企业所要做的仅仅是释放已经存在的东西，关键是要制定一个能够响应员工想法的有效制度，这种制度必须具备 5 个特征：①影响到每一个人；②便于操作；③坚决贯彻到底；④保存书面资料；⑤以内部动力为基础。

3. 管理，让创新从偶然走向必然

从艺术到技术的创新过程，离不开管理。管理，让创新从偶然走向必然。

如何管理？成功企业的管理者对创新通常抱着两种心态：一是开放，对于引进先进技术、商业模式变革等有利于创新的因素，始终保持长远的眼光和接纳的心态；二是主动继承与发扬，其中，继承的是企业自身的能力建设，发扬的是企业开拓进取的精神。

在某种程度上来说，管理水平决定着企业的创新能力，决定着企业能否具有持续的竞争优势。一位企业家的话给我留下了深刻的印象：缺乏好的管理，创新就是天才灵光一现的偶然；有了好的管理，创新就会从偶然走向必然。我想，在我们理解管理之于创新的价值时，这句话可以作为最佳注脚。

很多优秀企业的实践也充分说明了这一点，比如英国霍恩比公司（Hornby）的转型。

英国霍恩比公司是一家从事火车模型生产的公司，20 年前，这家公司曾濒临破产。为了降低成本，公司管理者决定将生产外包给中国企业。他们惊奇地发现，中国企业加工价格低，生产出来的产品质量却非常好。外包使霍恩比公司节省了大量成本，管理者将这些钱全都用来进行细节设计以提升产品的品质，比如，在模型里的餐车的每张桌子上加一盏灯、在车头上加风挡或雨刷等。

接下来，让他们又惊又喜的是，产品的销售出现了大幅增长。当这种增长的势头持续出现后，他们开始与经销商讨论并研究市场究竟发生了什么变化。他们发现，现在不仅父亲们会购买火车模型送给孩子，他们本人也会为自己购买这些模型。无意间，霍恩比公司脱离了玩具产业，进入了车模爱好者市场，其产品的主要顾客群体也从孩子转变为收藏者。

读完霍恩比公司的故事，很多人或许会说：它的变革和创新战略难道不是纯粹"撞大运"的结果吗？我们必须承认，这其中有一定的运气成分。伟大的管理者不一定擅长制定战略，但是当机会来临时，他们会以自己卓越的判断力，迅速把握住机会，这才是创新从偶然走向必然的根本。

机会，永远留给有准备的人；运气，也只眷顾管理水平高的公司。

4.1.4 人人可创新，处处可创新，时时可创新

当我们不再追求高大上的创新，也不再认为创新是离自己很遥远的事情时，就会发现，原来创新就在我们身边。

1. 创新，从哪里破局

每个人都有自己的思维模式，思维模式决定了我们的行为模式，行为模式又在很大程度上影响了我们的做事效果。如果长期固守一个已成定式的思维模式，我们就很难突破自身的瓶颈。而创新就是要打破这个定式。

"囚"这个汉字，非常形象地呈现了这样的情形。从字形来看，"囚"就是一个人被关在框框里。关在里面的，可能是人的身体和行

为，也可能是人的认知和思维。行为上的"囚徒"，有主动的，也有被动的。但成为思想上的"囚徒"，通常是自己主动做出的选择。当认知和思维被局限在这个框内时，我们就如同井底之蛙，只能看到这个框内的事物。但如果能够打破自己思想的"牢笼"，不再受这个边界的限制，则会看到另一番完全不同的风景。

红缨教育的王红兵基于"囚"字构建了一个形象而生动的创新思维破局模型（见图 4-4），值得我们借鉴。

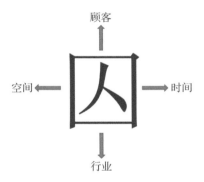

图 4-4　创新思维破局模型

（1）从顾客出发，打破边界

稻盛和夫说，贯彻顾客至上主义，是从商之本；德鲁克讲，企业的目的就是"创造顾客"；宝洁成功创新的基石是"消费者是老板"。要想打破边界，怎么强调"从顾客出发"都不为过。

从顾客出发，首先要打破顾客的需求边界。谁能关注顾客的潜在需求或洞悉顾客需求的变化，谁就能通过重新定义顾客需求获得新的商机。

农夫山泉在完成了产品功能的构造后，没有单纯地卖产品，而是积极扩展其自我价值，不断满足消费者的需求。2016年，农夫山泉开始打造只送不卖的限量生肖瓶，这一产品一经推出就受到全网热捧，为了得到颜值令人惊艳的生肖瓶，很多消费者疯狂购买矿泉水。

与农夫山泉生肖瓶有异曲同工之妙的还有可口可乐的"私人订制"包装，饮料还是那个味道，但个性化包装所带来的个性化感受远远超越了饮料本身的价值和意义。我的书架上至今还放着一罐刻有我名字的可口可乐。

从顾客出发，还要打破顾客边界勘定原则。企业要在思维上打破传统的顾客边界勘定原则，突破现有顾客和非顾客间固有的关注要素，重新审视自己的产品和服务。近年来兴起的男士理发馆就是跳出对固有顾客的选择标准，重新进行市场细分的例子。兼备效率和社交属性的男士理发馆成了男士们放松的第三空间，吸引了大批追求格调的男性消费者。

（2）从行业出发，打破边界

有时候颠覆你的不是同行，而是跨界的对手。导致康师傅方便面销量下滑的不是统一方便面，而是饿了么、美团等外卖平台；导致理光相机以及整个相机行业衰败的，不是尼康等同行企业，而是智能手机。

为什么行业的颠覆者往往不是内行而是外行？因为外行在为消费者解决痛点的时候，不受行业条条框框的束缚和限制，往往将复杂问题简单化，直奔主题。

打破行业边界，就是不要再"沿着旧地图，去寻找新大陆"，而是要走出一条新的路。

（3）跨越时间、空间，打破边界

互联网的飞速发展为顾客的线上消费提供了便利，越来越多消费者开始从线下渠道迁徙到线上。打造"随时、随地、随心"的服务已成为各行各业创新的新目标。

打破时间、空间的边界，将成为更多行业和企业创新的破局之道。

2. 把创新融入日常工作

既然连锁服务型企业的大部分创新来自持续性改善而非颠覆式创新，那么将创新融入企业的日常工作，不仅是必要的，也是必需的。

拉姆·查兰在《游戏颠覆者》一书中指出，创新是一个完整的流程，任何一家企业要进行创新，都需要管理好8个因素，这8个因素是相辅相成、彼此啮合的，并由此构建了以顾客为中心的创新模型，如图4-5所示。

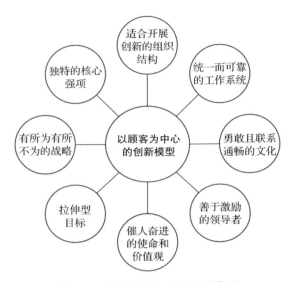

图 4-5　以顾客为中心的创新模型

资料来源：雷富礼，查兰. 游戏颠覆者：宝洁 CEO 首度揭示品牌王国缔造的奥秘 [M]. 辛弘，石超艺，译. 北京：机械工业出版社，2009.

但查兰同时强调：企业可以从模型中任何一个因素入手，也可以多个因素同时推进，这并不是一个前后分明且必须严格遵守的流程。要想让这个模型发挥作用，让创新在你的企业里扎根，企业就必须根据实际情况对这个模型进行合理变通，"摸着石头过河"，寻找最有效的方案。⊖

对此，我非常认同，这与我在海底捞分管流程管理部时的感受如出一辙。

⊖ 雷富礼，查兰. 游戏颠覆者：宝洁 CEO 首度揭示品牌王国缔造的奥秘 [M]. 辛弘，石超艺，译. 北京：机械工业出版社，2009.

　　"制度化管理、流程化操作、数据化考核、跟踪式监督"是张勇带领海底捞实现规模化发展的管理提升四要素，在他看来，这几个方面说起来容易做起来难。比如制度化管理方面，会出现制度与制度之间的矛盾；流程化操作方面的难题在于，组织大了会产生各种层级，每个层级在操作中都可能会出现违反制度的情况；数据化考核难在各种数据的平衡，比如，追求高翻台率，消费者等得太久势必影响体验感，而把翻台率要求降低，拉新率又会受到影响。流程管理部就是为了解决这些难点而在当时那个特定阶段成立的，目的在于适时开展创新。

　　流程管理部成立后，对各类流程制度的持续性改善采取全员参与制，人人都有发言权、建议权，一旦建议被采纳，创新者将获得丰厚的奖励，这极大地激发了员工的积极性。以 2013 年 4 月为例，当月流程管理部收到各类流程制度修改建议 32 条，共采纳 28 条，真正做到了"让听得见炮声的人呼唤炮火"，实现了创新行为日常化、创新评审定期化、创新提升动态化。而且，参与创新的过程，也是全员达成共识的过程。当修正后的流程制度开始推广和执行时，阻力将减小，障碍将减少，难度也将大幅度降低。

　　关于海底捞的创新，我将在下一节进行更深入的阐述。其实，不只是海底捞，很多优秀企业都重视将创新融入日常工作，充分激发员工的创新力，比如迪士尼。

　　沃尔特·迪斯尼创造了无数奇迹，给世界带来无限欢乐。这些奇迹的创造来源于他的创新理念，以及由这些理念构筑的创新哲学，其中，沃尔特·迪斯尼非常重视倾听员工的意见和激发员工的创新力。

在 20 世纪 50 年代初迪士尼乐园刚开始建设时，沃尔特·迪斯尼经常亲临现场检查每一个细节。他常常会有一些出人意料的举动，比如叫迪士尼乐园的工作人员（从电工到行政人员）来测试已经完成的每一部分。乐园开幕那一天，一切都迫在眉睫，沃尔特·迪斯尼却请看门人、电梯操作者以及其他雇员对即将推出的新产品或服务提出批评意见。他要求一切都做得尽可能完美，不漏掉任何一个细节。

事实证明，沃尔特·迪斯尼的做法是对的。一个工作人员（建筑工人）在乐园内游玩后，告诉老板："《加勒比海盗》剧中缺少点东西，但我想不出是什么。""再去试一试，直到找到为止"，沃尔特·迪斯尼说。最后，这个工作人员终于发现缺少了什么——在赤道气候条件下，晚上一定有许多萤火虫，但这里却没有。该工作人员的意见令沃尔特·迪斯尼非常高兴，他亲自监制，保证在《加勒比海盗》剧中的夜晚有萤火虫飞来飞去。

3. 海底捞：人人都是创新者

在海底捞，产品、服务、运营、技术、组织、供应链、流程、制度、商业模式等各个方面，只要有所改善，都是创新。所以，人人皆可创新,哪怕是一丁点、一小步。集腋成裘,小创新汇聚到一起,就会产生大能量。

(1)服务创新:一切以顾客为中心

陪吃娃娃。如果你一个人去吃火锅,店员会在你的对面放一只公仔陪伴你。这项特色服务一经推出,"千万别一个人去海底捞"便登上了微博话题热搜榜,海底捞上座率、营业额随之迅速上涨,赚得盆满钵盈。这一创新堪称餐饮界最成功的服务创新之一。

"请勿打扰"牌子。为了满足顾客的个性化需求,海底捞门店制作了一些展示个性化需求的标识牌,方便服务员快速识别顾客的需求。如果顾客对服务员提出请勿打扰的要求,就可以把一块写着"请勿打扰"的牌子放在显眼处,这样服务员就会只提供上菜、撤空盘等基本服务。标识牌还包括"自己下菜""不需要细节服务"等。

(2)产品创新:不拘一格

让员工参与产品研发。海底捞鼓励员工参与产品研发。常去吃海底捞的人会发现海底捞有很多以海底捞人名字命名的菜品,比如旭伟蟹肉墨鱼滑、兆湛撒尿牛肉丸等。

(3)技术创新:从"天涯若比邻"到数字化转型的探索

视频火锅。2012年海底捞借鉴远程高清视频会议系统技术,利用"视频墙"和音频系统在北京王府井店和上海长寿路店分别开设"智真包间",将京沪两地的餐桌拼成一张完整圆桌,让身处京沪两地的亲朋好友也能"同桌"用餐，在觥筹交错中齐聚一堂，真可谓"京沪存知己，天涯若比邻"。（此次创新最后以失败告终，后面章节会详细探讨。）

智慧餐厅。2018年海底捞在北京开设了第一家智慧餐厅，后厨启用了具有大数据统计功能的综合后厨管理系统，配菜和上菜用的是智能机器人，餐区有360°环绕沉浸式投影，等候区像上科学课的阶梯教室，顾客可以通过扫码在大屏幕上玩让人停不下来的互动小游戏，能源管理系统能直观地显示水电使用情况，以便于经营者根据数据反馈做长远规化，等等。智慧餐厅是海底捞在数字化方面多年积累的结果，也是海底捞数字化转型路上的一块里程碑。

（4）制度创新：创造新制度，让管理更高效

喝咖啡制度。当公司店经理以上级别干部（含店经理）在工作中出现偏差时，总经理会邀请其喝咖啡、聊天。异地往返的一切费用自理。显然，喝咖啡不是目的，纠偏、解决问题才是目的。

（5）组织创新：螺旋形上升，波浪式前进

组织变革的肯定、否定到否定之否定。2010年简化组织层级、取消大小区经理制，成立教练组；2012年又恢复大小区经理制，撤销教练组；2016年再次取消大小区经理制，成立教练组……打破层级、化繁为简、使组织扁平化，将正式权力转为非正式权力。

海底捞的创新观告诉我们，创新并不难，只要把创新看作人

人可做、时时可做、事事可做、处处可做的事情，创新就能不断涌现。

4.2　创新在于人

人才是创新的源头活水，一切创新成果都是由人做出来的。

创新驱动，实质上就是人才驱动。企业的硬实力、软实力，归根结底都是人才实力。企业创新，要把人摆在核心位置，让每个个体都有机会发挥创新能力，为企业创造价值。

4.2.1　相信相信的力量

1. 相信能创造无限可能

经营企业，要相信相信的力量。相信不仅能给人们提供精神支撑和动力，还是创造力的钥匙，能激发人们心中的潜能，进而创造无限可能。

成功连锁企业的管理者大都有一个共同的特点，那就是敢于相信员工，敢于放手让员工自由发挥，沃尔特·迪斯尼就是如此。

《匹诺曹》于1940年2月放映时，《纽约时报》将其称为"迄今为止最好的卡通片"。但《匹诺曹》的诞生却颇为曲折，动画家们花了足足6个月的时间才绘制了一半，这时沃尔特·迪斯尼却叫大家停下来，因为他觉得匹诺曹看起来太僵化了。前期的制作费用已经花掉 50 万美元，但沃尔特·迪斯尼毅然决定废弃不用，另请一名叫金博尔的年轻动画家重新设计。当时很多人都觉得不可思议，因为金博尔远不如其他动画家经验丰富，但沃尔特·迪斯尼让他尽情发挥自己的想象力。最终金博尔设计出的匹诺曹看起来就像一个真正的小男孩，非常可爱，不同年龄的孩子都能在他身上看到自己。独特的形象设计使这部经典卡通片获得了很高的艺术成就。

沃尔特·迪斯尼非常注重激发其员工的创意和想象力。他知道创造力的源泉经常因公司内部的等级划分而被掩埋，因此，他鼓励公司的所有雇员踊跃提出新观点，还支持他们实现这些新观点。沃尔特·迪斯尼对员工的相信与支持，使员工想出来的无数创新点子成功地转变为创新成果，迪士尼之所以备受人们喜爱，离不开这些创新成果的贡献。

胖东来也把员工视为创新的源泉，并充分发挥员工的主观能动性，还将"尊重、关爱、成就员工"写进公司的七大诚信之道中，并始终坚定践行。

"现在的年轻员工该怎么管？关键要让他们有自主性。以《岗位操作手册》为例，员工最了解在自己的岗位上应该怎么做才能做好，所以这个标准就应该让他们自己制定。等这个标准出台以后，我会对他们说，这个标准可是你们自己制定的，所以你们更要认真执行哦！"

于东来是这么说的，也是这么做的。胖东来十大部门130多种岗位的操作手册基本都是"从员工中来，再到员工中去"，可操作性更强。

珠宝部是公司技术含量最高的部门之一，一本专业性很强的《精品珠宝实操手册》，厚达366页，用铜版纸印刷，内有430多张相关的照片、图片。为了编写这本操作手册，珠宝部的员工主动申请去谢瑞麟、周生生、潮宏基、周大福等多家著名珠宝企业学习。

保洁部员工编写的《保洁部实操手册》也有274页，涵盖方方面面，一应俱全。这让前来考察的众多企业老总不禁大呼：佩服！佩服！简直不可思议！我们是专业做保洁的公司，都还没有这样一本像工具书一样能随时翻阅的操作手册呢！

很多公司都会编制《岗位实操手册》，有的由公司专业团队完成，有的不惜花重金请管理咨询公司来协助规划、设计，但执行效果通常不如胖东来这种由员工自行编制标准的公司，为什么？让员工被动执行标准本身就有一定的难度，而再专业的团队或咨询公司也不可能了解所有行业、所有岗位的细节要求，当制定的标准与实际状况有冲突时，员工必然会产生抵触情绪和抗拒心理。而胖东来的聪明之处在于，参与制定和修订标准的过程，就是参与管理的过程，也是学习掌握标准的过程。经过这样的过程，标准的执行就是水到渠成的事了。

相信员工行，员工才能行。同样，相信员工能创新，员工才敢创新、爱创新、持续地创新。

2. 人是环境的产物

在海底捞履职时，一次就餐经历让我意识到，创意十足的果盘既温情又有温度，会给顾客带来意想不到的感动。于是，我萌发了一个念头：这些创意既是大家灵感的呈现、创意的结晶，也是公司可以积累并用于传播的宝贵经验、形象而生动的培训教材，为什么不把它们记录下来呢？

于是，我们策划了"果盘背后的故事"征文比赛，短短十多天就收到将近300余件作品。经过评选，获奖作品共计100件，分为儿童篇、学生篇、俊男靓女篇、情侣夫妻篇、老人篇和个性篇，并结集成册。

拥有这样美好寓意的微创新，在海底捞比比皆是。写到这里，我不由得想起一个问题："海底捞是如何招到那么多爱笑的员工的？"这是我陪张勇去北大给 MBA 学生做分享时学生们提的一个问题。

我的回答是：环境使然。人是环境的产物，一个人的性格、思维与行为方式都由其所处的环境决定。

在连锁服务型企业中，想不想创新、会不会创新、能不能创新的首要决定因素其实并不是员工的自身能力，而是他所处的组织环境。相比其他行业，餐饮业在人才选拔方面没有优势，具体到海底捞，也不比其他餐饮企业在招人方面有太大的选择优势，适龄、健康、能吃苦就是基本的门槛。如果说有差异，那就是相同潜质的员工在不同环境中被激发的程度不同，海底捞营造的环境让员工以创新为己任、以创新为荣。

鼓励创新的组织环境对员工的积极影响在迪士尼也得到充分体现。

迪士尼乐园的一位工作人员想出了一个好点子——戴上米老鼠的大手套和游客击掌。当他向经理提出这个建议时，经理马上表示支持。两天后，经理就拿着一副副米老鼠的大手套送到了每个迎宾岗位。从此，用大手套迎宾就成为迪士尼乐园的一项有趣的服务，每位迎宾员工都会戴着那副滑稽的手套与游客开心地击掌，孩子们非常喜欢这种迎接方式。

还有员工提出要在迎宾处吹泡泡，认为孩子们一定喜欢这样的方式。几天后，一瓶瓶吹泡泡用的泡泡水就被放置在迎宾处。每个经过这里的游客都会开心地追泡泡，有的孩子特别喜欢，甚至主动跟工作人员学如何吹泡泡。

东京迪士尼乐园的清洁部门更是展现了清洁工的新本领——两名清洁工在拖完地后，用手中的拖把在路面上即兴作画。游客们纷纷止步围观，看清洁工如何化身为画家，画出一只只米老鼠，并为他们献上热烈的掌声。真是令人佩服，拖地也成了一门艺术活儿！

可见，当员工们的创意得到公司的认可和顾客的喜欢时，他们就会更加积极地想出更多好玩、新奇的服务方式。在这样一个"创新—鼓励创新—再创新"的良性循环中，迪士尼的服务变得越来越丰富多彩。

3. 创新离不开团队合作

俗话说"独木难成林""一个好汉三个帮"，团队合作的力量永远大于一个人的力量。就连创新这件被认为是"灵光乍现"的事，其实也是团队合作的成果。创新从来就不是个人专属，而是一个团队的共同成果。

一天，天津丽思卡尔顿酒店天泰轩的一位服务员接到了一位顾客的电话，顾客表示想为女朋友庆祝生日。这位服务员马上行动起来，她在餐桌上用玫瑰花瓣摆出了"生日快乐"的字样，用来欢迎这对情侣，并表达对那位女士的祝福。这对情侣来到餐厅，看到服务员精心布置的桌面后果然十分开心。

在服务过程中，服务员又注意到女士的背包上挂着考拉玩偶，于是她灵机一动，决定送给她一个惊喜——用水果做一个"考拉"。服务员找到冷菜房的厨师，和他讲了自己的想法，厨师听后马上表示支持。不过，厨师尝试了好几次都没有成功，服务员就在网上搜索了一些图片，帮助厨师创作。最终，一个可爱的考拉形状的水果拼盘出现在那对情侣面前。服务员告诉他们，这个作品叫作"拥抱考拉"，希望他们能像今天一样拥抱快乐，拥抱健康。

那位女士开心地笑了，并且给了服务员一个大大的拥抱。

服务员的创新，是团队中每个人一起努力的结果。此外，这也说明丽思卡尔顿授权管理到位，所以各部门间的协作才会有如此顺畅。

反观其他一些企业，一边强调大家要协作，一边却竖起了一道道部门墙，导致员工的好创意在实施过程中得不到相关人员和部门的配合与支持，最终"流产"。而员工的创意之火一旦被浇灭，重新点燃会很难。这样的企业，怎么可能有持续不断的创新？

让员工的创意通过团队合作落地，中层管理者发挥着至关重要的作用。

自上而下的创新方式往往是上层管理者对企业创新的全面设想、立体设想——"应该这样"。自下而上的创新方式则是一线员工基于有限的视角而产生的由点到点，连点成线的想法——"现实是这样的"。而中层管理者恰恰处在创新管理的中间位置，他们是联结上层领导者和一线员工的联结点，是公司内信息流动的交汇点，更是公司资源最直接的掌控者，能承上启下，起到及时传递信息、及时协调资源、及时化解矛盾的作用。

为此，新的创新方式应运而生，即日本企业非常推崇的"自中向上而下式"。在这种创新方式中，中层管理者充分发挥枢纽作用，让上传下达保持顺畅，让一线员工的反馈保持顺畅，以实现企业中信息流通的四通八达，从而形成团队合力，让每一个创意都能在企业中生根发芽。

4.2.2 提升创新领导力

"火车跑得快，全靠车头带；车头要没油，火车不如牛。"创新领导力犹如车头的油，是一种精神、一种思维和一种行动力，是企业良性发展、永续经营的原动力。

对于企业家和管理者，提升创新领导力是终身必修课。

1. 创新是企业家精神的内核

什么是创新者？拉姆·查兰给出的定义是，创新者是战略家、创造者、领导者、推动者、整合者、突破者、人文主义者。

在我看来，拉姆·查兰对创新者的定义，是对管理大师德鲁克创新观点的形象化诠释、角色化定位：创新是企业家精神的本质，没有创新，企业就不能被称为企业；仅有技术创新，不能构成企业家精神，企业家精神是企业的全面创新；创新是实践的创新，需要转化为行动及结果。

无论是沃尔玛创始人山姆·沃尔顿、迪士尼创始人沃尔特·迪斯尼、星巴克创始人霍华德·舒尔茨，还是7-11创始人铃木敏文、优衣库创始人柳井正，抑或海底捞创始人张勇、华住创始人季琦、胖东来创始人于东来、链家创始人左晖……都在各自的领域诠释着企业家精神，他们或是战略家，或是创造者，或是突破者。

以日本增长最快的服装品牌优衣库为例，其创始人柳井正秉持着"改变服装、改变常识、改变世界"的经营理念，这反映了他对服装的重新认知和重新定义。他经常说的"改变常识"，就是要打破对服装、服装经营、服装行业的既定认知，摒弃旧思维和成见，重新定义服装和服装行业。他希望通过创新来改变服装行业，营造一种优衣库所倡导的生活方式，从而改变世界。

如果说创新是企业家精神的内核，是企业家必须拥有的基因，那么提升创新领导力的核心就是要在企业内培育、塑造和传承企业家精神。企业家精神不能也不应该只为企业家一个人所独有，它应该是企业家所带领的管理团队共同拥有的思维模式和行为方式。

麦肯锡曾面向600位经理和专业人员做过一项调查，结果显示，鼓励创新行为的两大主要促进因素，一是拥有鼓励和保护创新的强有力的领导，二是高管愿意花时间积极管理和推动创新。由此可见，将企业家的使命、目标和价值观一层层地向下传达，让公司的各级管理者共同拥有企业家精神，对自我创新和鼓励创新负起责任，才是提升创新领导力的关键所在。

怎么才能做到这一点呢？一方面，对于层级越高的管理者，越要注重考察其创新潜质以及过往的创新成就，是否具有创新能力与创新激情应该是选拔高层管理者的重要指标；另一方面，在各级管理者的个人业绩评估中，要专门制定正式的目标指标，并以此为导向，常态化检视管理者的行为是否有助于创新。

2. 透过现象抓住本质

具有创新领导力的企业家，一定有一双能透过现象看本质的慧眼。

人生有三重境界：看山是山，看水是水；看山不是山，看水不是水；看山还是山，看水还是水。透过现象抓住本质，就是要透过事物外在表现出来的"现象"，去领悟它的内在本质，达到"看山还是山，看水还是水"的第三重境界。

在海底捞，张勇很喜欢用一件在餐厅里发生频率很高的事情启发管理者要洞察现象背后的本质：服务员在给顾客上菜的过程中把餐具打碎了，该怎么处理呢？有一部分管理者的第一反应是："罚款呀！"张勇会问他们："如果是服务员为了满足顾客的需要，着急给顾客上菜，在快速奔跑的过程中不小心打碎了餐具，那么罚款的处理方式不就成了对员工工作积极性的惩罚吗？如果是服务员因为对公司或领导不满，故意把餐具摔碎了，那么只赔个成本价，会不会又处理得太轻了呢？"见微知著，引导管理者用"打破砂锅问到底"的思维方式来思考，就能帮助管理者抓住问题的本质，从而找到解决问题的有效办法。

当然，管理者除了要能迅速抓住事物的本质，还必须懂得用人人都听得懂的语言传达这些本质。本质通常是难以言表的，所以智慧型领导者会运用打比方、讲故事等形式进行广泛而有效的沟通，从而帮助身处不同情境、经验水平各不相同的个人和团体快速且直观地把握事物的本质。

张勇曾经写过一篇文章，告诉大家海底捞欢迎什么样的人、不欢迎什么样的人。

我相信自己，

我相信"海底捞"，

我相信阳光和空气，

我相信我的未来不是梦，

我相信付出总有回报，

我相信工作的双手、思考的大脑和爱的心灵！

如果上述五个"相信"中，你有两个表示否定，请你不要加入"海底捞"，换一个工作环境对你也许更有好处。另外，我要告诉大家的是：我反对懒惰、消极、怀疑和抱怨，我讨厌工作推诿和投机取巧，我不喜欢明明自己能做的事情却吩咐自己的同事、下属去做。请一定相信，今天站在同一条起跑线上的我们，10年后彼此之间的差距会很大很大。

这篇洋溢着诗情的小短文清晰地揭示了张勇"相信"背后的本质，也就是他要通过海底捞去实现的梦想——双手改变命运，智慧成就梦想！五个"相信"，就是愿景，不仅从自身的角度出发，还从员工的角度出发，让员工了解了海底捞需要什么样的人。

当然，创新从来都不是一帆风顺的，当面临"既要，又要，还要"需要决策时，拥抱矛盾、直面并解决冲突既是一种态度，也是一种能力。

柳井正就把矛盾视为探索更好商业路径的敲门砖。

柳井正认为，同时做到降低成本和提高质量是一对矛盾，但他把矛盾视为了探索更好商业路径的敲门砖。他说："企业就是在解决矛盾的过程中成长壮大的。你在致力于实现更高的目标时，一定会遇到矛盾。你之前从未遇到过这些具体而细微的困境，所以一时间很难找到合适的破解办法。这就相当于你走到了一个岔路口，你可以选择放弃，因为你发现这个雄心勃勃的新项目一时行不通；你也可以选择咬定青山不放松，努力找到解决问题的办法。绝大多数人选择了放弃，很多人知难而退，还有一些人浅尝辄止。这为我们带来了绝佳的机会。也就是说，人们把偌大的市场空了出来，这是我们施展拳脚的大好机会。这种可能性是很大的。想尽办法坚持到最后的企业，只要它们能解决矛盾，就能创造出全新的市场。简而言之，机会就藏在矛盾里。"

正因为如此，柳井正一方面把优衣库的服装做得简约、舒适，确保高质量；另一方面又想方设法降低成本，以高性价比赢得顾客的喜爱。

透过现象抓住本质，就是要历练发现本质、传达本质的能力，以及拥抱矛盾、利用矛盾和化解矛盾的能力。

3. 发现相似

在与红缨教育合作的几年里，我对创新领导力有了新的领悟，那就是经营者要有"发现相似"的能力。

红缨教育的创始人王红兵始终倡导创新，认为自己就是创新的受益者：每当公司发展遇到瓶颈时，都是创新帮助红缨教育获得了新生。在他看来，创新不是为了与对手竞争，而是为了与明天竞争。真正的创新一定基于使命感。

王红兵曾经写过一篇文章，阐述"相似乃创新之魂"。

在我领导红缨教育的日子里，凡是遇到难关就找相似性。找到了相似性，努力去琢磨别人的破局之路，自己的破局之路也就随之清晰了。

红缨教育要管理1 000多家（并购前）幼儿园，该怎么管？谁也不知道。谁也没管过。怎么办？我问自己：谁遇到的问题跟我相似？哪个行业与幼教行业相似？我发现了我们与如家酒店具有一定的相似性。

如家酒店有店长，我们有园长；如家酒店有院子，我们也有；如家酒店有大堂，我们也有；如家酒店有前台，我们也有；如家酒店的基本单元叫客房，我们叫活动室；如家酒店的工作人员女性居多，我们也是；如家酒店有千家以上连锁酒店，我们有千家以上幼儿园。

那如家酒店是如何管理那么多家酒店的？

我通过各种渠道找到了16本如家酒店管理手册，读完后我管理红缨教育1 000多家幼儿园的思路瞬间就变得清晰起来。

榜样的力量是无穷的。我创造性地借鉴如家酒店的质量管控体系来构建红缨教育连锁园的质量管控体系，效果很好。

在红缨教育资本化的过程中，王红兵也是因为发现了红缨教育与昂立教育的相似性，从而决定效仿昂立教育借壳新南洋，快速启动与国内上市公司的并购谈判，使红缨教育顺利走上了资本化之路。

我与红缨教育的缘分，也是得益于王红兵在思考如何提升客户满意度时发现了红缨教育与海底捞的相似性。我至今还清晰地记得，我与王红兵第一次见面沟通，他就给我布置了一篇"命题作文"：幼儿园应该向海底捞学什么？为了完成好他布置的"作业"，我认认真真地思考了幼儿园与餐厅的相似性——除了顾客关注点的相似性，比如安全、卫生、环境、服务、产品等，更重要的相似性在于，餐厅给顾客直接提供服务的是基层员工，幼儿园给孩子和家长直接提供保育和教育服务的是基层老师。因此，如何像海底捞一样调动每一个基层老师的积极性，是幼儿园最应该向海底捞学习的内容。

著名思维科学家张光鉴教授认为：相似就是客观事物存在的同与变异的辩证统一。在客观事物的发展过程中，始终存在着同与变异，只有同，才能有所继承；只有变异，事物才能往前发展。一切事物都是通过相似性相互联系的；一切创造，无论是自然界的创造还是人类的创造，都是基于某种相似性而展开的。

美国著名创造心理学家 S. 阿瑞提在《创造的秘密》一书中也指出：相似性表明，世界上存在着某种重复发生的因而是有规律的现象。正是由于对这些规律的认识，人们才能够理解宇宙，理解自身的内在现实。

所以，创新性思维常常就是在发现相似规律基础上的一点变异而已。提升创新领导力，就是要提升对相似性的识别能力和重组能力。

4.2.3 创新需要土壤、阳光和空气

只有在适宜的生态环境条件下，庄稼才能正常生长和发育，实现优质高产。创新如同种庄稼，也需要合适的土壤、阳光和空气，才能结出累累硕果。

1. 文化是创新的土壤

什么样的土壤长出什么样的庄稼，员工个体的投入度就深受组织文化的影响。创新究竟需要什么样的土壤呢？

（1）自由、宽松的创新氛围

创新过程中，可能会"犯错"，也可能在短期内看不到任何效果，甚至最终一无所获，这个过程不仅考验员工的信心，也考验管理者的心态。

所以，在制度上给创新更大的弹性空间，在企业中营造自由、宽松的创新氛围，让员工少一些后顾之忧、多感受工作的意义，他们会更愿意参与创新。比如，在谷歌，工程师和项目经理每周有一天的自由时间可以去探索自己喜欢的创意。这些创意中有很多最终都转化成了产品或产品改进。

（2）英雄不问出处，创新不问出身

企业中究竟什么样的人更有创新力？是位高权重者，还是智力超群者，抑或异想天开者，又或者是默默耕耘者？其实，这个问题并没有标准答案。

有人认为，一个人的创新力会随着年龄的增长而减弱。但心理学家研究发现，人的创新力是热情和经验相互作用的结果，而经验通常是随着年龄的增长而增加的，所以年龄的增长并不必然导致创新力减弱。哈兰·山德士在 60 多岁高龄的时候创建了肯德基，谁能说他当时的创新力不如年轻人呢？

还有人认为，没有专业技能就无法创新。对于这一点，我很认同《企业创新力》中的观点：拥有专业技能和经验会使人成为专家，也确实会提高工作效率，但同时也会带来一些问题，比如，用专业技能和经验去处理不符合常规的情况时，事情往往会变得更加难办。也就是说，专家们很难以一种新颖的方式来分解和重新组合他们的经验要素。所以，具有专业技能是创新的充分条件，但不是必要条件。有些员工在专业技能上或许有所欠缺，但仍拥有很强的创新力。

英雄不问出处，创新不问出身。

（3）具有获得组织支持的可能性

对创新者而言，当创意得到上级、同事以及下级的支持时，其创新意愿和创新行为就会被强化。相反，当组织氛围让他感到自己有可能是孤军奋战或需要"求爷爷告奶奶"才能推进时，知难而退便会成为常态。

如果说常规性工作对团队协作有一定要求的话，那么创新对团队协作的要求更高，不仅要突破组织内部的一个个孤岛，还需要得到组织内外部资源的支持。

雷富礼成为宝洁 CEO 后，除了产品创新外，还非常重视引导团队形成对创新的共识。他认为，要想让各个部门的员工都拥护创新，需要创造一种具备以下特点的组织文化：好奇而又勇敢、联系紧密、合作密切、心态开放。他深深懂得，探索与开拓未知是需要勇气的，如果没有团队的支撑，很难走到最后。

2. 赋能，而不是减能

庄稼在阳光雨露的滋养下才会茁壮成长，同样，在企业中，员工的创新也离不开企业的赋能。

还是以迪士尼为例，为什么迪士尼的清洁工能把拖地变成一门艺术、"拖出"一只只米老鼠？一个很重要的原因是，迪士尼不断地以培训赋能员工，为员工创新力的发挥提供充分的帮助与支持。

赋能应急处理。迪士尼为每一个清洁工都配备了完善的应急设备，如无线通信耳机、医疗包、修理工具等，还会对他们进行培训，使他们掌握基本的医疗常识与修理技能。在这样的赋能下，员工在遇到孩子跌倒或老人心脏病突发等情况时，就能及时施救；在遇到轮椅、童车等助力工具损坏的情况时，也能快速帮游客修理好，使游客在迪士尼的体验不会受到影响。

赋能拍照。几乎每个来到迪士尼游玩的游客都希望用照片记录快乐的时光，让瞬间成为永恒的记忆。当他们需要找人帮忙拍照时，遍布整个园区、行动自由的清洁工就成了不错的选择。为了让清洁工给游客拍出满意的照片，迪士尼会给清洁工提供摄影的相关课程，帮助他们提升拍照水平。

由此可见，即使只是清洁工这样一个非常普通的岗位，通过培训来不断赋能，也能为顾客满意度的提升做出极大的贡献。除此之外，迪士尼的做法还给我们带来了一些启示：培训内容聚焦于顾客体验和产品的核心价值，是培训支持业务的最佳思路；提升一线员工培养效率的方法，就是对技能使用情境进行准确定义，并进行标准化复制。

美国百思买公司（Best Buy）则是通过帮助年轻员工发现优势来为他们赋能。前CEO布拉德伯里·H.安德森（Bradbury H. Anderson）说："有人喜欢解决技术问题，有人喜欢在展厅与顾客交流，也有人喜欢去顾客家里做安装工作。在每种场景中他们都需要解决问题，但是问题的性质和工作环境有很大差异，员工的技能适用范围越广，越能满足顾客的需要。与此同时，你也要给员工更多的机会去做他们喜欢做的事情。你必须充分利用团队中的潜在能力，并将其转化为公司的竞争优势。你不仅仅是一个零售商，还是一个服务公司。"

从致力于规模和效率的提升转变为专注于激发员工的灵活性和创造性，正是连锁服务型企业释放员工创新能量的最好方式。

如果说以有效培训提升技能、帮助员工发现自身优势是创新赋能方式，那么提供预算和授权更是不可或缺的创新赋能手段。

丽思卡尔顿就通过提供预算的方式来为员工赋能。丽思卡尔顿允许员工动用一定数额的资金，且低于某个数额时无须向上级汇报。这样做极大地提升了员工的主人翁意识，使他们在服务时更加积极主动地满足顾客的需求。

不过，无论是提供预算还是授权，都涉及信任问题。管理者将会面临一个巨大的考验——是否对员工拥有足够的信任？

很多管理者一边授权，一边对员工有所怀疑，不仅导致权力不能有效地实现过渡，还使员工因为不被信任而倍感不爽，导致工作效率降低、企业业绩下降，最终使授权流于形式。

因此，提供预算和授权必须以对员工的充分信任为前提，一旦授权，就不要有所顾虑，要给员工充足的空间，让他们的潜力得到充分的发挥。当你通过授权使人才获得巨大的成就感时，最终受益的将是你和你的企业。

3. 营造氛围，做好机制保障

德鲁克认为：一家企业要具备创新能力，必须确保自己的激励、薪酬、人事决定和政策，都旨在奖励而非惩罚那些合理的创新行为。

但是，"创新向左，管理向右"常常是很多企业的现状，主要表现为以下几种现象。

现象一：把"创新"写进了公司价值观，但是几乎没有人能说清楚这个词与自己的工作有何关系。员工既不清楚什么是创新、为什么要创新，也不清楚该如何创新，更不清楚创新或不创新对公司、对顾客、对自己会有什么影响。

现象二：组织结构不能为创新提供保障。组织结构直接关系到如何协调大家的努力，它既有可能激发创造力，也有可能扼杀创造力；既能让大家只关注内部，也能鼓励大家以开放的心态拥抱外部世界。而当管理者把对日常运营和财务目标负责作为首要任务，而把创新当成可有可无、有时间就做没时间就不做的事情时，组织结构的设计一定是无法为创新提供保障的。

现象三：用各种指标把创新具体化，比如创新的任务、分值甚至对应的薪资都非常具体，导致员工只追求指标的达成，超出指标之外的事情一丝一毫也不肯做。我曾与一家合作企业的总经理助理就某个创新项目讨论了数次，却迟迟不见他行动，我非常纳闷。后来才知道，在他年初确定的考核指标中，这项工作并未列在其中，做了也不能给他加分，所以能不做就不做。

现象四：让员工承担创新的损失和责任，这不仅会挫伤创新者本人的积极性，也会严重影响团队的士气，使"多创多错、少创少错、不创不错"的不良氛围在企业中蔓延。

企业加强创新能力建设，决不能仅仅停留在理念和口号层面。既要推广创新的方式方法，也要以组织和机制的形式为创新提供保障。

2020年，弘阳物业集团启动了"组织—服务—运营"三位一体的变革，打造"弘阳模式"。作为管理顾问，我参与了从启动、设计到试点、推行的全过程。经过在分公司的一年试点，变革取得了初步成功。在向全集团推广之前，我们进行了认真的复盘与总结，发现最宝贵的经验就是机制先行。

所谓"弘阳模式"，就是基于"在商言人、诚者致远"的企业文化，围绕一个中心——客户，实现两个愿景——人人都是服务者、人人都是经营者，打造三支队伍——弘精英、弘管家和弘师傅，从而让业主放心、让政府放心和让股东放心。

在深入调研后，针对公司当时的状况，我们首先从与业主接触最多的岗位——弘管家入手，陆续出台了《管家星级落位试行期制度》《"弘管家"评价激励与薪酬管理试行方案》《业主关怀资金使用方案》《业绩公示表彰定期化试行方案》《创新金点子日常化》等一系列员工看得见、摸得着的实实在在的政策和措施，随时推进，及时兑现。随后，围绕大家提出的数信系统操作体验差严重影响与业主的沟通等问题，我们又采取了让一线管家参与系统开发等措施，并及时出台了《关于招募"弘生活"信息应用系统体验官机制》。在拓宽服务领域、推进弘师傅入户有偿服务的过程中，又先后出台了《入户有偿江北西片区项目激励方案》《利润分配机制》，等等。

正是有了这一系列机制的保驾护航，变革中的"六化"工作才能一直稳扎稳打地进行——管家工作标准例行化、条线流程制度匹配化、案例分享学习常态化、创新金点子日常化、职能部门专业贡献价值化、业绩公示表彰定期化，并最终带来试点项目和试点分公司各项经济指标的大幅提升。

这个项目的实施带给我的最大感悟是：如果提供合适的环境和机会，再以相匹配的机制作为保障，大多数员工都能变得富有创造力和创新性。

当然，机制的改革与创新注定会损害一些人的利益，甚至有可能造成组织分裂，如何将这些问题带来的负面影响降到最低？华为对系统"先僵化，后优化，再固化"的做法，值得我们学习。

4.3 持续创新源自持续的创新管理

4.3.1 持续创新的出发点和落脚点

对企业而言，创新应该是一个持续的过程，没有终点，只有重点。

亚马逊总裁贝佐斯说："没有一项科技能够保持永久的领先地位，同样，没有一项创新可以使你保持永久的优势。"持续创新是企业的一种策略，更是基本需要，企业要努力把偶然性或间断性创新转变为持续性创新。

1. 以创造价值为出发点

不能创造价值的创新是毫无意义的。

现实中，很多企业投入重金研发的成果往往躺在实验室里，无法转化为产品，或者转化为产品了，却因为顾客不买单而无法转化为收入和利润。对企业而言，如果创新既不能给顾客创造价值，又不能给公司带来经济收益，为什么要创新呢？创新需要发明，但发明并不等于创新。

拉姆·查兰认为，尽管很多公司把取得专利的发明当作创新，而且这些发明经常被冠以"富有创新性"的高帽子，但事实上，公司取得的专利数与经济收益之间并不成正相关。只有能让人们掏钱购买并且重复购买、能为企业带来经济收益的创新，才是真正的创新。

在前文中，我曾经分享过海底捞的一项叫作"视频火锅"的技术创新，这个创意非常新奇，但其市场表现并不尽如人意，这样的创新是探索过程中的勇敢尝试，但从严格意义上来说是没有意义的创新。

当初海底捞之所以推出"视频火锅"，是希望利用远程高清视频会议系统，打破异地聚餐的空间限制，从而为顾客打造一种"无论相隔多远，欢笑就在耳边，亲朋就在面前"的新体验。海底捞的设想是，如果跨城市"视频火锅"试水成功，接下来就借国际化的东风尝试跨国"视频火锅"，把"海内存知己，天涯如比邻"变为现实。

然而，上市后消费者却并不买账，他们纷纷表示：到餐厅是为了吃饭，如果要视频，可以在家、在茶馆或者在咖啡厅，没有必要非在吃饭时视频，边吃边聊也不利于健康。更令消费者抗拒的是，提供视频火锅服务的"智真包间"除餐费还要额外收取 200 元 / 小时的视频费。要知道，海底捞人均消费 80～90 元，吃一顿饭通常要两个多小时，这样算下来一次视频聚餐就要花费上千元，消费者自然觉得不值得。

消费者不买账，创新自然无法产生价值，最终，这项创新以失败告终。这充分说明了理想很丰满，现实很骨感！

实践是检验创新的最好途径。于消费者而言，如果一项创新产品或服务既不方便，又不便宜，他们必然不会买单；于企业而言，如果一项创新产品或服务既没有效果，又没有效益，那么及时放弃就是最好的止损。

当然，海底捞非常清楚：创新的过程就是试错的过程，有创新就一定有风险。"视频火锅"的失败并没有阻挡海底捞在技术创新方面的继续探索。"视频火锅"也并非毫无价值，正是有了这次试水，才有了"智慧餐厅"的横空出世。

创新一定要以创造价值为出发点。

对顾客而言，所谓"价值"，既包括实用价值，也包括非实用价值，如审美价值、欣赏价值，甚至心态价值等。为顾客创造非实用价值，往往与创造实用价值具有同样的意义。

以商品的包装为例，一件商品能否从众多商品中脱颖而出，与包装有着直接的关系。这就决定了商品的包装设计不仅要具有保护产品、方便运输等实用价值，还要具有审美价值等非实用价值，能吸引人们的视线。因此，在包装设计时平衡好实用价值与非实用价值，使商品的包装在有效保护商品的同时还能获得消费者的注意和喜爱，必然是设计师创新的出发点。

对企业而言，所谓"价值"就是销售额和利润，这两者是衡量价值的最直观的要素。当然，价值还有短期价值与长期价值之分。如何平衡短期目标与长远利益，是所有公司都必须面对的挑战。无论是大型跨国公司，还是刚起步的小公司，都绕不开这一难题。在大多数情况下，当企业的发展存在诸多不确定性时，管理者往往不愿意承担风险，更倾向于选择安全系数更高的升级性产品和服务以完成短期目标，而不是选择对公司的长远利益更有价值的创新和突破。

当初，红缨教育被上市公司并购后就面临着一个两难的选择：是完成三年对赌目标，还是追求能为公司带来长远利益的创新和突破？面对现实，红缨教育选择了前者，结果是对赌目标实现了，但也错过了创新项目推出的最佳窗口期。

2. 以提升核心竞争力为落脚点

持续创新必须以提升企业核心竞争力为落脚点。

是否具备核心竞争力，是决定企业能否建立长期竞争优势的关键因素。有很多企业昙花一现，开得快，凋谢得也快，究其根源，正是因为缺乏核心竞争力。因此，企业一定要通过持续创新打造出不易被竞争对手效仿的、能带来超额利润的独特能力，使企业获得并长期保持竞争优势。

任正非曾多次强调，创业创新必须以提升企业核心竞争力为中心。在华为IPD（集成产品开发）动员大会上，他曾对这一点进行过一番深入的阐述："什么是创新呢？一个是面对全人类来说的，一个是具体面对我们公司来说的。如果人类给你发奖金，你就面对人类去做吧。因为待遇是我们公司给你发的，所以你要面对公司的核心竞争力提升去做，这样才能给你评价！"

如何判断企业自身是否有核心竞争力呢？可以通过三个特征来判断。

特征一：价值性。价值性表现在能为顾客带来长久的关键性利益，能实现顾客所看重的核心价值。同时，它还能帮助企业提高运营效率、降低成本，使企业在竞争中赢得长期的主动权，创造长久的超额利润。

特征二：独特性。独特性表现在不易被竞争对手占有、转移或模仿，能帮助企业建起护城河。

特征三：延展性。延展性指企业能够从核心竞争力衍生出一系列的新产品和新服务，以满足顾客当前的以及潜在的需求。具体表现为核心竞争力能支持企业向其他领域扩张，而不是局限于某一领域或某一种产品。

据此来看，核心竞争力一定是企业的优势，但企业一时拥有的优势并不一定就是核心竞争力。

那么，如何构建企业的核心竞争力，形成竞争优势呢？可以参考迈克尔·波特（Michael Porter）在40多年前提出的三大战略，它们在今天的商业世界依然具有重要的指导意义。

（1）总成本领先战略

总成本领先战略也叫低成本战略，指的是企业控制所有成本使其低于其他竞争者，或是运用适当的方式把成本降低到其所能承受的最低值，进而在行业中取得竞争优势。

总成本领先战略的关键点有两个：一是降低成本，二是降低价格。

蜜雪冰城就是运用总成本领先战略打造核心竞争力的典型案例，它以高品质的平价产品为顾客创造价值，使开店速度与经营规模双双突飞猛进。

（2）差异化战略

差异化战略，即提供与众不同的产品和服务，满足顾客的个性化需求，从而形成竞争优势。

海底捞的服务取胜，在很多人看来似乎属于差异化战略，但在我看来，海底捞真正的差异化体现在其持续打造"好服务"以及所有门店都能保持服务的一致性上，而让员工"想服务"和"会服务"背后的人力资源管理能力是其核心竞争力。

（3）专一化战略

专一化战略也称集中化战略、目标集中战略，指的是主攻某一特殊的顾客群体、某一产品线的细分区段或某一地区市场。与总成本领先战略和差异化战略不同的是，专一化战略是为某一特殊目标群体服务的，组织的方针、政策、职能设计都要基于这一点。

麦当劳采取的就是专一化战略，曾经的教训让它深谙"有所为，有所不为"的道理。

汉堡是麦当劳的核心产品，早在1948年，麦当劳就确立了汉堡的标准化生产方法。后来，麦当劳将这种标准化生产方法应用于连锁店，以此确保所有连锁店生产的汉堡都是同样的品质、同样的味道。这正是麦当劳成为世界第一大汉堡店的根本原因。

20世纪八九十年代，美国很多传统企业找不到新的增长点，于是希望通过并购一些毫无关联的企业来实现扩张。在这样的环境下，麦当劳也没能抵挡住诱惑，于1999年收购了一家叫作多纳托斯（Donatos）的比萨连锁店，希望以此扩充自己的快餐产品线，进一步巩固其在餐饮市场的霸主地位。

然而，事实证明这只是一个美好的愿望，因为做比萨不是麦当劳的强项。虽然麦当劳投入巨资开设了数家比萨连锁店，但是它仍不能有效地控制比萨的质量，也无法管理好这些比萨店的运营。

痛定思痛，麦当劳决定清空多纳托斯的股权，不再盲目地拓展产品线，而是回归专一化战略，全力把汉堡做好。

4.3.2 创新管理是一项系统工程

持续创新源自持续的创新管理。

创新管理就是通过管理体系、流程制度、组织结构、机制体制等多种方式，对产品、服务、技术等各个方面的创新所涉及的创新目标、创新活动进行管理，从而将创新转化为利润。

创新管理是一项系统工程，涉及企业的各个环节，只有各个部门相互促进、协调运转，才能真正以管理驱动企业的持续创新。

1. 向管理要创新

众所周知，创新成功的概率是非常低的。首先，不是所有创意都能进入开发实施环节，绝大部分创意并不具有可行性；其次，进入开发实施环节的创意又会有相当一部分因为不具备条件等原因而被淘汰，能经过实践验证真正可以转化为新产品、新服务和新方法的创意所剩寥寥；最后，只有被市场和消费者认可的新产品、新服务、新方法才具有价值，也就是说，不是所有新产品都可以被称为商品，真正能给企业带来价值的创意可谓千里挑一，甚至万里挑一。

那么，究竟如何才能提高创新的市场转化率呢？答案是创新管理——既向管理要创新的数量，也向管理要创新的质量。

在帮助多家企业打造创新机制的过程中，我积攒了丰富的经验和教训，在此基础上，我提炼并构建了"基于人力资源开发的企业可持续创新模型"（见图4-6），帮助企业系统化地梳理从创新产生、创新实施到创新成果、创新应用各阶段的管理重点和要点，从而全方位调动和保护员工的创新积极性。

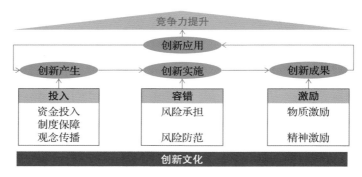

图 4-6　基于人力资源开发的企业可持续创新模型

（1）创新产生阶段：让员工愿意参与创新

创新，始于创意。在创新产生阶段，管理的主要目的是让员工愿意参与创新，从而促进创意源源不断地产生。

哪些因素会影响员工的参与度？很多员工在参与创新时，脑海里会本能地涌现出一个问题："如果我的创意需要花钱才能实现，这笔钱由谁出呀？"针对这个问题，有的管理者可能会说：如果创新成功了，公司肯定会给你报销，不要太计较嘛。如果是这样的话，恐怕大多数创意都会被员工自己扼杀在萌芽状态，毕竟多一事不如少一事。

激发员工的创新力，企业千万不要小看这一问题。问题本身不是问题，如何应对才是问题。

其实，在创新产生阶段，企业管理的重点和难点就是要解决投入的问题。这既包括资金上的投入问题，如投多少、如何投等，也包括员工创新观念上的投入问题，如让员工理解为什么要创新、什么才是公司要的创新、创新如何才能实现、有了创新成果会有什么好处，等等。千万不要认为员工天然地知道这些有关创新的内容。要将解决这些问题的方式方法形成制度化文件，即制度保障并及时对员工进行观念传播，让大家既知晓，也理解，还相信，只有这样创新才能源源不断地产生。

（2）创新实施阶段：让员工敢于创新

在创新实施阶段，对企业而言，管理的主要目的是让员工敢于创新，而管理的重点和难点是建立容错机制。

创新必然伴随着风险，当创新以失败告终时，谁来承担损失和责任？这个问题若回答不好，就会极大地影响员工的创新积极性。企业一定要建立创新的容错机制，允许创新失败，对创新失败者宽容以待，并把创新失败的责任承担起来，这样才能为员工提供坚强后盾，让员工没有后顾之忧，能放开手脚、义无反顾地奔跑在创新的道路上。

当然，风险防范也是必不可少的。在创新之前，企业应进行全面的风险评估，及时发现并解决潜在的风险因素。针对有可能出现的风险，企业需制定相应的风险管理预案，以降低风险带来的损失。

（3）创新成果阶段：让员工感受到创新被认可

在创新成果阶段，企业管理的主要目的就变成了让员工感受到创新被认可，此时管理的重点和难点变成了对员工进行激励。

对员工进行激励是使员工感受到创新被认可的重要方式，但激励不一定是物质激励，也可以是精神激励，比如用创新者的名字命名创新成果，这会极大地激发员工的成就感和荣誉感。激励方式到位，不仅能使创新者产生充足的创新动力，还能影响和鞭策其周围的员工。所以，创新激励机制的构建是创新管理的重要组成部分。

（4）创新应用阶段：企业管理水平的综合体现

创新成果一定能得到应用吗？不一定。这取决于企业的管理水平。创新应用阶段是企业管理水平的综合体现，管理水平高的企业能让创新成果转化为效益，从而提升企业的核心竞争力；管理水平低的企业则会让创新成果付之东流。

我在某餐饮连锁企业担任顾问时对此感受颇深。当时，这家企业推出了一款新菜品，该菜品在北京上市后反响很好，获得了客户口碑和经济收益的双丰收。老板对这款菜品在全国的推广信心满满，可是，几个月后我出差上海时却发现当地的连锁店根本就没推出过这款新品，理由非常简单：原来的厨房做不了这道菜，需要购置相应的设备。而上海餐厅的管理者只考虑到成本，就放弃了这款菜品。

可见，企业向管理要创新，一定要不断提升管理水平，否则再好的创新也无法为企业带来收益。

2. 从自上而下到自下而上

企业创新究竟是自上而下的，还是自下而上的？

关于这个问题的探讨一直没有停歇，在我看来，在当今这个技术发展日新月异、市场环境处处充满不确定性的时代，只有将两种方式有机结合起来（见图4-7），才能持续推动企业的创新。

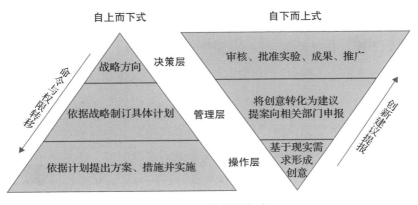

图4-7 两种创新方式

（1）决策层主导的自上而下式

战略决定了企业的方向、未来，是影响企业市场竞争成败的关键因素。战略能使企业明确想做什么、有能力做什么、该不该做以及是不是坚决不做。对这些关键方向和重大事项的把握和决策，必然是也只能是由企业家和核心管理团队来主导。同样，企业的战略性创新也必须由决策层自上而下地推动，因为这种战略性创新决定着企业未来的格局、高度和命运，不仅需要前瞻性的判断，更需要人力、财力和资源的大量投入。甚至，有的创新必须由企业一把手亲自推动才能顺利开展。

以组织变革为例，企业实施组织变革的过程，不仅需要对组织结构进行调整，还需要对管理制度和资源分配进行调整。但是，变革往往会遭遇巨大的阻力，因为变革会触动某些人的利益，当然，也有些人是因为缺乏了解而不认同变革，因此表现出反对或不支持的态度。我曾经参与过一个企业的组织变革，CEO的态度竟然是"不支持也不反对"，如果不是由一把手直接推动，恐怕变革就会"胎死腹中"。

再以海底捞的战略性创新——围绕食品安全的创新为例，无论是率先用一次性包装底料替换传统火锅的现炒底料，还是建中央厨房实行净菜加工，抑或是在门店实行三层监督检查机制和四色卡考核机制，无不是由公司决策层主导、自上而下有组织地推进的。尽管在推进过程中常常会遇到基层运营团队的不理解甚至个别人的不配合，但公司并没有因此妥协，而是始终坚定不移地推行创新。

可见，决策层主导的自上而下地推动，让创新有方向、有规划、有力度、有执行、有资源的支持。这种创新方式既具有系统性、规模性，也具有效率性，是企业创新最重要的支柱。

（2）一线员工主导的自下而上式

一线员工主导的创新，更多的是持续性改善，一般通过合理化建议来实现。

在日常工作中，持续性改善的机会无处不在。

美国一家航空公司的乘务员在提交给总部的建议表中附了一个塑料盖，她解释说，这是乘务员给乘客倒咖啡用的金属壶上的盖子，其作用是保温和避免将咖啡洒到乘客身上。标准化程序要求饮食服务部为每次航班提供 10 个这样的盖子，但是她发现，每次飞行结束后，至少有一半的盖子未经使用就被扔掉了，所以她建议每次航班配备 5 个盖子。这家航空公司立即对此启动了调查，发现事实的确如此，于是接受了她的建议。节约下来的钱看似微不足道——每个盖子才 1.5 美分，几乎不值一提，但是这家航空公司每天有 2 300 多次航班，这意味着这个建议每年能为公司节约至少 6.2 万美元。这个建议是那一年该航空公司从员工那里收到的 4.5 万个建议中的一个。

胖东来根据员工的建议，在各个卖场内配备了顾客休息区、微波炉、饮水机、免费充电宝、免费宝宝车、免费轮椅等，条件允许的商场还配有母婴室及无障碍卫生间，帮助有特殊需要的顾客得到更多的便捷服务。

在海底捞，原来给顾客提供的一次性眼镜布使用后就被丢弃，既不卫生又不经济，有员工建议将其更换成更经济的单独包装的小湿巾，不仅卫生，还便于携带。

红缨教育幼儿园的老师建议为接送孩子的家长准备印有园所标识的免费雨伞和雨衣。一方面，这为雨天没带雨具的家长提供了实实在在的便利；另一方面，家长和孩子们都撑着带有幼儿园标识的雨伞，是对幼儿园的一种无声胜有声的宣传。

不难发现，自下而上式的创新更多地源于具体的事，而且，由于员工对实际工作内容、存在的问题和改进措施更了解，其所提的想法和建议往往具有更大的实际效用，也具有更强的落地执行性。

持续性改善始于问题，当发现问题后，员工是愿意积极地想办法解决，还是消极地忽略甚至掩盖，很大程度上取决于管理者营造的组织氛围。对管理者而言，及时关注和回应员工的建议有时甚至比建议本身更有意义和价值，因为要激发员工的创造力，管理者的首要任务就是让员工先参与进来，而不是急于向每条建议要经济回报。

最后，需要提醒的是，不同类型的创新往往适用于不同的推动方式，比如，大创新往往自上而下，微创新往往自下而上。

3. 海底捞：让员工的创意和创新像自来水一样源源不断地流淌

有效的创新管理是什么样的？张勇在一次公开演讲中曾给出答

案："让员工的创意和创新像自来水一样源源不断地流淌。"

那么，海底捞是怎样朝着这个目标迈进的呢？

（1）倡导务实的工作作风

张勇在公司里多次强调："创新源于务实的工作作风。"在他看来，务实是创新的重要保障。有些人可能有很高的理论素养或者有很丰富的经验，但如果不接地气、不务实，也是没办法做好创新的。

张勇最爱讲一个故事来鞭策大家：一九九几年我们在西安装修门店时，因为不会看图纸，我就用尺子和粉笔在店里画上哪个地方摆几张桌子，桌子应该多长，椅子要多宽，哪个地方是厕所，哪个地方是厨房。我正画得起劲时，一位老员工走了过来，说张大哥你画的厕所是错的，男女厕所一样大是不可以的，女同志麻烦一些，所以女厕所应该大一点，男厕所可以小一些。后来我观察了一下，人流量大的地方确实经常出现女厕所排队的现象。为什么我们的员工能有这样的创新？因为他们有一种务实的工作态度。

（2）既鼓励创新，也宽容失败

海底捞既鼓励创新，也宽容失败的氛围给了海底捞人创新的勇气。"无烟宝"在研制成功前就遭遇了无数次失败。张勇在 2005 年关于容错的讲话放到今天也不过时："虽然把缺陷率降到 0 是不可能的，但从 20% 降到 1% 甚至 1‰ 却是有可能的。在改变现状的过程中，犯错误是难免的，但能立即改变总比等死好。所以我们力求完美，同时也可以容忍失败。"

（3）为员工提供学习的机会

不学习，何以创新？没见识，何以创新？海底捞不仅组织了店与店之间的内部交流学习，还"走出去、请进来"，向同行学习取经，甚至向外行"偷师学艺"。用创新者名字命名的激励方式，就是学习外行企业海尔后的产物，比如，给顾客提供的防溅手机套被命名为"包丹袋"，是因为创新者叫包丹；吃脑花时挂漏勺的架子被命名为"恩碧架"，是因为创新者叫蒋恩碧。

为了进一步强化学习意识，建设学习型组织，海底捞还开展了"学习互助小组"活动。学习互助小组既可以以本部门为单位，也可以跨部门自发组织，定期进行学习交流。尽管是自发参与，但公司会定期检查学习效果，从学习目的、学习内容、学习心得以及对解决问题的贡献等多个维度来进行评估，并开展评比。

学习本身不是目的，促进改善才是真目的。不断地学习，不仅激发了个人的创新力，还提升了组织的创新力。

（4）建立让员工乐于创新的激励机制

海底捞会根据创新成果对公司战略、运营等方面的贡献度给予创新者相应的奖励，奖励既有物质层面的，也有精神层面的。我最想分享给大家的，不是海底捞创新奖励的多与少，而是分配比例的设计：在海底捞，经理级别人员的创新奖金 60% 用于员工、40% 用于自己；高级经理级别人员的创新奖金 80% 用于员工、20% 用于自己；高级经理级别以上人员的创新奖金 100% 用于员工。这充分体现了海底捞创新激励政策背后的底层逻辑。

都说会分钱是一种能力，在我看来，会奖励同样是一种能力。

4.3.3 别让"良好管理"成为创新的绊脚石

创新铸就企业辉煌，而管理为创新保驾护航。不过，企业需要警惕的是，"良好管理"有时也会成为创新的绊脚石！

哈佛大学商学院教授克莱顿·克里斯坦森在《创新者的窘境》一书中对管理的负面影响进行了系统且深入的剖析，并得出了一个令人震惊的结论：在追求利润和增长率的过程中，一些伟大企业的管理者因为使用了最佳管理技巧而导致了企业的失败。也就是说，导致优秀企业失败的，不是管理不善，而是良好的管理！

在某些时候，"良好管理"对于企业的创新也是一种阻碍，这一点在成熟企业中往往更为明显。为什么会出现这样的情况呢？

首先，成熟企业的管理者在决定如何分配时间和资源时，往往会以企业利益最大化为出发点，于是，他们会有意无意地剥夺创新所需要的各种资源。

其次，成熟企业的管理者一般属于"改良派"，倾向于选择延续性技术创新。虽然延续性技术创新也需要增加投入，但是看起来风险更小，因为顾客是现成的、顾客需求也是已知的。在这样的导向下，企业会本能地将创新局限于持续性改善。

最后，"良好管理"或者说传统管理，在企业的稳定发展阶段确实能帮助企业保持向上的发展态势。然而，当市场环境发生变化时，那些曾经令企业走向成功的管理方式很有可能变成企业的束缚，限制企业转向第二曲线，加速企业的消亡。

胶卷时代的开创者、拥有一百多年辉煌历史的柯达之所以会轰然倒塌，就是因为受到了良好管理的制约。

柯达是被数码技术颠覆的，而实际上柯达在数码摄影方面一直拥有极强的技术实力。早在 1975 年，柯达的工程师就发明了世界上第一台数码相机，并将其用于航天领域。1991 年，柯达还研发出了专业级数码相机，像素数高达 130 万。在柯达所拥有的超过 10 000 项专利中，有 1 100 项与数码摄影有关，远超其他任何一个同行。可是，柯达引以为傲的有效管理却导致柯达迟迟未能将发展重心从胶卷业务转移到数码业务上，这使柯达成了数码时代的落后者。在索尼、佳能、康尼等企业的冲击下，柯达最终走上了穷途末路。

"成也萧何，败也萧何"，令人唏嘘。

无独有偶，2007 年，索尼公司前常务董事土井利忠发表文章《绩效主义毁了索尼》，指出正是优异的日本式管理最终让索尼走向衰落。

李善友在他的《第二曲线创新》一书中从生物遗传的相似性角

度来诠释了这一现象：如果用生物遗传学来类比企业，"遗传"对应的是"管理"，"变异"则对应着"创新"。需要注意的是，这里所说的管理，是用计划、领导、控制等职能来实现既定目标的传统管理，基于控制论；创新则基于演化论，目的是在变化的环境中不断发展。当企业的管理非常有效时，创新就难以避免地受到限制。

所以，有时候缺乏创新，并不是因为企业管理不到位，而恰恰相反是"良好管理"的结果。

不仅如此，当优秀企业的"良好管理"成为行业中一种约定俗成的标杆管理时，还会给更多的企业带上创新的枷锁。在我做企业顾问的这些年里，无论是与餐饮企业、幼教行业合作，还是与美业、物业公司合作，都会遇到一种情况：每当企业要启动变革时，管理层常常会说"我们这个行业大家都是这样做的""我们一直是向×××学习的，它们这样做能成功，我们应该也能""我在这个行业这么多年了，太了解该怎样做了"。当"良好管理"在一个行业内长期传播并持续发挥作用，甚至有些管理技术就像病毒一样从一家公司传播到另一家公司时，相沿成习、惯性使然往往让管理者丧失了敏感性，使企业失去创新的活力。

我从来不反对向标杆学习，但要清楚学什么、如何学。向标杆学习，不仅要知其然，还要知其所以然。向华为学习，如果老板不学任正非，学了也白学；向海底捞学习，如果只学服务的"术"，不了解背后的"道"，也只能是东施效颦，形似而神不"是"。

4.4 切莫为创新而创新

4.4.1 创新不是目的，有用才是目的

德鲁克对创新的定义很明确：创新就是改变资源产出，就是通过改变产品和服务，为客户提供价值和满意的体验。

也就是说，创新本身并不是最终目的，有用、有价值才是目的。

为创新而创新、为变革而变革，往往就是把创新本身既当作了出发的原点，又当作了终极的落脚点，使创新失去了正确的导向。

1. 不创新，更需要勇气

真正的创新，不在于花样翻新，不在于标新立异，更不在于哗众取宠，而在于实事求是地发现问题、解决问题，发现需求、满足需求，发现差异、利用差异。

有些企业却把创新当成目的，使创新沦为形式主义。面对这种情况，你能勇敢地说"不"吗？创新需要勇气，但不创新，更需要勇气。

俗话说"新官上任三把火"，在企业中，高层管理者上任时，大多会推出全新的管理理念、经营策略、企业战略。比如，当企业换了新的领导者后，往往会推出新的广告语、新的 VI（Visual Identity，视觉识别）形象。但是，这样的改变不一定能带来好的结果。

当年李宁的广告词"一切皆有可能"非常成功，后来改成"让改变发生"，宣传效果大打折扣，企业一度陷入亏损，创始人李宁不

得不重新出山，力挽狂澜。

联想在柳传志时代的广告词是"如果没有联想，世界将会怎样"，其品牌知名度的提升与这句广告词息息相关。继任者上台后，将其改为"联想，只要你想"，但联想的经营状况并未因此而更加出众。

京东早期的广告词是"多快好省"，简单直接，后来新的品牌负责人将广告词改为"只为品质生活"，但宣传效果不太理想，于是没有多久，又换回"多快好省"。

所以，企业一定要避免为创新而创新，如果之前的方法是成功的，就别贸然改变。创新是促进企业发展的手段，不是目的。

在形式主义盛行的企业，为创新而创新的现象尤甚。有些企业不考虑自身能力以及外部环境的不确定性，一味地随大流，"你变我就得变"；有些企业热衷于玩概念、用新词，把创新当成"赶时髦"；还有一些企业为变革而变革，完全没想不清楚到底为什么创新就盲目创新。这些创新都是"伪创新"，不但不会给企业带来任何益处，反而会增加企业的成本、降低企业的运营效率。

举个例子，现在流行"无纸化办公"，于是，一些管理者开始在企业中推行全面无纸化，但是，他们没有想清楚这一创新到底是给一线减负，还是使"无纸化办公"变成了整天让一线经理抱着手机、守着电脑的"五指化办公"。有些一线经理手机里竟然有几十个微信工作群，每天都要随时浏览群里的各项通知和要求，天天盯着电脑、手机以及时应付来自公司各部门的要求，否则，一不小心就会被贴上"执行力不够"的标签。试问，在这种情况下，他们还有多少精力用于为顾客及时解决问题？

再比如，有些企业的职能部门奉行"事下人不下，责下权不下"，把一些本该由部门承担的任务和责任转嫁给一线。职能部门特别是管理者对一线提要求、下任务本无可厚非，但如果以"转嫁"为目的，创新的味道就全变了。一线员工是离顾客最近的人，更需要支持与赋能。所以，难题不推脱、责任不下放，本着"帮一把、扶一把"的原则让一线轻装上阵，才是企业创新的正道。

创新不是作秀，与其盲目创新，不如不创新。

2. 简单问题复杂化

老子说：大道至简。稻盛和夫也认为，高层次的人善于把复杂问题简单化。这在某种程度上来说也是创新的真谛——把复杂的东西简单化，用全新的概念、流程、策略、方法、工具，拨开迷雾，找到真理，解决问题！

然而，现实中，很多企业的创新却是"简单问题复杂化"。

（1）本末倒置，忽略顾客体验

有些产品和服务的附加功能只是在特殊情况下才具有价值，但是很多企业的创新却把特殊性当成普遍性，美其名曰"为顾客着想"，实际上却忽略了顾客的体验和感受。如此创新出来的产品和服务不但没有简单化，反而变得更复杂了，顾客自然不愿用、不会用。更有甚者，有些企业还因此涨价，顾客当然不会买账。

这样的创新完全是本末倒置，之所以会出现这类情况，归根结底是经营者的认知出现了问题，没有真正理解为什么要创新。

（2）创新流于表面

还有一种创新，只是浮于问题的表面，不能直击问题的本质，也无法提供解决问题的有效方法。这是创新者的见识有限、专业水平不够导致的，带来的直接后果就是使问题更加复杂、更加棘手。

其实，解决问题时，并不是方法越复杂、工具越高级越好，而是要找到破解的有效方法。破解是一套由"破"和"解"两个动作组成的完整程序，创新就是为了找出最切实可行、最有把握解决问题的途径，从而既"破"又"解"。

（3）以复杂来证明创新的价值

现实中，还有一种情形也非常常见：在有些企业中，以简单的方式解决问题，可能会被认为"没水平"，而复杂的做法却被推崇，仿佛方法越复杂就越具有价值。于是，很多原本并非难题的问题，经过一番创新，反而成了难解的死结，正所谓"没有困难创造困难也要上"。

这个问题不应归咎于创新者，真正的责任人是管理者。"上有所好，下必从之"，管理者认为简单没价值、复杂才有价值，员工自然会追求各种表面看起来"高大上"的工具和方法，以此来证明自己有水平、有价值。这导致简单问题复杂化、复杂问题程式化、程式问题痕迹化，使企业中人人都陷于内卷困境而无法自拔。

（4）大搞权谋主义，为谋取私利故意将问题复杂化

在企业中，还有什么样的动机会让人选择"简单问题复杂化"的行为方式呢？利益。这是我们最不愿相信但又不得不直面的一种现实存在。从本质上看，这是组织文化出了问题。如果不清除组织文化中的权谋主义，不改变组织的绩效评价导向，不能用外部竞争为内部纠错，企业迟早要被复杂所拖累。任何组织，都不能指望顾客、市场和社会为"简单问题复杂化"买单。

3. 海底捞：谁让创新毫无新意

前文提到，支撑海底捞持续增长的是创新型组织，而全方位、全员的持续创新，是推动海底捞不断进化的真正力量。但是，与任何一家企业一样，海底捞的创新管理也不是一帆风顺的，也曾走过一些弯路，甚至陷入形式主义的泥潭。

海底捞《文化月刊》上刊登的一篇文章，就揭示了海底捞在创新过程中存在的一些问题。

当创新成为一项考核指标

现在，创新工作已经成为公司的一项重点工作，我们每个人都

在讨论创新，并且它已经成为一项考核指标，直接和我们的绩效考核挂钩。随之而来的是一系列奖惩措施，我们部门是连续三个月不交创新提议就罚款 100 元。任何事情和钱沾上关系，它的性质就不一样了。

当创新成为一项考核指标，员工便开始为创新而努力，但有时候真是绞尽脑汁也想不出来，这时候该怎么办呢？没办法，只好随意乱提交一个上去，因为有指标嘛。我的一位同事就说了这样一句话：我们的创新是坐在办公室里空想出来的。遇到实在想不出来的时候，我们就百度一下，搜搜看有没有什么新鲜的事情可以给我们一点灵感。有时候还真能得到一点启示呢！员工餐的领班也要求有创新，煮米饭的方法之前改进过了，菜品也增加了，最后只好在整理和卫生上下功夫，于是她又创新了一项服务——在每一张餐桌上都放一个放渣子的盘子，这样每天大家吃饭的时候就可以直接把渣子放在里面，减少了他们收拾餐桌的工作量。但是，由于盘子数量不够，有时候又忘了摆，这项创新便一会儿实行，一会儿又不实行。这样的创新究竟有什么意义呢？

当创新成为一项考核指标，创新委员会的成员也开始忙得不亦乐乎，因为每个月都会有很多创意提报上去，他们得一个一个审核、回复。但是，我看到他们的回复意见里出现了很多这样的词语——重复提报、该项提报不作为创新、内部问题、意义不大等。当创新委员会的同事们对那些密密麻麻的创意一个一个审核和回复的时候，我不知道他们做何感想。但当我看见这些没有通过的创意的时候，我就在想，这些也算创新吗？没办法，因为有考核指标，不交也得交，否则我们的工资就少了，而我们上班就是为了挣工资，改善生活。

当创新成为一项考核指标，公司的创新工作真的进步了吗？我们都知道之前的恩碧架、包丹袋，以及现在很多火锅店里都在广泛使用的服务，是我们海底捞员工创新出来的。可是现在我们又创新出什么真正有意义的东西了吗？之前的创新是我们的员工基于自己的服务经验想出来的点子，是他们发自内心的思考。可是，现在创新作为一项考核指标，使员工处于被动的状态，只是按照流程去做事、思考，没有了自己的想法，也没有更多的时间去思考如何改进。试想一下，这样下去会出现优秀的创新吗？

这篇文章，吐露的是海底捞员工的心声，同时值得很多企业深思：创新究竟是什么？如何才能实现真正有意义的创新？

4.4.2　走出误区，赢得可持续的竞争优势

俗话说，一朝被蛇咬，十年怕井绳。很多企业因为曾经遭遇创新失败而陷入"谈创新色变"的境地。其实，创新本就是九死一生的事情，失败并不可怕，可怕的是一直停留在失败的阴影中。优秀的管理者并非从不失败，而是懂得回头看自己都踩过哪些坑、掉过

哪些陷阱，然后聪明地避开，从失败走向成功。

走出创新的误区，正是管理者的必修之功。

1. 晴天修屋顶

屋顶坏了，是等到下雨再修，还是在不下雨的时候把它修好呢？我相信，几乎所有人都会说："当然是不下雨的时候修呀！"道理都懂，但我们仔细观察一下就会发现，在企业中，很少有人会在"晴天修屋顶"。即使有明智的企业家选择在晴天修屋顶，得到的通常也是人们的质疑与不理解。

在我与海底捞合作的那些年里，海底捞的顾客口碑越来越好，拓店量屡创新高，业绩持续增长。幸运的是，张勇并没有被当时的大好形势冲昏头脑、迷失自我，而是非常清醒地分析自家的"屋顶"哪里可能会"漏雨"，并及时采取补救措施。无论是一次性底料产品在行业内的率先推出，还是为食品安全构建护城河的欧盟仓储标准、中央厨房净菜系统等的应用，抑或是通过技术创新前瞻性地干预和解决人口红利消失所带来的运营成本大幅增加等问题，都是张勇所做出的晴天修屋顶式努力。

至今我还清晰地记得第一次与张勇见面时他身边的一个核心高管对我说的话："虽然我们现在只有3 000多人、5.6亿元的销售规模，但如何驾驭6 000人、达到10亿元的销售规模是现在就必须考虑的。"正所谓"晴天修屋顶，危来已成机"。

晴天修屋顶，是创新的最高段位。

2020 年复星国际董事长郭广昌在上海创新创业青年 50 人论坛上鼓励正经受疫情考验的青年创业者时也说道："要加快创新，不要错过任何一次危机对组织的考验。要时刻对市场保持敬畏之心。晴天的时候，要记得修屋顶。不能等到暴风雨来的时候再去修，那已经晚了。"

鸿星尔克创始人吴荣照在闽商发展高峰论坛上也分享道：创新不是选修而是必修，随时要做，而且要在企业发展最好的时候做——晴天修屋顶。

可见，优秀的企业家都擅长"晴天修屋顶"，而平庸的管理者总有一大堆理由等到"雨天修屋顶"，但常常为时已晚。

2. 问题不是威胁，而是机会

解决了问题也就抓住了机会，企业家之所以成功，就在于他们能创造性地解决很多难以解决的问题。

但是，当问题出现时，究竟该怎么看待它？不同的人在相同的情境下，或者相同的人在不同的情境下，会做出完全不同的选择——有人将问题视为威胁，有人将问题当成机会。

给大家分享一个使我深受启发的著名实验，这个实验是由诺贝尔经济学奖获得者丹尼尔·卡尼曼（Daniel Kanheman）和阿莫斯·特沃斯基（Amos Tversky）做的。

假设政府正准备应对一场流行性疾病的大爆发，可能会有 600 人死去。对此，人们有两种方案可以选择。经过严格、科学的预测，这两种方案的结果如下。

如果采用方案 A，将会有 200 人得救。

如果采用方案 B，将会有 1/3 的概率让 600 人得救，而有 2/3 的概率所有的人都将死去。

卡尼曼和特沃斯基发现，其中一组实验对象中绝大多数人都选择了方案 A。

接下来，他们又让另一组实验对象做选择，但换了一种表述方式（实际结果是一样的）。

如果选择方案 A，将会有 400 人死去。

如果选择方案 B，将会有 1/3 的概率所有的人都得救，而有 2/3 的概率所有的人都将死去。

这一次，绝大多数人都选择了方案 B。

而事实上，在这个实验中，两种情况下的方案结果是一样的。为什么面对相同的选择方案（只是表述上略有不同），人们的偏好和决定会发生如此明显的变化？

这就是所谓的"框架效应"，即对同一个问题用两种说法来表述会导致不同的判断与决策。在第一种情况下，方案 A 被描述为得救的确定性（人们喜欢的）；而在第二种情况下，方案 A 被描述为死亡的确定性（人们不喜欢的）。因此，尽管事实上方案结果是一样的，但人们的选择却截然相反。

"框架效应"无处不在。当企业面对创新时，也常常会遇到类似的情景，比如，环境或技术等方面的创新被描述为机会（人们喜欢的）还是威胁（人们不喜欢的），将决定企业家或管理者倾向于哪种选择。

人们的"框架"决定了问题是机会还是威胁。一般来说，将问题视为威胁的人往往会消极应对，而将问题当作机会的人，在遇到问题时通常会表现出积极的态度，不仅能通过管理手段、经营策略、流程制度的创新带领企业顺利度过危机，甚至还能转危为机，使企业在修炼中发展壮大。

西南航空就是通过在危机中创新屡次走出经营困境的。

航空运输业是一个十分"脆弱"的行业，自然灾害、石油危机、金融危机、贸易摩擦、地缘政治等都会对其产生冲击。很多航空公司因为陷入危机而破产，而西南航空却创造了连续45年盈利的奇迹，这在全球航空公司中也是绝无仅有的。美国西南航空公司并非不曾遇到过危机，其他航空公司遭遇的难关它也一个都不曾落下，那么，它是如何应对危机的呢？

在石油危机中，西南航空颠覆了传统航空公司的固有做法——更看重干线运输，为了提高航班的客座率，客流量小的城市不直接通航，而是提出"我们要把高速公路上的客流搬到天上"的概念，与福特、丰田、克莱斯勒等公路交通工具对标。低票价、密集航班、订票方便、快捷登机等一系列举措，让西南航空从汽车、巴士等公路交通工具手里"抢"到大量乘客，成了名副其实的"空中巴士"。

海湾战争期间，西南航空除了要应对石油价格暴涨带来的成本上升、经济衰退带来的需求下降，还要应对竞争对手发起的残酷的价格大战。但它仍坚持做最擅长的事情，强化"简单至上"的经营哲学，专注于服务那些短程、点到点、低票价的旅客，不使用枢纽机场，不安排中转联程航班，从而把运营效率提高到极致水平，使其航班的正点率、顾客满意度、飞机利用率等大大超过了其他航空公司。

"9·11"事件后，整个航空业都陷入危机，客流量急剧减少，各航空公司不得不大幅度降低票价，西南航空更是将票价降得更低，这既保证了客流量，又实现了经营活动的现金净流入。在其他航空公司濒临倒闭时，西南航空当年的平均客座率高达68.1%，与往年相差不大，还创造了5.11亿美元的净利润。

3. 创新没有标准答案

在企业中，大多数创新行为都是不可预料的。换句话说，创新，没有标准答案。如果管理者寄希望于通过照抄"标准答案"来寻找创新的捷径，企业注定无法获得创新力。一位知名投资人曾说：创业要想成功，就得做从来没人做过的生意。比如，火锅店到处都有，但以服务好闻名天下的只有海底捞一家；手机满大街都是，但能做出 iPhone 的公司只有苹果。事实的确如此，海底捞并没有复制他人的成功模式，乔布斯则一直在打破前人的认知。

《创业维艰》的作者本·霍洛维茨（Ben Horowitz）认为，创业的头条法则就是"没有法则"。在论述这一观点时，他提到一个现实中大家都可能会遇到的问题，即如何解决问责与创意之间的矛盾。

一个软件工程师在现有产品架构中发现了会严重削弱产品功能的漏洞。他说，自己可以在3个月内完成这一漏洞的修复。每个人都认为，用3个月的时间来完成一次漏洞修复完全可以接受。可结果是，虽然他的建议是正确的，但整个过程持续了9个月。这时，你会奖励他的大胆创新呢，还是追究他未能按期完工的责任呢？

问责与创意之间的矛盾就在于：如果立场坚定地处罚当事人，就会打击他和其他员工的创新积极性，以后一定有人会以"忙不过来"为借口来推脱那些棘手问题。但是，如果不追究未能按期完工的责任，那些保质保量按时交付的员工就会认为被愚弄了——我为什么要加班加点地赶在最后期限前完工呢？

如何解决这样的矛盾并没有标准答案可循，这其实是在考验管理者的智慧。问责制不是简单地唯结果论，而是要评估员工的努力程度、承诺、结果等多方面因素。其中，关于结果，必须要权衡员工的资历、任务难度以及是否存在不必要的风险等。我们不妨来看一下本·霍洛维茨是如何思考的：①他是资深员工吗？②任务的难度如何？③这是一次大胆的尝试吗？在他看来，平庸与杰出之间的差距往往源于管理者的态度，取决于管理者是否愿意放手让员工大胆创新。责任固然重要，但不是唯一。

创新往往源于智慧和灵感的碰撞。索尼老板盛田昭夫看到小孩扛着手提录音机边走边跳，灵机一动发明了世界上第一台随身听（Walkman）；张勇在美国吃饭时注意到顾客给的小费对服务员的激励效果很好，便想到要在公司搞"内部小费"，于是效率工资制出台。

要创新，就不能按常理出牌，一定要打破固有的思维模式。比如，一提起书店，人们往往会认为"书店就是买书、看书的地方"，但创意书店却颠覆了传统实体书店的模式，从纯粹的阅读空间转变为以书为主题的多元化、复合型、体验式互动空间，成为集书店、图书馆、咖啡厅于一体的文化综合体，以全新的方式为读者提供与文化有关的综合性服务。

所以，把"标准答案"从你的脑海中清除掉吧，在创新的道路上，你需要的是思维的狂欢与永恒的探索。愿你的企业在创新中走向别样的境界。

后　记
一切都是最好的安排

不得不说，这本书的出版既在预料之中，又在预料之外。

多年前，我给自己定下了一个小目标：此生完成三本书的写作，足矣！

一本学术专著。2008 年，我在科技人力资源领域深耕十年后，出版了《中国科技人力资源区域集聚的理论与实证研究》一书。十年里，作为专家组骨干成员，我参与了国家中长期科学和技术发展规划纲要（2006—2020 年）战略人才专题的研究。与一批专家们同行，使我在这个领域收获满满。

一本教材。我一直想在我有更深积累后再动笔，希望在我有限的职业生涯中能够完成这项任务，不会留下遗憾。

一本企业研究专著。这本书我一直想写，却因为忙碌，始终没有被提上日程。因为新冠疫情，我的身心才平静下来，开始投入到写作之中。从起心动念到敲下本书初稿的最后一段话，我用了整整一年的时间。在此期间，我不但对过去十几年的企业实践经验与教训进行了认真梳理，更是重读经典，将实践与理论有机结合，进行了深入分析。其间仿佛有一种无形的力量在催促着我：要加快写作速度，加快！疫情后，一切都恢复了正常，现在我又每日忙碌，几乎没有大块的时间写作。

我不由得感叹：难道一切都是最好的安排？

是的，一切都是最好的安排。

在大学校园里长大的我，如果不是大学毕业后的第一份工作让我深入到电力施工企业的基层班组，我怎么能够积累到与不同背景的一线工人打交道的经验？又怎么能够在十年后带着曾经积累的经验走进另一座城市的同类企业去做咨询项目，并因此与海底捞等连锁企业结缘？过往的经历和经验，让我在劳动密集型的连锁企业里"沉"下来，用心体会它们的真实需求，揣摩管理者和员工的朴素的思维模式，找到解决问题的有效方式，并将"通过帮助企业成长而帮助到更多人就业继而改变命运"作为自己的使命。

如果不是在金融信托投资公司期货部做"红马甲"期间亲身经历了期货交易的以小博大与大进大出、"327"国债事件的惊心动魄、公司的大起大落，亲眼见证了身边老板和同事的人生沉浮，我又怎么可能在诱惑无处不在的大环境下十几年如一日地笃定坚持做这件难而正确的事情——躬身入局，向实践要答案！在这个过程中，我见到了树木，更见到了森林。

如果不是进入连锁行业，我又怎么能够把梦想和工作完美融合？在有生之年周游世界一直是我的一个梦想，而连锁行业广泛的地域覆盖，让我不用等退休就能几乎走遍国内的各大城市、县城小镇，看遍山山水水、角角落落——既非刻意，也非偶然，因为我把每一次出差都当成了人生中的一次旅行。

············

人生没有白走的路，你所经历过的，终将在某个时刻显现出它的宝贵价值。

正如保罗·麦尔所说："你所清楚预见的、热切渴望的、真诚追求的、全心全意争取的，都会自然而然地实现。"

感恩所有遇见，一切都是最好的安排！

2024 年 5 月 11 日于北京